Meine Miszellen

, Band 1

Wilkie Collins

Writat

Diese Ausgabe erschien im Jahr 2024

ISBN: 9789359947105

Herausgegeben von
Writat
E-Mail: info@writat.com

Inhalt

VORWORT.

Die verschiedenen Aufsätze, aus denen die folgende Sammlung besteht, wurden größtenteils vor einigen Jahren geschrieben und alle ursprünglich – zusammen mit vielen weiteren, deren Neuauflage ich nicht für wünschenswert hielt – in „Household Words" und in den früheren Bänden von „All the Year Round" veröffentlicht. Sie hatten das Glück, bei ihrem ersten Erscheinen von den Lesern positiv aufgenommen zu werden, und wurden in vielen Fällen für würdig befunden, in anderen Zeitschriften ausführlich zitiert zu werden. Nach sorgfältiger Auswahl und Überarbeitung werden sie nun in Buchform zusammengestellt; sie sind so geordnet und kontrastierend zueinander, dass sie Beispiele aller kürzeren Aufsätze darstellen, die ich in den vergangenen Jahren zur Zeitschriftenliteratur beigetragen habe.

Mein Ziel beim Schreiben der meisten dieser Artikel – insbesondere jener unter den Überschriften „Charakterskizzen" und „Soziale Missstände" – bestand darin, meine Beobachtungen und Gedanken in möglichst leichter und am wenigsten anspruchsvoller Form darzustellen und mich (wenn möglich) mit der Leichtigkeit eines Briefeschreibens und der Vertrautheit einer freundlichen Unterhaltung an die Öffentlichkeit zu wenden. Die literarische Kanzel schien mir damals – und scheint es mir noch immer – von Laienpredigern ziemlich überfüllt zu sein. Ansichten über das Leben und die Gesellschaft, die uns in manchen Fällen reumütig nachdenklich oder in anderen verächtlich zweifelnd stimmen, gab es, dachte ich, schon reichlich genug. Für den vielbelehrten und viel ausdauernden Leser schienen Ansichten frischer und neuartiger zu sein, die uns mit uns selbst und anderen in ein besseres Verhältnis bringen könnten; und das uns ermutigen könnte, über einige der leichteren Exzentrizitäten des Charakters und einige der offensichtlicheren Absurditäten der Sitte gut gelaunt zu lachen – ohne unfaire Verdrehung der Wahrheit oder unnötiges Absteigen in die unteren Sphären der Vulgarität und Karikatur. Mit dieser Idee wurden ursprünglich alle leichteren Beiträge zu diesen Miscellanies geschrieben; und mit dieser Idee werden sie jetzt wieder von meinem Schreibtisch entfernt, um bei neuen Lesern die Zustimmung zu gewinnen, die sie vielleicht finden.

HARLEY STREET, LONDON.
September 1863.

CHARAKTERSKIZZEN. – I.

GESPRÄCHSSTOPPER.

Heutzutage hören wir viele Klagen, vor allem von älteren Leuten, über den Niedergang der Konversationskunst bei uns. Alte Damen und Herren, die sich noch lebhaft an die Reize der Gesellschaft vor fünfzig Jahren erinnern, fragen sich ständig, warum die großen Redner ihrer Jugend in unserer minderwertigen Gegenwart keine Nachfolger gefunden haben. Wo – so fragen sie traurig – wo sind die berühmten Männer und Frauen, die mit der Fähigkeit begabt sind, ständig ihre Zunge zu ergießen, und die ihr begeistertes Publikum stundenlang mit einem Strom beredter Monologe überfluteten? Wo sind die Soloredner in diesem degenerierten Zeitalter, in dem es nur noch Chorgespräche gibt?

Die Einzelredner sind verschwunden. Nur die Überlieferung von ihnen ist erhalten geblieben, unvollständig bewahrt in Büchern zum Nutzen einer undankbaren Nachwelt, die ihre überlebenden Zeitgenossen schmäht und vielleicht sogar die berühmten Geschöpfe selbst als Langweiler geschmäht hätte. Wenn sie von den Toten auferstehen und ihre rastlosen Zungen jetzt unter uns wedeln könnten, würden sie ihren Ruf genauso leicht wiedergewinnen wie je zuvor? Würden sie überhaupt Zuhörer finden? Würde man sie tatsächlich reden lassen? Ich wage zu behaupten, entschieden nicht. Sie würden sicherlich unterbrochen und widersprochen werden; ihre nächsten Tischnachbarn würden ihnen ins Gesicht reden; sie würden ungeduldige Leute gegenüber vorfinden, die geräuschvoll Dinge fallen lassen und sie demonstrativ aufheben; sie würden vertrauliches Geflüster und ständiges Zappeln in entfernten Ecken hören, bevor sie ihr erstes halbes Dutzend beredter Eröffnungssätze beendet hätten. Nichts scheint mir so wunderbar, als dass es in der guten alten Zeit der großen Redner nie zu solchen Unterbrechungen gekommen ist (wenn man den Berichten Glauben schenken darf). Ich habe lange Biographien dieser großen Klasse berühmter Persönlichkeiten gelesen, deren Ruhm auf den kleinen Kreis ihrer eigenen Bekannten beschränkt ist, und ich finde, dass sie alle, welche Unterschiede auch immer zwischen ihnen bestanden haben mögen, allesamt wunderbare Redner waren. Ich habe gehört, dass sie stundenlang zu jeder Zeit und zu jeder Jahreszeit hinreißend geredet haben, und dass ich, der freundliche, beständige und geduldige Leser, einer der unglücklichsten und bedauernswertesten Menschen bin, da ich nie den Luxus genossen habe, ihnen zuzuhören. Aber seltsamerweise erfährt man mir nie, ob sie während ihrer Rednerausbrüche gelegentlich unterbrochen wurden oder nicht. Ich kann nur annehmen, dass ihre Freunde unter ihnen saßen, so wie eine Gemeinde unter einer Kanzel sitzt, und ich frage mich erstaunt (wenn ich mich daran erinnere, wie die Gesellschaft heute ist), ob sich die menschliche Natur seit dieser Zeit völlig verändert haben kann. Entweder sind die Berichte in den Biografien einseitig und unvollständig, oder die Menschenrasse, der ich heute häufig begegne – und die ich als Gesprächsverhinderer bezeichnen möchte, weil ihre Lebensaufgabe darin zu bestehen scheint, jede Unterhaltung zu behindern, zu verwirren und zu unterbrechen – muss eine eigentümliche und unheilvolle Entwicklung unserer eigenen degenerierten Ära sein.

Dieses Dilemma verwirrt mich, wenn ich lange Biografien über große Redner lese. Ich bedaure nicht wie meine Älteren, dass sie in unserer Zeit keine Nachfolger hinterlassen haben, oder zweifle respektlos wie meine Jüngeren, ob die berühmten Interpreten von Konversationssolos wirklich so hörenswert waren, wie uns die Lobeshymnen glauben machen wollen. Die eine Frage, die ich mir unter diesen Umständen immer stelle, lautet: Hätten die großen Redner, wenn sie zu meiner Zeit gelebt hätten, überhaupt reden können? Und die Antwort, die ich erhalte, ist: In den allermeisten Fällen sicherlich nicht.

Ich möchte nicht unnötig Namen nennen, aber ich möchte zum Beispiel fragen, ob ein so berühmter Redner wie beispielsweise der „Great Glib" fünf Minuten lang ununterbrochen im Beisein meines Freundes Colonel Hopkirk hätte reden können ?

Der Oberst verkehrt viel in der Gesellschaft; er ist der freundlichste und sanftmütigste aller Menschen; aber er unterbricht oder verwirrt unbewusst überall die Unterhaltung, und zwar einzig und allein aufgrund seiner eigenen geselligen Abneigung davor, jemals anderer Meinung als jemand zu sein. Wenn A. damit beginnen würde, Schwarz für Schwarz zu erklären, würde Oberst Hopkirk ihm ganz sicher zustimmen, bevor er zur Hälfte fertig wäre. Wenn B. folgte und Schwarz für Weiß erklärte, wäre der Oberst auf seiner Seite der Frage, bevor er sie überhaupt zu Ende diskutiert hätte; und wenn C. friedlich versuchte, den Streit mit einer Binsenweisheit zu beruhigen und darauf vertraute, dass jeder zumindest zugeben würde, dass Schwarz und Weiß zusammen Grau ergeben, würde mein stets willfähriger Freund ihm während des ganzen Gesprächs beifällig auf die Schulter klopfen und erklären, dass C.s Schlussfolgerung letzten Endes der gesunden Menschenverstand der Frage entspreche; und es würde zwischen A. und B. heftige Diskussionen darüber geben, wem von ihnen er jetzt zustimmte oder nicht, und ob man in der großen Schwarz-Weiß-Grau-Frage wirklich sagen könne, dass Colonel Hopkirk überhaupt eine Meinung habe.

Wie konnte der große Glib in der Gesellschaft eines solchen Mannes so viel Aufhebens machen? Nehmen wir an, dieser wunderbare Redner säße mit einigen seiner Bewunderer (darunter natürlich der Autor seiner Biographie) und Colonel Hopkirk am selben Tisch; und nehmen wir an, einer der Bewunderer möchte den wohlklingenden Glib dazu bringen, zum Nutzen der Gesellschaft über die Todesstrafe zu sprechen. Der Bewunderer beginnt natürlich mit der bewährten Methode, die Einwände gegen die Todesstrafe darzulegen, und beginnt das Thema auf diese Weise.

„Als ich neulich auswärts aß, Mr. Glib, kam die Todesstrafe als Gesprächsthema auf –"

„Ah!", sagt Colonel Hopkirk , „eine schreckliche Notwendigkeit – ja, ja, ja, ich verstehe – eine schreckliche Notwendigkeit – wie?"

„Und die Argumente für ihre Abschaffung", fährt der Bewunderer fort, ohne die Unterbrechung zu bemerken, „wurden wirklich mit großer Geschicklichkeit von einem der anwesenden Herren vorgetragen, der natürlich mit der Behauptung begann, dass es unter allen Umständen ungesetzlich sei, Leben zu nehmen –"

„Ungesetzlich natürlich!" ruft der Oberst. „Sehr gut ausgedrückt. Ja, ja – ungesetzlich – ganz gewiss – das ist es – ungesetzlich, wie Sie sagen."

„Ungesetzlich, Sir?", beginnt der Große Zungenbrecher streng. „Habe ich bis heute gelebt, um zu hören, dass es ungesetzlich ist, das Leben der Gemeinschaft mit den einzig sicheren Mitteln zu schützen –?"

„Nein, nein – oh je, nein!", sagt der gefügige Hopkirk mit der schamlosesten Bereitwilligkeit. „Ihr Leben schützen, natürlich – wie Sie sagen, ihr Leben schützen mit den einzig sicheren Mitteln – ja, ja, ich stimme Ihnen vollkommen zu."

"Gestatten Sie mir, Oberst", sagt ein anderer Bewunderer, der den großen Schwätzer unbedingt ins Rollen bringen möchte, "erlauben Sie mir, unseren Freund, bevor er sich dieser Frage annimmt, daran zu erinnern, dass die Abolitionisten argumentieren, dass eine lebenslange Inhaftierung dem Zweck des Schutzes der Gesellschaft dienen würde --"

Der Oberst ist von diesem letzten Argument so begeistert, dass er auf seinem Stuhl herumspringt und sich triumphierend die Hände reibt. „Mein lieber Herr!", ruft er, bevor der letzte Sprecher noch ein Wort sagen kann, „Sie haben den Nagel auf den Kopf getroffen – das haben Sie wirklich! Lebenslange Haft – das ist es – ah, ja, ja, ja, ganz bestimmt – lebenslange Haft – genau das ist es, mein lieber Herr – genau das ist es!"

„Entschuldigen Sie", sagt ein dritter Bewunderer, „aber ich glaube, Mr. Glib wollte gerade etwas sagen. Sie sagten, Sir –?"

"Die ganze Frage der Todesstrafe", beginnt der reizende Schwätzer und lehnt sich bequem in seinem Stuhl zurück, "liegt auf den Punkt." ("Sehr richtig", sagt der Oberst.) "Ich ermorde einen von Ihnen - sagen wir Hopkirk hier." ("Ha! ha! ha!", sagt der Oberst laut, der glaubt, über einen Witz lachen zu müssen, wenn er nur eine Illustration hören soll.) "Ich ermorde Hopkirk . Was ist das Hauptziel von Ihnen allen, die Sie die Gemeinschaft als Ganzes repräsentieren?" ("Sie hängen zu lassen", sagt der Oberst. "Ach ja, natürlich! Sie hängen zu lassen. Ganz richtig! Ganz richtig!") "Ist es das, um mich zu einem gebesserten Charakter zu machen, mir ein Handwerk beizubringen, meine Blutflecken sorgfältig von mir abzuwaschen und mich wieder in die Gesellschaft einzuführen, so dass ich so sauber aussehe wie die Besten von Ihnen? Nein!" („Nein!", fragt der gefügige Oberst.) „Ihr Ziel ist es offensichtlich, mich daran zu hindern, noch mehr von Ihnen zu ermorden. Und wie wollen Sie das am sichersten und vollständigsten erreichen? Können Sie Ihr Ziel durch lebenslange Inhaftierung erreichen?" („Ah! Ich dachte, wir würden uns endlich alle darüber einig sein", ruft der Oberst fröhlich. „Ja, ja – es bleibt nichts anderes übrig als lebenslange Inhaftierung, wie Sie sagen.") „Durch lebenslange Inhaftierung? Aber es sind Männer aus dem Gefängnis ausgebrochen." („Das sind sie", fragt der Oberst.) „Männer haben ihre Gefängniswärter getötet ; und da haben Sie die Begehung genau jenes zweiten Mordes, den Sie verhindern wollten." („Ganz richtig", fragt der gefügige Talk-Stopper. „Ein zweiter Mord – furchtbar! furchtbar!") „Inhaftierung ist also offensichtlich nicht Ihr sicheres Schutzmittel. Was denn?"

"Hängen!!!" schreit der Oberst, mit einem weiteren Satz in seinem Stuhl und einer Stimme, die sich nicht mehr beruhigen lässt. "Hängen, ganz bestimmt! Ich stimme Ihnen vollkommen zu. Genau das, was ich von Anfang an gesagt habe. Sie haben den Nagel auf den Kopf getroffen, mein lieber Herr. Hängen, wie Sie sagen – Hängen, auf alle möglichen Arten!"

Hat irgendjemand jemals Colonel Hopkirk in Gesellschaft getroffen? Und glaubt irgendjemand, dass der große Glib in der Gesellschaft dieses beharrlich gefügigen Gentlemans so viel Aufhebens gemacht haben könnte, wie sein bewundernder Biograph behauptet, er habe in der eigentümlichen Gesellschaft seiner Zeit viel Aufhebens gemacht? Das ist ganz klar unmöglich. Lassen wir Glib allein und gratulieren ihm zu seinem Tod, als die Hopkirks dieser letzten Tage noch kaum entwöhnt waren; lassen wir ihn allein und stellen wir fest, wie ein anderer großer Redner in der Gesellschaft eines anderen modernen Verhinderers des Flusses beredter Konversation zurechtgekommen wäre .

Ich habe gerade das Leben, die Briefe, die Arbeiten , Meinungen und Tischgespräche des unvergleichlichen Mr. Oily gelesen; herausgegeben – was das Leben betrifft – von seiner Schwiegermutter, was die Briefe betrifft – vom Ehemann seiner Enkelin; was die Arbeiten , Meinungen und Tischgespräche betrifft – von drei seiner engen Freunde, die während seines ganzen langen und angesehenen Lebens jeden zweiten Sonntag mit ihm speisten. Es ist ein sehr hübsches Buch in sehr vielen Bänden, mit netten Anekdoten – nicht nur über den bedeutenden Mann selbst, sondern auch über alle seine Familienangehörigen. Seine kürzesten Notizen sind erhalten geblieben, und die kürzesten Notizen anderer an ihn. „Mein lieber O., wie geht es deinem armen Kopf? Dein P." „Mein lieber P., heißer denn je. Dein O." Und so weiter. Porträts von Oily als Kind, Kind, Jugendlicher, Mann, im aktiven Alter und gebrechlich im Alter, abschließend eine postmortale Maske, sind in dem Buch in Hülle und Fülle zu finden – ebenso wie Faksimiles seiner Handschrift, die die merkwürdigen Veränderungen zeigen, die sie erfuhr, wenn er gelegentlich eine Schreibfeder gegen eine Stahlfeder austauschte. Aber es wird meinem gegenwärtigen Zweck mehr entsprechen, zum Nutzen der unglücklichen Menschen, die die Memoiren noch nicht gelesen haben, bekannt zu geben, dass Oily natürlich ein entzückender und unaufhörlicher Schwätzer war. Er sprudelte nur so aus ihm heraus, und sein Publikum trank dasselbe dreimal wöchentlich von der Teezeit bis nach Mitternacht. Besonders die Frauen schwelgten in seiner Konversation. Sie hingen sozusagen mit klopfendem Herzen an seinen Lippen. All dies wird mir in den Memoiren ausführlich und an mehreren Stellen erzählt; aber nirgendwo findet sich ein Wort, das darauf hindeutet, dass Oily bei einer der tausend Gelegenheiten, bei denen er redete, jemals die geringste Unterbrechung erfuhr. In Bezug auf ihn wie auch in Bezug auf den Großen Gilb muss ich wohl davon ausgehen, dass er nie durch eine unerwartete Frage aus der Fassung gebracht wurde, nie von einem schwarzen Schaf in der Herde in Gestalt eines unaufmerksamen Zuhörers beleidigt wurde, nie von einem unvorsichtigen Menschen zum Schweigen gebracht wurde, der ihm unbewusst das Wort abschneiden und ein anderes Thema ansprechen konnte, bevor er mit seinem eigenen Thema zur Hälfte fertig war. Ich bin verpflichtet, das alles zu glauben – und doch, wenn ich mir die Gesellschaft so ansehe, wie sie heute beschaffen ist, könnte ich innerhalb eines Tages einen Raum mit Leuten füllen, die Oily den Mund zum Schweigen bringen würden, bevor er fünf Minuten offen war, ganz selbstverständlich und ohne den geringsten Verdacht, dass sie sich auch nur im geringsten schlecht benahmen. Was (frage ich mich), um nur ein Beispiel zu nennen, und zwar aus dem schönen Geschlecht, was wäre aus Oilys entzückendem und unaufhörlichem Gerede geworden, wenn er meine Freundin Mrs. Marblemug gekannt und sie in seiner beneidenswerten Eigenschaft als angesehener Mann zum Essen eingeladen hätte?

Mrs. Marblemugs Gesprächsthema ist ihre eigenen Laster. Zu allen anderen Themen ist sie sarkastisch gleichgültig und verächtlich stumm. Allgemeine Gespräche führt sie daher nie; aber die Person, die neben ihr sitzt, wird mit Sicherheit unterbrochen, sobald sie ihre Aufmerksamkeit erregt, indem sie mit ihr spricht und ein Geständnis ihrer Laster entgegennimmt – das nicht reumütig, verwirrt oder scherzhaft vorgetragen wird, sondern langsam und mit ostentativem Zynismus, mit hartem Blick, harter Stimme und einem harten – nein, unnachgiebigen – Auftreten vorgetragen wird. Schon in früher Jugend entdeckte Mrs. Marblemug , dass ihre Aufgabe im Leben darin besteht, exzentrisch und unangenehm zu sein, und sie ist eine der Frauen Englands, die ihre Mission erfüllt.

Ich bilde mir ein, den immer fließenden Oily neben dieser Dame beim Abendessen sitzen zu sehen, wie er unschuldig versucht, sie an seinen Lippen hängen zu lassen, wie den Rest seines Teetisch-Harems. Seine liebevollen Biographen berichten, dass seine Konversation größtenteils von der süßen, pastoralen Art war. Ich finde, dass er dieses beständige Thema, die Natur, in seinem Konversationswagen des Triumphs länger und härter fuhr als die meisten Männer. Ich sehe ihn vor meinem geistigen Auge, wie er in seiner einschmeichelnden Art von einer Petersiliengarnitur um eine Hummerschale aufspringt – und mit seiner reichen, vollen und doch tiefen Stimme (siehe Memoiren) gesteht, dass diese Garnitur ihn erfreut, weil seine Lieblingssorte Farbe ist grün – und so kommt er schnell auf die Felder, das große Thema, über das er immer die meisten Konversationen führte. Ich stelle mir vor, dass seine Zunge sozusagen ihre ersten vorbereitenden Kapriolen im Gras für Mrs. Marblemug macht ; und ich höre, wie diese ruhig-unverschämte Dame ihn mit der Äußerung einiger Worte wie diesen flach auf den Rücken wirft:

„Mr. Oily, ich hätte Ihnen vielleicht sagen sollen, dass ich die Felder hasse. Die Natur im Allgemeinen finde ich äußerst unangenehm, das Landleben, kurz gesagt, ganz abscheulich. Wenn Sie mich fragen, warum, kann ich es Ihnen nicht sagen. Ich weiß, dass ich mich täusche, aber die Natur zu hassen ist eines meiner Laster."

Mr. Oily protestiert eloquent. Mrs. Marblemug sagt nur: „Ja, sehr wahrscheinlich – aber sehen Sie, es ist eines meiner Laster." Mr. Oily versucht ein geschicktes Kompliment. Mrs. Marblemug antwortet nur: „Nicht! – das durchschaue ich. Es ist falsch von mir, Komplimente zu durchschauen, da ich eine Frau bin, das weiß ich. Aber ich kann nicht anders, als sie zu durchschauen und zu sagen, dass ich es tue. Das ist ein weiteres meiner Laster." Mr. Oily lenkt das Thema auf Literatur und von dort sanft, aber bestimmt auf seine eigenen Bücher – sein zweites großes Thema nach den Feldern. Mrs. Marblemug lässt ihn weiterreden, weil sie noch etwas auf ihrem Teller zu Ende essen muss – dann legt sie Messer und Gabel hin – sieht ihn mit einer Art verwunderter Gleichgültigkeit an und unterbricht seinen nächsten Satz folgendermaßen: –

„Ich fürchte, ich wirke nicht ganz so interessiert, wie ich eigentlich sein sollte", sagt sie. „Aber ich hätte Ihnen vielleicht gleich zu Beginn sagen sollen, dass ich das Lesen aufgegeben habe."

„Das Lesen aufgegeben!", ruft Mr. Oily, wie vom Donner gerührt von diesem ungeheuerlichen Geständnis. „Sie meinen nur den Schund, der in letzter Zeit in Mode gekommen ist; das krankhafte, ungesunde …"

„Nein, überhaupt nicht", erwidert Mrs. Marblemug . „Wenn ich etwas lese, dann morbide Literatur. Mein Geschmack ist ungesund. Das ist ein weiteres meiner Laster."

„Meine liebe Dame, Sie überraschen mich – Sie erschrecken mich – das tun Sie wirklich!", ruft Mr. Oily und wedelt mit der Hand in anmutiger Missbilligung und höflichem Entsetzen.

„Nicht", sagt Mrs. Marblemug ; "Sie werden einige der Weingläser umstoßen und sich verletzen. Sie sollten Ihre Hand besser ruhig halten – das haben Sie tatsächlich getan. Nein, ich habe das Lesen aufgegeben, weil mir alle Bücher schaden – die besten – die gesündesten. Sogar Ihre Bücher, sollte ich wohl sagen; aber ich kann nicht, weil ich Komplimente durchschaue und meine eigenen natürlich genauso verachte wie die anderer Leute! Nehmen wir an, wir sagen, ich lese nicht, weil Bücher mir schaden – und belassen es dabei. Die Sache ist es nicht wert, weiter verfolgt zu werden. Meinen Sie, es ist so? Nun, dann schaden mir Bücher, weil sie meine Neigung zum Neid (eines meiner schlimmsten Laster) verstärken. Je besser das Buch ist, desto mehr hasse ich den Mann, weil er klug genug ist, es zu schreiben – so viel klüger als ich, wissen Sie, der es überhaupt nicht schreiben konnte. Ich glaube, Sie nennen das Neid. Was auch immer es ist, es ist eines meiner Laster seit meiner Kindheit. Nein, kein Wein – ein wenig Wasser. Ich finde Wein eklig, das ist ein weiteres meiner Laster – oder, nein, vielleicht ist das nur eines meiner Unglücke. Danke. Ich wünschte, ich könnte mit Ihnen über Bücher sprechen; aber ich kann sie wirklich nicht lesen – sie machen mich so neidisch."

Vielleicht weigert sich Oily (der, wie ich aus bestimmten Passagen seiner Memoiren schließe, in Situationen, in denen seine Würde in Gefahr war, ein hinreichend hartnäckiger und entschlossener Mann sein konnte) noch immer tapfer, sich zu unterwerfen und zu schweigen, und versucht , seine Position zu ändern, indem er Mrs. Marblemug durch Fragen aus der Reserve lockt. Dieser neue Versuch nützt ihm jedoch nichts. Was er auch tut, die Dame begegnet ihm stets auf die gleiche ruhige, ungezwungene und gleichgültige Weise und überlistet ihn, und früher oder später wird sogar sein vornehmer Mund von Mrs. Marblemug geknebelt , wie der Mund all der verkommenen Schwätzer meiner Zeit, die ich jemals mit ihr in Berührung gesehen habe. Kann man sich auf Mr. Oilys Biographen nicht verlassen, oder kann es wirklich eine Tatsache sein, dass dieser berühmte Mann im Laufe seiner langen Konversationskarriere kein einziges Mal in Gestalt einer Mrs. Marblemug in Bedrängnis geraten ist ? Ich hege keine zarte Voreingenommenheit für die Dame; aber wenn ich über den Charakter von Mr. Oily nachdenke, wie er in seinen Memoiren dargestellt wird, bin ich fast geneigt zu bedauern, dass er und Mrs. Marblemug sich nie begegnet sind. Im Verhältnis zu manchen Leuten betrachte ich sie unwillkürlich als eine Dosis starker moralischer Medizin; und ich glaube wirklich, dass sie meinem angesehenen Landsmann dauerhaft gut getan hätte.

Ein weiteres Beispiel ist der Fall des einst brillanten gesellschaftlichen Starstars Mr. Endless, der – leider für die neue Generation – etwa zu der Zeit ausstarb, als die meisten von uns noch kleine Jungen und Mädchen waren.

Was für ein Plauderer dieses schillernde Geschöpf gewesen sein muss, wenn man nach der gewagten anonymen Veröffentlichung (gewagt war, glaube ich, das Wort, das die Kritiker der damaligen Zeit bei der Besprechung des Buches am häufigsten verwendeten) „Evenings with Endless" von A Constant Listener urteilen darf! „Ich konnte kaum glauben", so erinnere ich mich, wie der Listener schreibt, „dass die Welt dieselbe war, nachdem Endless aus dieser sterblichen Szene hervorgeblitzt war. Es war Morgen, als er lebte – es war Dämmerung oder schlimmer, als er starb. Ich war sehr vertraut mit ihm. Oft hat die Hand, die diese zitternden Zeilen schreibt, diesen vertrauten Rücken geschlagen – oft haben diese aufregenden und unvergleichlichen Akzente die liebevolle Verkleinerungsform meines Vornamens in Silben ausgedrückt. Es war nicht so sehr, dass er unaufhörlich sprach (obwohl das immerhin etwas ist), sondern dass er sich unaufhörlich über alle Themen vom Himmel bis zur Erde bewegte. Seine Themenvielfalt war das Erstaunlichste an diesem erstaunlichen Mann. Seine Fruchtbarkeit der Anspielungen auf Themen der Vergangenheit und Gegenwart gleichermaßen war wahrhaft unerschöpflich. Er hüpfte, er sprang, er flatterte, er stürzte sich von Thema zu Thema. Der Schmetterling im Garten, die Biene im Blumenbeet, die Veränderungen des Kaleidoskops, die Sonne und der Regen eines Aprilmorgens sind nur schwache Sinnbilder von ihm." Und zwar mit vielen weiteren Details in derselben beredten Absicht, aber von der ersten bis zur letzten Seite kein Wort, das auch nur andeutet, dass „Endless" auch nur bei einer einzigen Gelegenheit von einem der Hunderten verzauberten Zuhörer, vor denen er von morgens bis abends in seinen wundervollen Zungenvorführungen auftrat, zum Stillstand gebracht worden wäre.

Und doch muss es zur Zeit des brillanten „Endless" sicherlich Gesprächsstopper auf der Welt gegeben haben – Gesprächsstopper, die aller Wahrscheinlichkeit nach ähnliche Eigenschaften besaßen wie die, die mein aufreibender Schwiegervater, Mr. Spoke Wheeler, heute in der Gesellschaft an den Tag legt.

Es ist unmöglich zu sagen, was die Folgen gewesen wären, wenn mein Verwandter und Mr. Endless jemals zusammengekommen wären. Mr. Spoke Wheeler ist einer jener Männer – eine große Klasse, wie es mir scheint –, die *gerne* reden und die überhaupt kein eigenes Gesprächsthema haben. Er lauert ständig stillschweigend auf Themen, die von anderen Leuten aufgegriffen werden, nimmt sie sofort ihren rechtmäßigen Besitzern weg, wendet sie kühl für seine eigenen Zwecke an und wartet dann listig auf das nächste Thema, das jemand anderem gehört und in seine Reichweite kommt. Es ist sinnlos, aufzugeben und ihm die Führung zu überlassen – er gibt auch ausnahmslos auf und lehnt die Ehre ab . Es ist sinnlos, noch einmal anzufangen, wenn man sieht, dass er scheinbar verstummt ist – er wird wieder gesprächig, sobald man ihm die Chance gibt, sich Ihres neuen Themas anzunehmen – erledigt es im Nu ohne die geringste Einfallsreichtum, Geschmack oder Neuheit der Handhabung – und verfällt dann wieder in völlige Sprachlosigkeit, sobald er den Rest der Gesellschaft zum Schweigen gebracht hat, indem er ihnen ihr Thema weggenommen hat. Wohin er auch geht, begeht er diese gesellschaftliche Gräueltat mit der vollkommensten Unschuld und der aufreizendsten Laune , denn er ist der festen Überzeugung, dass er einer der unterhaltsamsten Menschen ist, die je einen Salon betreten oder an einem Esstisch gezetert haben.

Stellen Sie sich vor, Mr. Spoke Wheeler erhält eine Einladung zu einem jener brillanten Abendessen, die dazu beitrugen, die Abende des brillanten Endless für seine Freunde und Bewunderer so attraktiv zu machen. Sehen Sie ihn bescheiden am Tisch sitzen, mit dem Ausdruck in seinem Gesicht und seinem Auftreten, der beharrlichste und zuverlässigste aller Zuhörer zu sein. Endless schätzt seinen Mann, wie er allzu zuversichtlich glaubt, mit einem einzigen hellen Blick ein – denkt bei sich: „Hier ist ein neuer Anbeter, den es zu überraschen gilt; hier ist das bequem gedrungene und schweigsame menschliche Podest, auf dem ich stehen und mein Feuerwerk zünden kann“, stößt Messer und Gabel fröhlich gastfreundlich in das Gericht vor ihm (sagen wir einen Truthahn und Trüffel, denn Endless ist sowohl Feinschmecker als auch Witzbold) und beginnt mit einer jener „fruchtbaren Anspielungen“, für die er so berühmt war.

„Ich tranchiere nie einen Truthahn, ohne daran zu denken, was Madame de Pompadour zu Ludwig dem Fünfzehnten sagte“, beginnt Endless in seiner beiläufigsten Art. „Ich beziehe mich auf die Zeit, als die großartige Französin zum ersten Mal an den Hof kam und der Stern des schönen Chateauroux vor ihr verblasste. Wer erinnert sich, was die Pompadour sagte, als der König darauf bestand, den Truthahn zu tranchieren?“

Bevor die Gesellschaft Endless wie üblich bitten kann, sich für sie zu erinnern, wird Mr. Spoke Wheeler lebendig und greift das Thema auf.

„Was für ein verwerflicher gesellschaftlicher Zustand herrschte zur Zeit von Madame de Pompadour!", sagt er mit moralischer Strenge. „Wen wundert es, dass dies zur Französischen Revolution führte?"

Endless hat das Gefühl, dass sein erster Versuch des Abends im Keim erstickt wird und dass man sich auf den neuen Gast als Zuhörer nicht verlassen kann. Er wartet jedoch höflich, und alle anderen warten höflich, um mehr über die Französische Revolution zu erfahren. Mr. Spoke Wheeler hat kein weiteres Wort zu sagen. Er hat sein Thema geschnappt – hat es erschöpft – und wartet nun mit einem erwartungsvollen Lächeln darauf, ein neues Thema anzugehen. Es herrscht katastrophale Stille, bis Mr. Endless als Gastgeber und Witzbold verzweifelt ein neues Thema anspricht.

„Vergessen Sie den Salat nicht, meine Herren", ruft er aus. „Das Sinnbild des menschlichen Lebens, wie ich mir immer vorstelle. Der scharfe Essig wird durch das weiche Öl ausgeglichen, so wie das Unglück eines Tages durch das Glück eines anderen ausgeglichen wird. Heigho ! Lassen Sie die Moralisten so viel lehren, wie sie wollen, was für ein wahres Spielerdasein wir von Natur aus haben! Liebe, Ruhm, Reichtum sind die Einsätze, um die wir alle spielen; die Welt ist der Tisch; der Tod hält das Haus und das Schicksal mischt die Karten. Nach meiner Definition, meine Herren, ist der Mann ein Glücksspieltier und die Frau –" Endless hält einen Moment inne und hebt das Glas an die Lippen, um sich ein bacchantisches Aussehen zu geben, bevor er die Gesellschaft mit einem Schwall von Beredsamkeit zum Thema Frau in Erstaunen versetzt. Unglücklicher Mann! In diesem einen Moment greift Mr. Spoke Wheeler die brillante Glücksspielmetapher seines Gastgebers auf und rennt sofort damit davon, als wäre es sein Eigentum.

"Das Schlimmste am Glücksspiel", sagt er mit einem Blick voller ominöser Weisheit, "ist, dass man einen Mann, der einmal damit angefangen hat, nie wieder dazu bringen kann, es aufzugeben. Es endet immer im Ruin. Ich kenne einen Mann, dessen Sohn in der Flotte ist und dessen Tochter als Mädchen für alles in einem Logierhaus arbeitet. Der arme Teufel selbst hatte einst zwanzigtausend Pfund und verdient sich jetzt seinen Lebensunterhalt, indem er Bettelbriefe schreibt. Und das alles durch Glücksspiel. Ein entwürdigendes Laster, ganz gewiss; es ruiniert die Laune und die Gesundheit eines Mannes ebenso wie sein Vermögen. Ah! Ein sehr entwürdigendes Laster – wirklich sehr entwürdigend!"

„Ich fürchte, mein lieber Herr, Sie haben keine Laster", sagt Endless und wird wütend und sarkastisch, als auf diese unbestreitbare Gemeinplatz eine neue Pause folgt. „Die Flasche steht bei Ihnen. Lehnen Sie sogar diese liebenswerteste aller menschlichen Schwächen ab – das fröhliche Glas? Ha!", ruft Endless, als er sieht, dass sein Gast wieder sprechen wird, und sich vergeblich einbildet, dass er ihm dieses Mal das Wort abschneiden kann. "Ha! Was haben wir dem ersten Mann zu verdanken, der den wahren Nutzen der Traube entdeckte! Wie betrunken muss er bei seinen unsterblichen Vorversuchen geworden sein! Wie oft muss seine Frau ihn gebeten haben, auf seine Gesundheit und seine Ehrwürdigkeit zu achten und alle weiteren Untersuchungen aufzugeben! Wie muss er seine Familie mit ständigem Schluckauf schockiert und die Mediziner der Zeit mit unheilbaren Morgenkopfschmerzen in Verlegenheit gebracht haben! Auf die Gesundheit dieses wunderbaren , dieses großartigen, dieses unschätzbaren Menschen, des ersten Topers der Welt! Der patriarchalische Bacchus, der in seinem vorsintflutlichen Weinberg trinkt! Was für ein Bild, meine Herren; was für ein Thema für unsere Künstler! Scumble , mein lieber Freund", fährt Endless atemlos fort, da er spürt, dass Mr. Spoke Wheeler sein Thema wieder gefunden hat, und bestrebt ist, Hilfe zu erhalten, um diesen hartnäckigen Gentleman daran zu hindern, das gestohlene Eigentum zu verwenden - " Scumble , nur Ihr Bleistift ist dieses Themas würdig. Sagen Sie uns, mein Prinz der Maler, wie würden Sie es behandeln?"

Der Prinz der Maler hat den Mund voll Truthahn und sieht von dieser schmeichelhaften Bemerkung eher verwirrt als geschmeichelt aus. Er zögert, und Mr. Spoke Wheeler mischt sich sofort in das Gespräch über Trunkenheit ein.

"Ich will Ihnen was sagen", sagt der Talk-Stopper, "wir können alle so viel über Trunkenheit scherzen, wie wir wollen – ich bin kein Heiliger und ich mag Witze genauso wie jeder andere – aber es ist trotzdem eine verdammt ernste Sache. Sieben Zehntel der Kriminalität in diesem Land sind auf Trunkenheit zurückzuführen; und von allen unheilbaren Krankheiten, die den Ärzten Rätsel aufgeben, ist Delirium tremens (neben Tollwut) eine der schlimmsten. Ich selbst trinke gern ein fröhliches Glas – und das ist ungewöhnlich guter Wein, den wir jetzt trinken – aber zur Frage der Mäßigkeit gibt es mehr zu sagen, als Sie denken; das gibt es in der Tat!"

Werden selbst die wahllosesten der noch lebenden Bewunderer von Endless oder der großen Redner im Allgemeinen zu behaupten wagen, er oder sie hätten in der Gesellschaft von Mr. Spoke Wheeler, Mrs. Marblemug , Colonel Hopkirk oder einem der vielen anderen berüchtigten Redner, mit deren Charakteren ich den Leser nicht langweilen möchte, auch nur annähernd erfolgreich protzen können? Sicherlich nicht! Ich habe doch genügend Beispiele angeführt, um die Richtigkeit meiner Theorie zu beweisen, dass die Tage vorbei sind, in denen die hervorragenden Professoren der Kunst der Konversation sich eines ständig aufmerksamen Publikums sicher sein konnten. Statt über den Verlust der großen Redner zu trauern, sollten wir (sofern wir überhaupt noch etwas für sie übrig haben, was ich manchmal bezweifle) über ihr rechtzeitiges Ableben von der Bildfläche erleichtert sein. Zwischen den Mitgliedern der modernen Generation, die ihnen nicht zugehört hätten, den Mitgliedern, die ihnen nicht hätten zuhören können, und den Mitgliedern, die sie verwirrt, unterbrochen und ihnen das Wort abgenommen hätten, wie viel erzwungenes Schweigen hätten sie erdulden müssen, wenn sie bis in unsere Zeit überlebt hätten! Unsere Lage mag bedauerlich genug sein, weil wir sie nicht gehört haben; aber wie viel schlimmer wäre ihre Lage, wenn sie jetzt in die Welt zurückkehren und versuchen würden, uns zu zeigen, wie sie ihren Ruf erlangt haben!

SOZIALE MISSBRÄUCHE. – I.
EINE REISE AUF DER SUCHE NACH NICHTS.

[Mitgeteilt von einem anonymen Reisenden .]

BEACHTEN SIE DAS ERSTE. DER VERSUCH, RUHE ZU FINDEN.

„Ja", sagte der Arzt, drückte mit zitternder Festigkeit die Fingerspitzen auf meinen Puls und sah mir direkt in die Pupillen, „ja, ich verstehe: die Symptome deuten alle unmissverständlich auf eine Schlussfolgerung hin – Gehirn. Mein lieber Herr, Sie haben zu hart gearbeitet; Sie sind dem gefährlichen Beispiel des Rests der Welt in diesem Zeitalter der Geschäftigkeit und Hektik gefolgt. Ihr Gehirn ist überfordert – das ist Ihre Beschwerde. Sie müssen es ruhen lassen – das ist Ihr Heilmittel."

„Sie meinen", sagte ich, „dass ich den Mund halten und nichts tun darf?"

"Ganz genau", antwortete der Arzt. "Sie dürfen weder lesen noch schreiben; Sie dürfen sich nicht durch die Gesellschaft aufregen lassen; Sie dürfen sich nicht ärgern; Sie dürfen keine Ängste verspüren; Sie dürfen nicht denken; Sie dürfen weder euphorisch noch deprimiert sein; Sie müssen früh aufstehen und gelegentlich ein Stärkungsmittel einnehmen, sich mäßig bewegen und eine nahrhafte, aber nicht zu schwere Kost zu sich nehmen – und vor allem müssen Sie, da vollkommene Ruhe für Ihre Genesung unabdingbar ist, aufs Land gehen, jede Richtung einschlagen, die Ihnen gefällt, und so leben, wie Sie wollen, solange Sie ruhig sind und solange Sie nichts tun."

MICH aufs Land fahren ?", sagte meine Frau, die bei dem Gespräch anwesend war.

"Gewiss nicht", erwiderte der Arzt mit einer zustimmenden Verbeugung. "Ich baue auf Ihren Einfluss, meine liebe Frau, um unseren Patienten zu ermutigen, meinen Anweisungen zu folgen. Es ist unnötig, sie zu wiederholen, sie sind so unglaublich einfach und leicht durchzuführen. Ich werde für die Genesung Ihres Mannes einstehen, wenn er sich nur daran erinnert, dass er jetzt nur noch zwei Ziele im Leben hat - ruhig zu bleiben und nichts zu tun."

Meine Frau ist eine Frau mit Geschäftstüchtigkeit. Sobald der Arzt sich verabschiedet hatte, holte sie ihr Notizbuch hervor und machte eine kurze Zusammenfassung seiner Anweisungen, die uns in Zukunft als Orientierung dienen sollte. Ich blickte ihr über die Schulter und bemerkte, dass der Eintrag folgendermaßen lautete:

"Regeln für die Genesung des lieben William. Kein Lesen, kein Schreiben, keine Aufregung, keine Verärgerung, keine Angst, kein Denken. Stärkungsmittel. Keine Hochstimmung. Schöne Abendessen. Keine

Niedergeschlagenheit. Lieber William, mache kleine Spaziergänge (mit mir). Gehe früh zu Bett. Stehe früh auf. NB – Halte ihn ruhig. Merke: Pass auf, dass er nichts tut."

Stört es dich, wenn ich nichts tue? Darum brauchst du dich nicht zu kümmern. Ich hatte seit meiner Kindheit keinen Urlaub mehr. O, gesegneter Müßiggang, werden du und ich nach den Jahren gnadenloser Arbeit, die uns getrennt haben, endlich wieder zusammengeführt? O, meine müde rechte Hand, soll es dir wirklich nicht mehr wehtun, die unaufhörliche Feder zu führen? Darf ich dich tatsächlich in meine Tasche stecken und dich dort stundenlang träge ausruhen lassen? Ja! Denn jetzt fange ich endlich an – nichts zu tun. Eine wunderbare Aufgabe, die sich von selbst erledigt! Willkommene Verantwortung, die ihre Last sanft auf ihren eigenen Schultern trägt!

Diese Gedanken schimmern mir nach der Abreise des Arztes angenehm durch den Kopf und verbreiten eine leichte Fröhlichkeit in meiner Stimmung, als meine Frau und ich am nächsten Tag aufs Land aufbrechen. Wir werden nicht die lauten Badeorte besuchen, noch haben wir die Absicht, Einladungen anzunehmen, um uns den Kreisen festlicher Landfreunde anzuschließen. Meine Frau, die sich ausschließlich von der Zusammenfassung der Anweisungen des Arztes in ihrem Notizbuch leiten lässt, hat beschlossen, dass die einzige Möglichkeit, mich absolut ruhig zu halten und sicherzustellen, dass ich nichts tue, darin besteht, mich in ein hübsches, abgelegenes Dorf zu bringen und mich in einem kleinen, primitiven, schlichten Landgasthof unterzubringen. Ich habe keine Einwände gegen dieses Vorhaben – nicht, weil ich keinen eigenen Willen habe und nicht Herr über alles bin, was ich tue –, sondern nur, weil ich zufällig mit meiner Frau einer Meinung bin. Wenn man bedenkt, was für ein sehr unabhängiger Mann ich von Natur aus bin, ist es mir manchmal als ein ziemlich bemerkenswerter Umstand aufgefallen, dass ich immer mit ihr einer Meinung bin.

Wir finden das hübsche, abgeschiedene Dorf. Ein bezaubernder Ort voller strohgedeckter Cottages mit Kletterpflanzen an den Türen, wie die ersten leichten Lektionen in den Schreibheften der Zeichenmeister. Wir finden das schlichte Gasthaus – genau die Art von Haus, über die die Romanautoren so gern schreiben, mit den schneeweißen Vorhängen und den nach Lavendel parfümierten Laken, der matronenhaften Wirtin und dem amüsanten Wegweiser. Dieses Elysium heißt Nag's Head. Kann uns Nag's Head beherbergen? Ja, mit einem entzückenden Schlafzimmer und einem süßen Salon . Meine Frau nimmt ihren Hut ab und fühlt sich sofort wie zu Hause. Sie nickt mir triumphierend zu. Ja, Liebes, auch in diesem Fall stimme ich dir völlig zu. Hier haben wir vollkommene Ruhe gefunden; hier können wir sicher sein, den Anweisungen des Arztes Folge zu leisten; hier haben wir endlich entdeckt – Nichts.

Nichts! Habe ich „Nichts" gesagt? Wir kommen spät abends im Nag's Head an, trinken unseren Tee, gehen müde von der Reise zu Bett, schlafen herrlich bis etwa drei Uhr morgens und entdecken zu dieser Stunde, dass es sogar in dieser abgelegenen ländlichen Abgeschiedenheit tatsächlich Geräusche gibt. Im Nag's Head halten sie Hühner, und um drei Uhr beginnt der Hahn unter unserem Fenster zu krähen und die Hühner zu gackern. Ländlich, meine Liebe, und erinnert an Frühstückseier, deren Ruf über jeden Zweifel erhaben ist; aber ich wünschte, diese fröhlichen Hühner würden nicht ganz so früh aufwachen. Gibt es im Nag's Head auch Hunde, Liebling, und versuchen sie, das Krähen und Gackern der fröhlichen Hühner zu übertönen? Ich möchte mich vor der Möglichkeit hüten, einen Fehler zu machen, aber ich glaube, ich höre drei Hunde. Einen schrillen Hund, der schnell bellt; einen melancholischen Hund, der monoton heult; und einen heiseren Hund, der in Abständen wie Minutenpistolen bellt. Geht das lange so? Offensichtlich schon. Meine Liebe, wenn Sie in Ihrem Notizbuch nachsehen, werden Sie wahrscheinlich feststellen, dass der Arzt frühes Aufstehen empfohlen hat. Wir werden nicht unruhig sein und uns darüber beschweren, dass unser Morgenschlaf gestört wird; wir werden zufrieden sein und nur sagen, dass es Zeit zum Aufstehen ist.

Frühstück. Köstliche Mahlzeit, lasst uns so lange dabei verweilen wie wir können, – lasst uns, wenn möglich, verweilen, bis die schläfrige Mittagsruhe beginnt , sich über dieses abgeschiedene Dorf zu legen.

Seltsam! Aber jetzt, wo ich wieder daran denke, höre ich ein unaufhörliches Hämmern auf der Straße oder nicht? An diesem friedlichen Ort wird nichts produziert, es werden keine neuen Häuser gebaut, und doch ist das Hämmern so laut, dass ich mir, wenn ich die Augen schließe, fast vorstelle, ich sei in der Nähe einer Werft. Und auch die Wagen . Warum macht ein Wagen , der in London so wenig Lärm macht, hier so viel Lärm? Ist der Staub auf der Straße Sprengpulver, das bei jeder Drehung der schweren Räder mit einem Knall losgeht? Knallt der Fuhrmann mit der Peitsche oder feuert er eine Pistole ab, um seine Pferde anzufeuern? Als nächstes die Kinder. Sie sind nur zu fünft und haben sich in der letzten halben Stunde nicht entscheiden können, welches Spiel sie spielen werden. Nur in zwei Punkten scheinen sie sich einig zu sein – sie sind sich alle einig, Lärm zu machen und anzuhalten, um Lärm unter unserem Fenster zu machen. Ich glaube, ich bin in Gefahr, eine der Anweisungen des Arztes zu vergessen: Ich glaube, ich lasse mich tatsächlich ärgern.

Machen wir einen Abstecher in den Garten hinter dem Haus. Wieder Hunde. Der Hof liegt auf einer Seite des Gartens. Jedes Mal, wenn wir auf unserem

Spaziergang in seine Nähe kommen, bellt der schrille Hund und knurrt der heisere Hund. Der Arzt sagt, ich solle mir keine Sorgen machen. Ich leide unter quälenden Ängsten. Diese Hunde könnten sich losreißen und uns angreifen, wenn ich nichts Gegenteiliges weiß, und zwar von einem Moment auf den anderen. Was soll ich tun? Mir ein Stärkungsmittel verabreichen? Oder für ein paar Stunden dem ewigen Lärm dieses abgelegenen Ortes entfliehen, indem ich eine Runde fahre? Meine Frau sagt, ich solle eine Runde fahren. Ich glaube, ich habe bereits erwähnt, dass ich meiner Frau immer zustimme.

Die Fahrt verschafft uns ein wenig Ruhe. Ich weise den Kutscher an, uns dorthin zu bringen, wo es ihm beliebt, solange er sich von abgelegenen Dörfern fernhält. Wir werden auf den Nebenstraßen oft durchgeschüttelt und sind mit den verschiedensten üblen Gerüchen konfrontiert. Aber ein übler Geruch ist eine geräuschlose Plage, und ich bin bereit, ihn geduldig zu ertragen. Gegen Essenszeit kehren wir in unser Gasthaus zurück. Fleisch, Gemüse, Pudding, alles ausgezeichnet, sauber und perfekt gekocht. Ein so gutes Abendessen, wie ich es mir nur wünschen kann – soll ich danach ein kleines Nickerchen machen? Die Hühner, die Hunde, der Hammer, die Kinder, die Wagen – endlich ist es ruhig. Gibt es noch etwas, das Lärm macht? Ja: Da ist die arbeitende Bevölkerung des Ortes.

Es geht auf den Abend zu, und die Arbeitersöhne versammeln sich auf den Bänken vor dem Gasthof, um zu trinken. Was für eine entzückende Szene würden sie aus diesem alltäglichen Ereignis auf der Bühne machen! Wie würden die einfachen Geschöpfe mit ihren Blechkrügen aneinanderstoßen, auf ihre Gesundheit trinken und im Chor fröhlich lachen! Wie würden die Bauernmädchen auf die Bühne getrippelt kommen und die Männer zärtlich zum Tanz locken! Wo sind die Pfeife und die Trommel , die ich auf so vielen Bildern gesehen habe? Wo sind die einfachen Lieder, von denen ich in so vielen Gedichten gelesen habe? Was höre ich, während ich auf dem Sofa liegend dem abendlichen Zusammenkommen der ländlichen Schar zuhöre? Flüche – nichts, auf mein Ehrenwort , als Flüche! Ich schaue hinaus und sehe Banden leichenhafter Wilder, die düster aus braunen Krügen trinken und sich gegenseitig beschimpfen, sobald sie den Mund aufmachen. Noch nie in einer größeren Stadt, im In- oder Ausland, war ich einem solch unaufhörlichen Feuer undeutlicher Worte ausgesetzt wie jetzt in diesem primitiven Dorf, das meine Ohren beschimpft. Niemand kann auf einen anderen anstoßen, ohne ihn vorher zu beschimpfen. Niemand kann eine Frage stellen, ohne am Ende ein Fragezeichen in Form eines Schwurs hinzuzufügen. Ob sie streiten (was sie größtenteils tun) oder ob sie einer Meinung sind; ob sie von ihren Problemen hier oder ihrem Glück dort reden; ob sie eine Geschichte erzählen, einen Toast ausbringen, einen Befehl erteilen oder am Bier etwas auszusetzen haben, diese Männer scheinen absolut unfähig zu sprechen, ohne für jedes schöne Wort, das über ihre Lippen kommt, mindestens fünf Schimpfwörter zuzulassen. In ihrem Mund reduziert sich Englisch auf ein kurzes Vokabular aller abscheulichsten Ausdrücke der Sprache. Dies ist ein Zeitalter der Zivilisation; dies ist ein christliches Land; mir gegenüber sehe ich ein Gebäude mit einem Turm, das, glaube ich, Kirche genannt wird; an meinem Fenster vorbei, vor kaum einer Stunde klapperte eine schmucke Ponykutsche mit einem Herrn darin, der in glänzendes schwarzes Tuch gekleidet und im Volksmund unter dem Titel und Titel Geistlicher bekannt war. Und doch sitzen hier, unter all diesen guten Einflüssen, zwanzig oder dreißig Männer, deren gewöhnliche Tischgespräche so ungeheuerlich scheußlich und blasphemisch sind, dass nicht ein einziger Satz davon, selbst wenn er den ganzen Abend dauerte, als Muster für die Öffentlichkeit auf diesen Seiten abgedruckt werden könnte. Wenn der intelligente Ausländer nach England kommt und ich ihm sage (was ich sicher tun werde), dass wir das moralischste Volk im Universum sind, werde ich gut darauf achten, dass er seinen Fuß nicht in ein abgelegenes britisches Dorf setzt, wenn die Landbevölkerung sich nach der Arbeit des Tages bei einem Krug Dünnbier ausruht.

Ich bin kein zimperlicher Mensch, und meine Frau auch nicht, aber der gesellschaftliche Umgang der Dorfbewohner treibt uns aus unserem Zimmer und zwingt uns, im hinteren Teil des Hauses Zuflucht zu suchen. Gewinnen wir durch die Veränderung etwas? Überhaupt nichts.

Das Hinterzimmer , in das wir uns jetzt zurückgezogen haben, blickt auf einen Bowlingplatz; und auf dem Bowlingplatz stehen noch mehr Bänke, noch mehr Krüge Bier, noch mehr vulgäre Dorfbewohner. Direkt unter unserem Fenster steht eine Bank und ein Tisch für zwei, und darauf sitzen ein betrunkener alter Mann und eine betrunkene alte Frau. Der alte Säufer in Hosen macht dem alten Säufer im Unterrock unter furchtbaren Koseworten einen Heiratsantrag. Niemals zuvor hätte ich geglaubt, dass man Fluchen zu Zwecken der Brautwerbung missbrauchen könnte. Niemals zuvor hätte ich geglaubt, dass ein Mann seine Hand anbieten könnte, indem er sich Verwünschungen in die Augen brüllt, oder dass alle Mächte der Höllenregionen angemessen herbeigerufen werden könnten, um das Schlagen des Herzens eines Liebenden unter dem Einfluss zärtlicher Leidenschaft zu bezeugen. Jetzt weiß ich es, und es bereitet mir so wenig Befriedigung, dass ich beschließe, die beiden unerträglichen alten Trunkenbolde vom Fenster entfernen und ihre fluchende Balz woanders fortsetzen zu lassen. Der Stallknecht lungert auf dem Bowlinggreen herum, kratzt sich seine nackten muskulösen Arme und gähnt grimmig in der milden Abendsonne. Ich winke ihm zu und frage ihn, ob er meint, die beiden alten Leute hätten nicht genug Bier getrunken? Ja, der Stallknecht meint, das haben sie. Als nächstes frage ich, ob man sie vom Gelände entfernen kann, bevor ihre Ausdrucksweise noch schlimmer wird, ohne zu riskieren, großen Aufruhr zu verursachen. Der Stallknecht sagt: Ja, das können sie, und ruft nach dem Kellner. Als der Kellner kommt, sagt er: „Also gut, Jack!" und reißt den beiden zotigen alten Leuten ohne ein weiteres Wort den Tisch weg. Die Pfeife des alten Mannes liegt auf dem Tisch; er steht auf und taumelt nach vorne, um sie sich zu bemächtigen; auch die alte Frau steht auf, um ihn am Arm festzuhalten, aus Angst, er könnte der Länge nach hinfallen. Kaum sind sie von der Bank aufgestanden, reißt der Kellner ihnen den Stuhl hinter sich weg und gesellt sich ruhig zu dem Stallknecht , der ihren Tisch ins Gasthaus trägt. Keiner der anderen Trinker lacht über dieses Vorgehen oder schenkt ihm Beachtung, und die beiden betrunkenen alten Leute, hilflos auf ihren Beinen zurückgeblieben, taumeln schwach davon, ohne die geringste Aufmerksamkeit zu erregen. Die nette List, die der Stallknecht und der Kellner gerade angewandt haben, ist offenbar die übliche und einzig mögliche Art, Trinkern im Nag's Head zu signalisieren, dass sie genug getrunken haben. Wo lebten jene wilden Insulaner, deren Manieren ein gewisser Kapitän einst als überhaupt keine Manieren beschrieb und deren Bräuche er als sehr eklig verwarf? Wenn ich nicht wüsste, dass wir viele Meilen von der Küste entfernt sind, wäre ich fast geneigt zu vermuten, dass der Seefahrer, dessen Meinung ich gerade zitiert habe, am Nag's Head angelegt hat.

Da es unmöglich ist, alle Tische und Bänke der trinkenden und fluchenden Gesellschaft vor und hinter dem Haus wegzuräumen, frage ich den Stallknecht , wann der Hahn das nächste Mal, wenn er ans Fenster kommt, zumacht. Er sagt mir, um elf Uhr. Es ist kaum nötig zu erwähnen, dass wir das Zubettgehen bis zu dieser Zeit hinauszögern, als wir uns für die Nacht zurückzogen, von Kopf bis Fuß, wenn ich so sagen darf, durchnässt von einer Flut von Schimpfwörtern.

Ich stecke vorsichtig meinen Kopf aus dem Fenster und sehe, dass die Lichter der Schankstube wirklich zur verabredeten Zeit gelöscht werden. Ich höre, wie die Trinker in die reine Frische der Sommernacht hinausströmen. Sie knurren alle zusammen, sie gehen alle zusammen. Alle? Sünder und Leidender, der ich bin, bin ich zu früh zu diesem glücklichen Schluss gekommen! Sechs auserlesene Geister, die in ihren Seelen einen gesellschaftlichen Abscheu davor haben, nach Hause ins Bett zu gehen, lehnen sich an die Wand des Gasthofs und setzen die conversazione des Abends in der Dunkelheit fort. Ich höre, wie sie sich gegenseitig beim Namen verfluchen. Wir haben Tom, Dick und Sam, Jem, Bill und Bob, die uns unter unserem Fenster aufheitern, nachdem wir im Bett sind. Sie beginnen ganz selbstverständlich, sich gegenseitig durch Streiten aufzumuntern. Musik folgt und besänftigt den Streit in Form eines lokalen Duetts, gesungen von Stimmen mit enormem Umfang, die in einer Note vom heulenden Bass zum knackenden Diskant aufsteigen. Auf das Duett folgt Gähnen; langes, lautes, müdes Gähnen der ganzen Gesellschaft im Chor. Nach diesem Vergnügen bittet Tom Dick um „ Baccer ", und Dick bestreitet, welchen zu haben, und Tom sagt ihm, dass er lügt, und Sam schlägt zu und sagt: „Nein, tut er nicht ", und Jem sagt Sam, dass er lügt, und Bill sagt ihm, dass er Jem an den Kopf schlagen würde, wenn er Sam wäre, und Bob, der den Kampf anscheinend aus der Ferne erschnüffelt und dessen Geruch ihm nicht gefällt, ruft plötzlich aus der Ferne ein friedliches „Gute Nacht". Der Abschiedsgruß scheint den aufziehenden Sturm zu beruhigen. Sie alle brüllen als Antwort auf Bobs „Gute Nacht"-Gebrüll. Es folgt ein Moment der Stille, eigentlich ein Moment – dann eine Wiederholung des langen, lauten, müden Gähnens im Chor – dann ein weiterer Moment der Stille – dann schreit Jem plötzlich dem sich zurückziehenden Bob zu, er solle zurückkommen – Bob weigert sich, durch die Entfernung gemildert – Jem besteht darauf, und seine vier Freunde schließen sich ihm an – Bob gibt nach und kehrt zurück. Ein Schrei der Empörung weit unten im Dorf – Bobs Frau hat ihr Fenster geöffnet und hat gehört, wie er eingewilligt hat, zu seinen Freunden zurückzukehren. Herzhaftes Lachen von Bobs fünf Freunden; Schreie von Bobs Frau; artikulierte Schreie, die Bob mitteilen, dass sie ihm „die Leber herausschneiden" wird, wenn er nicht sofort nach Hause kommt. Als Antwort auf Bobs Flüche: Er wird seine Frau „zerquetschen", wenn sie nicht den Mund hält. Ein Lied im Chor von Bobs fünf Freunden. Empört über diese Zeit, die ich nicht mehr ertragen kann, springe ich aus dem Bett und schnappe mir den Wasserkrug. Meine Frau, die die Anweisungen des Arztes ständig im Kopf hat, fleht mich in herzzerreißendem Ton an, daran zu denken, dass ich strengen ärztlichen Anweisungen unterliege, mich nicht aufzuregen. Ich schenke ihren Einwänden keine Beachtung und gehe mit dem Krug zum Fenster. Ich halte inne, bevor ich das Wasser über die Köpfe der Versammlung darunter schütte; ich halte inne und höre – oh, melodiösestes, willkommenstes Geräusch! – den plötzlichen Regenfall. Der gnädige Himmel ist mir zuvorgekommen; der „Wetterschreiber" war begeistert von meiner Idee, den Nag's Head Night Club mit Wasser aufzulösen. Als ich den Krug abgestellt habe und wieder ins Bett gegangen bin, legt sich endlich Stille – urzeitliche Stille, der erste, wichtigste aller irdischen Einflüsse – sanft über unsere Taverne.

An diesem Abend, bevor ich müde zur Ruhe sinke, habe ich noch einmal die Genugtuung, meiner Frau zuzustimmen. Liebe und bewundernswerte Frau! Sie schlägt vor, dieses abgeschiedene Dorf gleich morgen früh zu verlassen. Nie habe ich ihre Meinung herzlicher geteilt als jetzt. Anstatt mich zu beruhigen, habe ich in einer Gegend ständiger Unruhe gelebt; und was das Nichtstun betrifft, war mein Geist so aufgewühlt und beunruhigt, dass ich nicht einmal Zeit hatte, darüber nachzudenken. Wir werden gehen, Liebling – wie du so vernünftig vorschlägst – wir werden gleich morgen früh an jeden

Ort gehen, den du magst, solange er groß genug ist, um kleine Geräusche zu verschlucken. Wo auf der ganzen Oberfläche dieser lauten Erde der Segen der Ruhe zu finden ist, weiß ich nicht; aber das weiß ich: Ein abgeschiedenes englisches Dorf ist der allerletzte Ort, an den ein Mann seine Schritte richten sollte, wenn das Hauptziel seines Lebens darin besteht, Ruhe zu finden.

BEACHTEN SIE DAS ZWEITE. ENTDECKUNG VON – NICHTS.

Am nächsten Morgen setzen wir unsere Reise in Richtung Küste fort und erreichen einen großen Wasserort.

Da wir feststellen, dass es in jeder Hinsicht so anders ist als das abgeschiedene Dorf, wie es nur sein kann, beschließen wir, uns in dieser bevölkerungsreichen und vollkommen ruhigen Stadt niederzulassen. Wir nehmen eine Unterkunft mit Blick auf das Meer. Um uns herum sind Geräusche – verschiedene und laute Geräusche, wie ich gedacht hätte, wenn ich nicht gerade aus einem Dorf käme; aber alles ist vergleichbar, und nach den Erfahrungen, die ich in der Vergangenheit gemacht habe, finde ich unseren neuen Wohnort ruhig genug, um den gemäßigten Erwartungen zu entsprechen, die ich mir jetzt in Bezug auf das Erreichen von Frieden in dieser Welt zu stellen gelernt habe. Hier kann ich zumindest fast ungestört an die Anweisungen des Arztes denken. Hier kann ich sicherlich mein neues Leben beginnen und den Luxus des Nichtstuns genießen.

Ich nehme an, es *ist* ein Luxus; und doch ist der Mensch so pervers, dass ich kaum weiß, ob ich es nicht von Anfang an eher als eine Härte empfinde. Vielleicht hat mich mein geschäftiges und aktives Leben unfähig gemacht, das Glück des Nichtstuns gebührend zu schätzen. Vielleicht bin ich von Natur aus von ruheloser, fiebriger Natur. Wie dem auch sei, es ist sicher, dass ich am ersten Tag, wenn ich mir ernsthaft vornehme, nichts zu tun, bei der Ausführung meines Vorsatzes nicht den erhofften höchsten Trost finde. Ich versuche mit aller Kraft, gegen die Überzeugung anzukämpfen (die mich dennoch beschleicht), dass ich nur eine Art harter Arbeit gegen eine andere eingetauscht habe, die härter ist. Ich versuche, mich davon zu überzeugen, dass die Zeit überhaupt nicht schwer auf meinen Händen liegt und dass ich glücklicher bin, wenn ich nichts zu tun habe, als wenn ich jemals einen langen Arbeitstag vor mir hätte. Gelingt mir dieser verdienstvolle Versuch oder scheitere ich? Lassen Sie mich die Ergebnisse meiner ersten Tageserfahrung mit der Kunst des Nichtstuns aufschreiben und überlassen Sie die Entscheidung dem Leser.

Frühstück um neun Uhr, damit der Tag nicht zu lang wird. Unter den anderen Sachen auf dem Tisch sind Garnelen. Ich merke, dass ich Garnelen aus einem ganz neuen Grund mag – es dauert so lange, sie zu essen. Nun, das Frühstück ist endlich vorbei: Ich habe völlig genug gegessen, und doch bin ich unersättlich traurig, als der Tisch abgeräumt wird. Wenn ich gesund wäre, würde ich jetzt an meinen Schreibtisch gehen oder ein Buch zur Hand nehmen. Aber ich bin nicht gesund und muss nichts tun. Soll ich aus dem Fenster schauen? Ich hoffe, das ist müßig genug, um damit einzuschlafen.

Das Meer – ja, ja, das Meer! Sehr groß, sehr grau, sehr ruhig; sehr ruhig, sehr grau, sehr groß. Sonst noch etwas über das Meer? Sonst nichts über das Meer.

Ja, Schiffe. Ein großes Schiff vorn, zwei kleine Schiffe hintern. (Um wie viel Uhr essen wir zu Abend, meine Liebe? Um fünf? Sicherlich um fünf!) Ein großes Schiff vorn, zwei kleine Schiffe hintern. Nichts mehr zu sehen? Nichts.

Lassen Sie mich noch einmal ins Zimmer blicken und die Motive dieser Drucke an den Wänden studieren. Erster Druck: – Tod des Earl of Chatham im House of Lords nach Copley, RA. Ganz genau. Dieses Bild weckt eine merkwürdige Vorstellung von der Einheitlichkeit des persönlichen Erscheinungsbildes, die die Peers im letzten Jahrhundert ausgezeichnet haben muss. Hier ist ein Haus voller edler Lords, und jeder von ihnen ist genau wie der andere. Jeder edler Lord ist groß, jeder edler Lord ist stämmig, jeder edler Lord hat eine lange, fliehende Stirn und eine majestätische römische Nase. Seltsam; und es führt zu Überlegungen über die körperlichen Veränderungen, die der heutige Adel durchlaufen haben muss, und denen ich respektvoll nachgehen könnte, wenn der Arzt mir nicht befohlen hätte, nicht zu denken.

In dieser Situation muss ich den Tod des Earl of Chatham traurig ignorieren und von den Arbeiten von Copley, RA, zu den anderen Drucken an den Wänden übergehen. Meine Güte! Jetzt, wo ich noch einmal hinschaue, gibt es nichts, zu dem ich übergehen könnte. Es gibt nur zwei andere Drucke, und beide sind klassische Landschaften. So sehr sich der gegenwärtige Zustand meiner Fähigkeiten auch verschlechtert haben mag, mein Verstand ist noch nicht auf das Niveau der klassischen Landschaft gesunken. Ich habe noch genug Verstand, um nicht an Claude und Poussin als Maler italienischer Landschaften zu glauben. Lassen Sie mich von der klassischen Fälschung zur modernen Realität übergehen. Lassen Sie mich noch einmal auf das Meer blicken.

Genauso groß, genauso grau, genauso ruhig wie immer. Noch mehr Schiffe? Nein, immer noch das eine große Schiff vorn, immer noch die beiden kleinen Schiffe dahinter. Sie haben ihre relativen Positionen nicht im Geringsten verändert. Wie lange dauert es noch bis zum Abendessen? Sechs Stunden und eine Viertelstunde. Was um Himmels Willen soll ich tun? Nichts.

Was, wenn ich einen kleinen Spaziergang mache? (Nein, Liebes, ich werde mich nicht ermüden; ich werde ganz frisch zurückkommen, um dich am

Nachmittag auszuführen.) Also, welchen Weg soll ich gehen, jetzt, da ich vor der Tür stehe? Es gibt zwei Wege an diesem Ort. Der erste Weg führt entlang der Klippe nach Westen; der zweite Weg führt entlang der Klippe nach Osten. Welche Richtung soll ich einschlagen? Ich bin von Natur aus einer der entschlossensten Menschen der Welt; aber das Nichtstun scheint mich bereits meiner üblichen entschlossenen Willensstärke beraubt zu haben. Ich werde es versuchen. Kopf nach Westen; Zahl nach Osten. Kopf! Soll dies als endgültig angesehen werden? Oder soll ich noch einmal beginnen und das Beste von drei versuchen? Ich werde das Beste von drei versuchen, weil es mehr Zeit in Anspruch nimmt. Kopf, Zahl, Kopf! Immer noch nach Westen. Das ist sicherlich Schicksal. Oder kann es sein, dass das Nichtstun mich abergläubisch und unentschlossen gemacht hat? Macht nichts; ich werde nach Westen gehen und sehen, was passiert.

Ich schlendere den Weg entlang, der an dem Eisengeländer entlangführt, dann eine kleine Senke hinunter, an deren Ende sich eine Sitzbank mit Blick auf eine Schiffswerft befindet. Dicht unter mir liegt ein kleines Küstenschiff auf der Slipanlage zur Reparatur. Niemand an Bord, nur ein alter Mann bei der Arbeit. Bei der Arbeit, habe ich gesagt? Oh, glücklicher Zufall! Dieser betagte Schiffsreparateur ist der Mann, den ich von allen am dringendsten kennenlernen musste, der Mann, der mir in meiner gegenwärtigen Notlage helfen könnte. Bevor ich ihn zwei Minuten angesehen habe, fühle ich, dass ich in der Gegenwart eines großen Lehrers der Kunst des Nichtstuns bin. Zu diesem Weisen zu gehen, seinen Lehren zuzuhören und von seinem Beispiel zu profitieren, drängte mich das Schicksal sanft, als ich mich zwischen Ost und West entscheiden musste. Lass mich sein Vorgehen beobachten; lass mich lernen, wie man systematisch faulenzt, indem ich die Handlungen dieses ehrwürdigen Mannes beobachte.

Als ich ihn zum ersten Mal sehe, sitzt er auf der linken Seite des Schiffes. In einer Hand hält er einen krummen Nagel, in der anderen einen Hammer. Er hustet langsam und blickt aufs Meer hinaus; er seufzt langsam und blickt zurück zum Land; er erhebt sich langsam und mustert das Deck des Schiffes; er bückt sich langsam, nimmt ein flaches Stück Eisen, legt es auf die Reling, steckt den krummen Nagel darauf, setzt sich dann hin und betrachtet die Wirkung der bisherigen Anordnung. Als er genug von der Anordnung hat, wendet er sich wieder dem Meer zu, dann dem Land. Danach tritt er ein wenig zurück und betrachtet den Hammer, wiegt ihn sanft in seiner Hand, befeuchtet seine Hand, geht zu dem krummen Nagel auf dem Eisenstück, stöhnt leise vor sich hin und schüttelt den Kopf, während er ihn betrachtet, klopft dreimal absichtlich mit dem Hammer darauf, um ihn geradezubiegen, stellt fest, dass es ihm in den Augen nicht gelingt; stöhnt wieder leise, schüttelt wieder den Kopf, setzt sich wieder hin und ruht sich auf der linken Seite des Schiffes aus. Seit ich ihn das erste Mal sah, habe ich seine Zeit nach meiner Uhr gemessen: Er hat eine Viertelstunde mit diesem einen krummen Nagel verbracht und ihn noch immer nicht gerade gebogen! Wunderbarer Mann, kann ich jemals hoffen, mit ihm zu konkurrieren? Wird er sich herablassen, mit mir zu sprechen? Bleib! Ich kann es nicht mit ihm versuchen; der Arzt hat mir gesagt, ich solle mich nicht durch Gesellschaft aufregen; ich fürchte, jede geistige Verbindung zwischen mir und diesem vollkommenen Faulenzer ist verboten. Besser, ich gehe weiter, komme zurück und sehe ihn mir noch einmal an.

Ich gehe weiter und setze mich hin; gehe ein Stück weiter und setze mich wieder hin; gehe zum dritten Mal weiter, setze mich zum dritten Mal hin, und immer noch ist da die Klippe auf der einen Seite von mir und das eine große Schiff und die beiden kleinen Schiffe auf der anderen. Ich gehe den gleichen Weg zurück und lasse mir so viel Zeit wie möglich, um zu dem Sitz über dem Küstenschiff zurückzukehren. Wo ist mein alter Freund, mein geschätzter Professor, mein strahlendes und leuchtendes Beispiel in der schwierigen Kunst des Nichtstuns? Diesmal sitzt er auf der rechten Seite des Schiffes, mit dem Stück Flacheisen ebenfalls auf der rechten Seite, mit dem Hammer noch in der Hand und, so wahr ich lebe, mit dem krummen Nagel, der noch nicht gerade gebogen ist! Ich bemerke dies und wende mich schnell mit Verzweiflung im Herzen ab. Wie kann ich, ein Anfänger, der nichts tut, erwarten, diesen vollendeten alten Mann nachzuahmen? Es ist vergeblich, hier auf Erfolg zu hoffen – vergeblich, auf irgendetwas anderes als die Essenszeit zu hoffen. Wie viele Stunden noch? Vier. Wenn ich jetzt nach Hause zurückkehre, wie soll ich dann weiter nichts tun? Das Mittagessen wird mir vielleicht ein wenig helfen. Ganz genau! Sagen wir ein Glas altes Bier und ein Keks. Ich würde gern Garnelen dazu nehmen – wenn ich nicht die Missbilligung meiner Frau fürchten müsste –, nur um zu versuchen, ob ich sie nicht so behandeln kann, wie mein alter Freund auf dem Küstenschiff den krummen Nagel behandelt hat.

Noch dreieinhalb Stunden bis zum Abendessen. Ich habe meinen Keks und mein Glas altes Bier gegessen. Da ich es nicht gewohnt bin, mitten am Tag Malzbier zu trinken, hat mich mein Mittagessen benebelt. Ich habe ein leises Singen in den Ohren, eine intensive Schläfrigkeit in meinen Augenlidern, eine angenehme Wärme um meinen Magen und ein Gefühl in meinem Kopf, als ob das Gehirn aus mir herausgesickert wäre und die Höhle meines Schädels mit in Laudanum getränkter Watte ausgestopft wäre. Alles in allem kein unangenehmes Gefühl. Ich bin nicht beunruhigt; ich denke an nichts. Ich habe die sture Fähigkeit, unbeweglich aus dem Fenster auf das eine große Schiff und die zwei kleinen Schiffe zu starren, was ich mir bisher nicht zugetraut hatte. Wenn meine Frau nur einen Sessel dicht hinter mich schieben würde, könnte ich mich hineinsinken lassen und einschlafen; aber sie tut nichts dergleichen. Sie setzt ihren Hut auf: Es ist die Stunde des

Nachmittags, zu der wir uns liebevoll zu unserem kleinen Spaziergang herausnehmen wollen.

Auch die Gesellschaft am Badeort macht zu dieser Zeit ihren kleinen Spaziergang. Wäre da nicht der wohltuende Einfluss des starken Biers, würde ich jetzt meine Beobachtungen machen und den Anweisungen des Arztes zuwiderlaufen, indem ich meinen Geist beschäftigte. So marschiere ich langsam dahin, verloren in einer feierlichen Trance des Biers.

Nur ein Umstand ist während unseres Spaziergangs auffällig genug, um meine schläfrige Aufmerksamkeit zu erregen. Ich bemerke gerade mit so viel Überraschung und Bedauern, wie ich im Augenblick empfinden kann, dass meine Frau anscheinend alle Frauen hasst, denen wir begegnen, und dass alle Frauen, denen wir begegnen, dem Aussehen nach zu urteilen, das Kompliment zu erwidern scheinen, indem sie meine Frau hassen. Wir kommen an einer unendlichen Anzahl von Mädchen vorbei, alle mehr oder weniger mollig, alle mehr oder weniger gesund, alle mehr oder weniger von exzentrischen Strandhüten überschattet; und meine Frau will nicht zugeben, dass eines dieser jungen Geschöpfe auch nur einigermaßen hübsch ist. Die jungen Geschöpfe ihrerseits blicken so geringschätzig auf den Hut und das Kleid meiner Frau, dass ich mich hinsichtlich der Angemessenheit ihres Kostüms unwohl fühlen würde, wenn ich nicht unter dem beruhigenden Einfluss des starken Biers stünde. Was hat dieser unangenehme Mangel an Harmonie unter den Mitgliedern des schönen Geschlechts zu bedeuten? Hasst eine Frau eine andere Frau, weil sie eine Frau ist – ist es das? Wie schockierend, wenn es so ist! Ich habe keine Neigung, andere Männer, die ich auf meinem Spaziergang treffe, herabzusetzen. Andere Männer werfen mir keine verächtlichen Blicke zu. Wir Herren der Schöpfung sind ganz zufrieden damit, auf unsere verschiedene Weise schön und attraktiv zu sein, ohne uns gegenseitig bissig den Schönheitstitel streitig zu machen. Warum können die Frauen unserem verdienstvollen Beispiel nicht folgen? Wird irgendjemand dieses seltsame Problem der sozialen Moral lösen? Die Anweisungen des Arztes verbieten mir, diese intellektuelle Leistung zu versuchen. Die schreckliche Notwendigkeit, nichts zu tun, beschränkt meine geistige Betrachtung auf ein einziges Thema – die Essenszeit. Wie lange ist es – jetzt, da wir von unserem Spaziergang zurückgekehrt sind – bis dahin? Zwei Stunden und eine Viertelstunde. Ich kann nicht wieder aus dem Fenster schauen, denn ich weiß instinktiv, dass die drei Schiffe und das ruhige, graue Meer noch immer auf mich lauern. Ich kann nicht noch einmal den Seufzer eines Patrioten über den „Tod des Grafen von Chatham" ausstoßen. Ich bin zu müde, um hinauszugehen und zu sehen, wie der alte Mann des Küstenschiffs mit dem krummen Nagel zurechtkommt. Kurz gesagt, ich werde zu meinem letzten Zufluchtsort getrieben. Ich muss ein Nickerchen machen.

Das Nickerchen dauert mehr als eine Stunde. Seine Folgen lassen sich alle mit einem bedeutsamen und schrecklichen Wort zusammenfassen: Zappeligkeit. Ich schrecke krampfhaft vom Sofa auf und setze mich kerzengerade auf einen Stuhl. Meine Frau sitzt mir gegenüber und ist in aller Ruhe mit ihrer Arbeit beschäftigt. Es ist noch eine Stunde und fünf Minuten bis zum Abendessen. Was soll ich tun? Soll ich die Zappeligkeit beruhigen und meine raue Natur mildern, indem ich meine Frau anschaue, um zu sehen, wie sie mit ihrer Arbeit vorankommt?

Sie hat einen Streifen Kaliko oder etwas in der Art, der über und über mit kleinen Löchern versehen ist, und sie näht mit Nadel und Faden um jedes kleine Loch herum. Für einen männlichen Geist eintönig. Das Stanzen der Löcher muss doch der angenehmste Teil dieser Art von Arbeit sein? Und das wird doch im Laden gemacht, oder, Liebes? Wie merkwürdig!

Schnürt meine Frau zu eng? Ich hatte noch nie die Muße, sie so lange und aufmerksam anzusehen wie jetzt. Bisher habe ich mich kritiklos damit zufrieden gegeben, ihre Taille als selbstverständlich hinzunehmen. Jetzt habe ich meine Zweifel daran. Ich glaube, die Frau an meiner Brust gleicht ein wenig zu sehr einer Sanduhr. Verdauen sie? Herrgott noch mal! Woher soll ich in dem gegenwärtigen Zustand ihres Korsetts wissen, ob sie verdaut?

Und nun zu ihrem Haar: Ich habe nichts gegen die Frisur, aber ich finde — seltsamerweise zum ersten Mal seit unserer Hochzeit —, dass sie zu viel Bärenfett und Bandolinen verwendet . Ich sehe einen dünnen Rand Bandolinen , der knapp außerhalb des Haaransatzes an ihren Schläfen glänzt wie Firnis auf einem Bild. Das geht nicht — oh je, nein — das geht überhaupt nicht. Gehen ihre Hände? Sicherlich nicht! Zum ersten Mal stelle ich fest, dass auch ihre Hände nicht gehen. Gnädigerweise bin ich bereit, es in Kauf zu nehmen, dass sie nicht weiß genug sind, aber was meint die Frau mit den runden Spitzen ihrer Finger? Warum laufen sie nicht spitz zu? Bis zu diesem Augenblick dachte ich immer, sie würden spitz zulaufen. Ich fange an, unzufrieden mit ihr zu sein; ich fange an zu denken, dass meine Frau nicht mehr die charmante Frau ist, für die ich sie gehalten habe. Was ist los mit mir? Sehe ich sie mit Wahrnehmungen an, die durch übermäßige Faulheit bereits krankhaft geworden sind ? Soll diese schreckliche Notwendigkeit, nichts zu tun, dazu führen, dass die Grundlagen meiner ehelichen Ruhe untergraben werden und mein gesamtes eheliches Gebäude in den bodenlosen Abgrund von Doctors' Commons stürzt? Entsetzlich!

Die Zimmertür öffnet sich und weckt mich gleichsam aus dem grauenhaften Traum, in dem die Individualität meiner Frau in meinen Augen völlig verändert wurde. Es ist nur noch eine halbe Stunde bis zum Abendessen, und der Diener ist gekommen, um den Tisch zu decken. Angesichts des großen Ereignisses des Tages fühle ich mich wieder wie ich selbst. Wieder einmal glaube ich an die natürliche Schlankheit der Taille meiner Frau; wieder einmal bin ich mit den Spitzen ihrer Finger zufrieden. Jetzt sehe ich endlich, wie es Zeit fürs Zubettgehen ist. Vorausgesetzt, wir können das Abendessen zwei Stunden aushalten; vorausgesetzt, ich kann danach noch ein Nickerchen machen; vorausgesetzt –

Nein! Mehr kann ich nicht annehmen, denn ich schäme mich wirklich, das entwürdigende Bild von mir zu vervollständigen, das meine Feder bis jetzt gezeichnet hat. Es wurde genug geschrieben – mehr als genug, fürchte ich – , um zu zeigen, wie völlig ich bei meinem ersten Versuch, nichts zu tun, gescheitert bin. Die schwerste Arbeit , die ich je zu bewältigen hatte, war nicht so schwer zu bewältigen wie diese erzwungene Untätigkeit. Nie wieder werde ich unter den gesunden Notwendigkeiten der Arbeit murren. Nie wieder – wenn es mir nur gelingt, gesund zu werden – werde ich einen Tag des Nichtstuns als angenehme Ferienzeit betrachten. Ich bin mitten in der Nacht davongeschlichen, in völliger Missachtung der Anweisungen des Arztes, um meine unsägliche Müdigkeit durch das Schreiben dieser Zeilen zu lindern. Ich werfe sie der Welt als die kurze persönliche Erzählung eines äußerst unglücklichen Mannes vor. Wenn ich den medizinischen Rat systematisch missachte, werde ich krank. Wenn ich ihn gewissenhaft befolge, wie soll ich dann den morgigen Tag überstehen? Ich darf nicht arbeiten und ich kann nicht untätig sein. Kann mir bitte jemand sagen, was ich tun soll?

ECKEN UND WÄNDE DER GESCHICHTE.

I.
DIE RACHE EINER KÖNIGIN.

Der Name Gustav Adolf, des treuen Protestanten, des großen Feldherrn und des guten Königs von Schweden, ist englischen Geschichtslesern seit langem ein Begriff. Wir alle wissen, wie sehr dieser berühmte Krieger und Monarch bei seinen Soldaten und Untertanen beliebt war, wie erfolgreich er einen langen und schrecklichen Krieg durchkämpfte und wie ehrenhaft er auf dem Schlachtfeld starb. Mit seinem Tod scheint jedoch das Interesse des englischen Lesers an schwedischen Angelegenheiten zu erlöschen. Wer die Erzählung seines Lebens bis zum Ende aufmerksam verfolgt hat, wird sich vielleicht daran erinnern, dass er ein einziges Kind hinterließ – eine Tochter namens Christina. Doch über den Charakter dieses Kindes und ihre außergewöhnlichen Abenteuer, nachdem sie zur Frau herangewachsen war, weiß die englische Öffentlichkeit größtenteils nichts. In der populären historischen und romantischen Literatur Frankreichs ist Königin Christina eine berüchtigte Figur. In der Literatur dieses Landes hatte sie bisher nur wenig Gelegenheit, die Aufmerksamkeit der breiten Öffentlichkeit zu erregen.

Und doch ist Christinas Leben an sich schon eine Romanze. Mit sechs Jahren war sie Königin von Schweden und hatte den berühmten Oxenstiern als Vormund. Dieser große und gute Mann regierte das Königreich in ihrem Namen, bis sie ihre Minderjährigkeit hinter sich hatte. Vier Jahre nach ihrer Krönung verzichtete sie aus eigenem Antrieb auf ihre Rechte zugunsten ihres Cousins Karl Gustav . Jung und schön, die gelehrteste und gebildetste Frau ihrer Zeit, kehrte sie ihrem Erbe entschlossen den Thron zurück und machte sich auf, das zivilisierte Europa zu durchstreifen, als unabhängige Reisende , die entschlossen war, alle Arten von Menschen und Sitten kennenzulernen, alles Wissen zu sammeln, das ihr die umfassendste Erfahrung vermitteln konnte, und sich mutig mit den größten Geistern der Zeit zu messen.

Bisher ist das Interesse, das ihr Charakter und ihre Abenteuer erregen, von der malerischsten und anziehendsten Art. Es liegt etwas auffallend Neues in dem Anblick einer jungen Königin, die das Streben nach Wissen dem Besitz eines Throns vorzieht und ein königliches Geburtsrecht gegen das Privileg der Freiheit eintauscht. Leider kann das Porträt von Christina nicht durchgängig in leuchtenden Farben gemalt werden . Zu ihrer Schande muss festgehalten werden, dass sie, als ihre Reisen sie nach Rom führten, die Religion aufgab, für die ihr Vater kämpfte und starb. Und im Interesse der Wahrheit muss zugegeben werden, dass sie sich von anderen

Beschränkungen als der des Königtums befreite. Geistig ausgezeichnet durch ihre Fähigkeiten, wurde sie durch ihre Laster und ihre Verbrechen moralisch erniedrigt.

Die Ereignisse im seltsamen Leben von Christina – insbesondere jene, die mit ihren Handlungen in der Rolle der fahrenden Königin zusammenhängen – bieten reichlich Material für eine Biographie, die in England als neuer Beitrag zu unserer historischen Literatur angesehen werden könnte. Eines der vielen außergewöhnlichen Abenteuer, die die Wanderschaft der Königin kennzeichneten, kann auf diesen Seiten als eine Episode in ihrer Lebensgeschichte erzählt werden, die in sich abgeschlossen ist. Die Ereignisse, aus denen die Erzählung besteht, werfen in vielerlei Hinsicht Licht auf die Sitten, Gewohnheiten und Meinungen einer vergangenen Zeit; und sie können darüber hinaus in den bemerkenswerten Worten eines Augenzeugen dargestellt werden, der sie vor zwei Jahrhunderten miterlebt hat.

Der Schauplatz ist das Schloss von Fontainebleau, es ist das Ende des Jahres 1657, und die Personen sind die wandernde Königin Christina, ihr Großstallmeister, der Marquis Monaldeschi , und Pater Le Bel vom Kloster von Fontainebleau, der Zeuge, dessen Aussage wir gleich zitieren werden.

Monaldeschi war, wie sein Name schon sagt, gebürtiger Italiener. Er war ein schöner, gebildeter Mann mit kultivierten Manieren, geschmeidigem Wesen und der Kunst, sich in der Gesellschaft von Frauen äußerst angenehm zu machen. Mit diesen persönlichen Empfehlungen gewann er bald die Gunst von Königin Christina. Von der langen Liste ihrer Liebhaber fesselte keiner der vielen, die sie ermutigte, ihre kapriziöse Fantasie so lange und fest wie Monaldeschi . Die Vertrautheit zwischen ihnen entstand wahrscheinlich, zumindest auf ihrer Seite, aus einer so tiefen und aufrichtigen Zuneigung, wie es Christinas Natur entsprach. Auf Seiten des Italieners war die Verbindung einzig und allein dem Ehrgeiz geschuldet. Sobald er alle Vorteile der Position des Hauptlieblings am Hof der Königin geerntet hatte, wurde er seiner königlichen Mätresse überdrüssig und widmete seine Aufmerksamkeit heimlich einer jungen Römerin, deren Jugend und Schönheit ihn stark anzog und deren fataler Einfluss auf sein Handeln schließlich zu seinem Verderben und seinem Tod führte.

Nachdem Monaldeschi auf verschiedene Weise versucht hatte , sich bei der Römerin einzuschmeicheln, fand er heraus, dass das sicherste Mittel, ihre Gunst zu gewinnen , darin bestand, ihre boshafte Neugier in Bezug auf die geheimen Schwächen von Königin Christina zu befriedigen. Er war kein Mann, der sich von gewissenhaften Ehrgefühlen beunruhigen ließ, wenn es um die Interessen seiner eigenen Intrigen ging; und er nutzte schamlos die Position, die er gegenüber Christina innehatte, um Vertrauensbrüche der gemeinsten und schändlichsten Art zu begehen. Nicht zufrieden damit, der Römerin die Reihe der Briefe der Königin an sich selbst zu überlassen, die Geheimnisse enthielten, die sie ihm im vollsten Vertrauen in seine Vertrauenswürdigkeit offenbart hatte, schrieb er selbst Briefe an die neue Zielperson seiner Ansprache, in denen er Christinas Zuneigung zu ihm lächerlich machte und ihre kleinsten persönlichen Mängel mit einer herzlosen Unverschämtheit sarkastisch beschrieb, die selbst die geduldigste Frau nicht hätte verzeihen können. Während er auf diese Weise im Geheimen das in ihn gesetzte Vertrauen verriet, heuchelte er in der Öffentlichkeit seine unerschütterliche Zuneigung und aufrichtigste Hochachtung für die Königin.

Eine Zeit lang lief dieser schändliche Betrug erfolgreich. Doch dann war die Stunde der Entdeckung gekommen, und das Werkzeug dafür war ein gewisser Kardinal, der Monaldeschi in die Gunst der Königin verdrängen wollte . Dem Priester gelang es, die gesamte Korrespondenz in Besitz zu nehmen, die der Römerin privat anvertraut worden war, darunter neben Christinas Briefen auch die Briefe, die Monaldeschi geschrieben hatte, um seine königliche Geliebte zu verspotten. Der Kardinal packte die gesamte Dokumentensammlung in ein Paket und überreichte sie der Königin bei einer Privataudienz.

An diesem entscheidenden Punkt der Geschichte beginnt die Aussage des Augenzeugen, den wir zitieren möchten. Pater Le Bel war bei der grausamen Vollstreckung der Rache der Königin an Monaldeschi anwesend und erhielt Kopien der gesamten Korrespondenz, die aus dem Besitz der Römerin entwendet worden war. Da ihm das Geheimnis anvertraut worden war, schweigt er in seiner gesamten Erzählung klugerweise und ehrenhaft über Monaldeschis Vergehen. Die Einzelheiten über die Niedertracht und Undankbarkeit des Italieners, die hier präsentiert wurden, wurden den widersprüchlichen Berichten entnommen, die damals im Umlauf waren und von den alten französischen Sammlern historischer Anekdoten aufbewahrt wurden. Die Einzelheiten der außerordentlichen Bestrafung von Monaldeschis Vergehen, die nun folgen, können mit den Worten von Pater Le Bel selbst wiedergegeben werden. Der Leser wird verstehen, dass seine Erzählung unmittelbar nach Christinas Entdeckung der Treulosigkeit ihres Favoriten beginnt .

Am 6. November 1657 (schreibt Pater Le Bel) um Viertel nach neun Uhr morgens schickte Königin Christina von Schweden, die zu dieser Zeit im königlichen Palast von Fontainebleau wohnte, einen ihrer Diener zu meinem Kloster, um ein Gespräch mit mir zu erreichen. Als der Bote vorgelassen wurde, fragte er, ob ich die Oberin des Klosters sei, und als ich dies bejahte, teilte er mir mit, dass ich mich unmittelbar vor der Königin von Schweden melden sollte.

Aus Angst, Ihre Majestät warten zu lassen, folgte ich dem Mann sofort zum Palast, ohne zu warten, ob ich einen meiner Brüder aus dem Kloster mitnehmen würde.

Nach einer kleinen Verzögerung im Vorzimmer wurde ich in das Zimmer der Königin geführt. Sie war allein, und als ich respektvoll darum bat, ihr ihre Anweisungen zu erteilen , erkannte ich an ihrem Gesichtsausdruck , dass etwas nicht stimmte. Sie zögerte einen Moment, dann forderte sie mich ziemlich scharf auf, ihr an einen Ort zu folgen, wo sie mit der Gewissheit sprechen könne, nicht belauscht zu werden. Sie führte mich in die Galerie des Cerfs , drehte sich plötzlich zu mir um und fragte, ob wir uns schon einmal begegnet seien. Ich teilte Ihrer Majestät mit, dass ich einmal die Ehre gehabt hatte , ihr meine Aufwartung zu machen, dass sie mich freundlich empfangen hatte und dass das Gespräch damit beendet war. Sie nickte mit dem Kopf und sah sich ein wenig um, dann sagte sie sehr abrupt, dass ich ein Kleid trage (womit sie meine Klostertracht meinte), das sie ermutige, vollkommenes Vertrauen in meine Ehre zu setzen , und sie verlangte von mir, ihr im Voraus zu versprechen, dass ich das Geheimnis, das sie mir anvertrauen wollte, so streng bewahren würde, als hätte ich es im Beichtstuhl gehört. Ich antwortete respektvoll, dass es zu meinem heiligen Beruf gehöre, dass man mir Geheimnisse anvertraue; dass ich niemals die privaten Angelegenheiten von irgendjemandem verraten hätte; und dass ich für mich selbst garantieren könne, dass ich der Ehre des Vertrauens einer Königin würdig sei.

Daraufhin überreichte mir Ihre Majestät ein Paket mit Papieren, das an drei Stellen versiegelt war, aber keinerlei Aufschrift trug. Sie befahl mir, es unter Verschluss zu halten und darauf vorbereitet zu sein, es jeder Person zurückzugeben, in deren Gegenwart sie es für angebracht hielte, mich danach zu fragen. Sie forderte mich außerdem auf, mir den Tag, die Stunde und den Ort zu merken, an dem sie mir das Paket gegeben hatte; und mit diesem letzten Ratschlag entließ sie mich. Ich ließ sie allein in der Galerie zurück, wo sie langsam von mir wegging, den Kopf auf ihre Brust gesenkt und ihren Geist, soweit ich es beurteilen konnte, von ängstlichen Gedanken beunruhigt. [1]

Am Samstag, dem 10. November, wurde ich um ein Uhr nachmittags wieder in den Palast geschickt. Ich nahm das Päckchen aus meinem Privatkabinett, da ich befürchtete, dass man mich danach fragen könnte, und folgte dann wie zuvor dem Boten. Diesmal führte er mich sofort zur Galerie des Cerfs . In dem Moment, als ich sie betrat, schloss er die Tür mit so außerordentlicher Eile und Gewalt hinter mir, dass ich ein wenig erschrak. Sobald ich mich wieder gefasst hatte, sah ich Ihre Majestät in der Mitte der Galerie stehen und mit einem der Herren ihres Hofes sprechen, der allgemein unter dem Namen „Der Marquis" bekannt war und von dem ich bald herausfand, dass es sich um den Marquis Monaldeschi handelte, den Großstallmeister der Königin von Schweden. Ich näherte mich Ihrer Majestät und verbeugte mich – dann blieb ich vor ihr stehen und wartete, bis sie es für angebracht hielt, mich anzusprechen.

Mit strengem Gesichtsausdruck und lauter, klarer und fester Stimme fragte sie mich im Beisein des Marquis und dreier weiterer Männer, die sich ebenfalls in der Galerie befanden, nach dem Päckchen, das sie mir anvertraut hatte.

Als sie diese Forderung stellte, wichen zwei der drei Männer ein paar Schritte zurück, während der dritte, der Hauptmann ihrer Wache, etwas näher an sie herantrat. Ich gab ihr das Paket zurück. Sie betrachtete es eine Weile nachdenklich, öffnete es dann, nahm die darin enthaltenen Briefe und Schriftstücke heraus, reichte sie dem Marquis Monaldeschi und bestand darauf, dass er sie las. Als er gehorcht hatte, fragte sie ihn mit demselben strengen Blick und derselben festen Stimme, ob er Kenntnis von den Dokumenten habe, die er gerade gelesen habe. Der Marquis wurde leichenblass und antwortete, er habe die betreffenden Papiere jetzt zum ersten Mal gelesen.

„Leugnen Sie, dass Sie davon Kenntnis haben?", fragte die Königin. „Antworten Sie mir offen, Sir. Ja oder nein?"

Der Marquis wurde noch blasser. „Ich leugne, dass ich davon etwas gewusst habe", sagte er mit schwacher Stimme und senkte den Blick.

„Leugnen Sie auch hiervon jegliche Kenntnis?", sagte die Königin, zog plötzlich ein zweites Manuskriptpaket unter ihrem Kleid hervor und hielt es dem Marquis ins Gesicht.

Er erschrak, wich ein wenig zurück und antwortete kein Wort. Das Paket, das mir die Königin gegeben hatte, enthielt nur Kopien. Die Originalpapiere waren jene, die sie dem Marquis gerade unter die Nase gehalten hatte.

„Leugnen Sie Ihr eigenes Siegel und Ihre eigene Handschrift?", fragte sie.

Er murmelte ein paar Worte, bekannte, dass sowohl das Siegel als auch die Handschrift von ihm stammten, und fügte einige Entschuldigungsfloskeln hinzu, in denen er versuchte , die Schuld für das Schreiben der Briefe auf andere Personen zu schieben. Während er sprach, versammelten sich die drei Männer, die die Königin begleiteten, schweigend um ihn.

Ihre Majestät hörte ihm bis zum Ende zu. „Sie sind ein Verräter", sagte sie und drehte ihm den Rücken zu.

Als sie diese Worte sprach, zogen die drei Männer ihre Schwerter.

Der Marquis hörte das Klirren der Klingen gegen die Scheiden, und als er sich rasch umdrehte, sah er die gezückten Schwerter hinter sich. Er packte die Königin sofort am Arm und zog sie mit sich fort, erst in eine Ecke der Galerie, dann in eine andere, wobei er sie in den bewegendsten Worten anflehte, ihm zuzuhören und an die Aufrichtigkeit seiner Reue zu glauben. Die Königin ließ ihn weiterreden, ohne das geringste Anzeichen von Ärger oder Ungeduld zu zeigen. Ihre Farbe änderte sich nicht; der strenge Ausdruck wich nie aus ihrem Gesicht. Es lag etwas Furchtbares in der klaren, kalten, tödlichen Entschlossenheit, die ihre Augen ausdrückten, während sie auf dem Gesicht des Marquis ruhten.

Schließlich schüttelte sie sich aus seinem Griff, ohne auch nur die geringste Verärgerung zu verraten. Die drei Männer mit den gezogenen Schwertern, die dem Marquis schweigend gefolgt waren, als er die Königin von Ecke zu Ecke der Galerie führte, umringten ihn nun wieder, sobald er allein stand. Eine Minute oder länger herrschte vollkommenes Schweigen. Dann wandte sich die Königin an mich.

„Pater Le Bel", sagte sie, „ich beauftrage Sie zu bezeugen, dass ich diesen Mann mit der strengsten Unparteilichkeit behandle." Während sie sprach, zeigte sie mit einer kleinen Reitpeitsche aus Ebenholz, die sie in der Hand hielt, auf den Marquis Monaldeschi . „Ich biete diesem nichtsnutzigen Verräter so viel Zeit, wie er braucht – mehr Zeit, als er zu verlangen berechtigt ist –, um sich zu rechtfertigen, wenn er dazu in der Lage ist."

Als der Marquis diese Worte hörte, nahm er einige Briefe aus einem Versteck in seinem Kleid und gab sie der Königin zusammen mit einem kleinen Schlüsselbund. Diesen holte er so schnell aus seiner Tasche, dass er ein paar kleine Silbermünzen herauszog, die auf den Boden fielen. Als er sich wieder an die Königin wandte, gab sie den Männern mit den gezogenen Schwertern mit ihrer schwarzen Reitpeitsche ein Zeichen, und sie zogen sich zu einem der Fenster der Galerie zurück. Ich meinerseits zog mich außer Hörweite zurück. Die folgende Unterredung zwischen der Königin und dem Marquis dauerte fast eine Stunde. Als sie vorbei war, winkte Ihre Majestät die Männer mit der Peitsche zurück und näherte sich dann der Stelle, an der ich stand.

„Pater Le Bel", sagte sie mit ihrer klaren, klangvollen, entschlossenen Stimme, „es besteht für mich keine Notwendigkeit, länger hier zu bleiben. Ich überlasse diesen Mann", sie zeigte wieder auf den Marquis, „Ihrer Obhut. Tun Sie alles, was Sie können, zum Wohle seiner Seele. Er hat es nicht geschafft, sich zu rechtfertigen, und ich verurteile ihn zum Tode."

Hätte ich das Urteil gegen mich selbst gehört, hätte ich kaum mehr Angst haben können als damals, als die Königin diese letzten Worte sprach. Der Marquis hörte sie an Ort und Stelle und warf sich ihr zu Füßen. Ich ließ mich neben ihm auf die Knie fallen und flehte sie an, ihm zu verzeihen oder ihn wenigstens für sein Vergehen mit einer milderen Strafe als der Todesstrafe zu bestrafen.

„Ich habe die Worte gesagt", antwortete sie und wandte sich dabei nur an mich; „und keine Macht unter dem Himmel wird mich zwingen, sie ungesagt zu machen. Viele Männer wurden bei lebendigem Leibe gerädert für Vergehen, die im Vergleich zu dem Vergehen, das dieser meineidige Verräter gegen mich begangen hat, die Unschuld selbst waren. Ich habe ihm vertraut, wie ich einem Bruder vertrauen würde; er hat dieses Vertrauen auf schändliche Weise verraten; und ich übe meine königlichen Rechte über das Leben eines Verräters aus. Sagen Sie nichts mehr zu mir. Ich sage es Ihnen noch einmal, er ist zum Tode verurteilt."

Mit diesen Worten verließ die Königin die Galerie und ließ mich mit Monaldeschi und den drei Henkern allein, die darauf warteten, ihn zu töten.

Der unglückliche Mann fiel vor meinen Füßen auf die Knie und flehte mich an, der Königin zu folgen und noch einmal zu versuchen, seine Begnadigung zu erlangen. Bevor ich ein Wort erwidern konnte, umringten ihn die drei Männer, hielten ihm die Schwertspitzen an die Seiten – ohne ihn jedoch tatsächlich zu berühren – und empfahlen ihm wütend, mir sein Geständnis abzulegen, ohne weitere Zeit zu verlieren. Ich flehte sie mit Tränen in den Augen an, so lange wie möglich zu warten, um der Königin Zeit zum Nachdenken zu geben und sie vielleicht von ihren tödlichen Absichten gegenüber dem Marquis abzubringen. Es gelang mir, auf den Anführer der drei Männer einen solchen Eindruck zu machen, dass er uns verließ, um ein Gespräch mit der Königin zu führen und festzustellen, ob sich ihre Absichten geändert hatten. Nach einer sehr kurzen Abwesenheit kam er kopfschüttelnd zurück.

„Es gibt keine Hoffnung für Sie", sagte er zu Monaldeschi . „Schließen Sie Frieden mit dem Himmel. Bereiten Sie sich auf den Tod vor!"

„Gehen Sie zur Königin!" rief der Marquis und kniete mit gefalteten Händen vor mir nieder. „Gehen Sie selbst zur Königin; unternehmen Sie noch einen Versuch, mich zu retten! O, Pater Le Bel, gehen Sie noch ein Risiko ein – wagen Sie eine letzte Bitte – bevor Sie mich sterben lassen!"

„Warten Sie, bis ich zurückkomme?", fragte ich die drei Männer.

„Wir werden warten", antworteten sie und senkten die Spitzen ihrer Schwerter auf den Boden.

Ich fand die Königin allein in ihrem Zimmer, ohne die geringste Erregung in ihrem Gesicht oder ihrem Benehmen. Nichts, was ich sagen konnte, hatte die geringste Wirkung auf sie. Ich beschwor sie bei allem, was die Religion am heiligsten hält, sich daran zu erinnern, dass das edelste Vorrecht eines jeden Herrschers das Vorrecht ist, Gnade zu gewähren; dass die erste der christlichen Pflichten die Pflicht ist, zu vergeben. Sie hörte mir ungerührt zu. Als ich sah, dass Bitten vergeblich waren, wagte ich es, auf mein eigenes Risiko hin, sie daran zu erinnern, dass sie jetzt nicht in ihrem eigenen Königreich Schweden lebte, sondern dass sie Gast des Königs von Frankreich war und in einem seiner eigenen Paläste wohnte; und ich fragte sie kühn, ob sie die möglichen Folgen abgewogen habe, die es hätte, die Tötung eines ihrer Diener innerhalb der Mauern von Fontainebleau zu genehmigen , ohne vorheriges Verfahren oder offizielle Benachrichtigung über das begangene Vergehen. Sie antwortete mir kalt, es sei genug, dass sie die unverzeihliche Natur des Vergehens kenne, dessen Monaldeschi sich schuldig gemacht hatte; Sie habe gegenüber dem König von Frankreich eine vollkommen unabhängige Stellung inne, sei zu allen Zeiten und an allen Orten die absolute Herrin ihrer eigenen Handlungen und sei niemandem auf der Welt Rechenschaft schuldig für ihr Verhalten gegenüber ihren Untertanen und Bediensteten, über deren Leben und Freiheiten sie souveräne Rechte besitze, auf die sie aus keinerlei Erwägungen heraus verzichten könne.

Obwohl ich befürchtete, sie zu verärgern, wagte ich es dennoch, meine Einwände zu wiederholen . Sie unterbrach sie, indem sie mir hastig ein Zeichen gab, sie zu verlassen.

Als sie mich entließ, glaubte ich eine leichte Veränderung in ihrem Gesicht zu sehen, und mir kam der Gedanke, dass sie in diesem Moment vielleicht nicht abgeneigt gewesen wäre, mir etwas Aufschub zu gewähren, wenn sie es hätte tun können, ohne den Anschein zu erwecken, in ihrem Entschluss zu schwanken, und ohne das Risiko einzugehen, Monaldeschi entkommen zu lassen. Bevor ich durch die Tür ging, versuchte ich, die Neigung zum Nachgeben auszunutzen, die ich bei ihr zu erkennen glaubte, aber sie wiederholte wütend die Geste der Entlassung, bevor ich ein halbes Dutzend Worte gesprochen hatte. Schweren Herzens gab ich der Notwendigkeit nach und verließ sie.

Als ich in die Galerie zurückkehrte, fand ich die drei Männer mit den Schwertspitzen auf dem Boden um den Marquis herumstehen, genau so, wie ich sie zurückgelassen hatte.

„Soll er leben oder sterben?", fragten sie, als ich hereinkam.

Ich brauchte nicht mit Worten zu antworten; mein Gesicht beantwortete die Frage. Der Marquis stöhnte schwer, sagte aber nichts. Ich setzte mich auf einen Stuhl und winkte ihm, zu mir zu kommen, und bat ihn, so gut es meine Angst und mein Elend zuließen, an Reue zu denken und sich auf eine andere Welt vorzubereiten. Er begann seine Beichte, indem er zu meinen Füßen kniete und seinen Kopf auf meinen Knien hatte. Nachdem er eine Weile damit weitergemacht hatte, sprang er plötzlich mit einem Angstschrei auf. Es gelang mir, ihn zu beruhigen und seine Gedanken wieder auf himmlische Dinge zu lenken. Er beendete seine Beichte, indem er mal Latein, mal Französisch, mal Italienisch sprach, je nachdem er sich in der Aufregung, die ihn jetzt erfasste, am besten erklären konnte.

Gerade als er fertig war, betrat der Kaplan der Königin die Galerie. Ohne auf die Absolution zu warten, eilte der unglückliche Marquis von mir weg zum Kaplan und flehte ihn, immer noch verzweifelt an der Hoffnung auf Leben festhaltend, an, bei der Königin Fürsprache einzulegen. Die beiden unterhielten sich leise und hielten sich an den Händen. Als ihre Besprechung beendet war, verließ der Kaplan die Galerie wieder und nahm den ersten der drei Henker mit, die dazu bestimmt waren, den tödlichen Plan der Königin auszuführen. Nach kurzer Abwesenheit kehrte dieser Mann ohne den Kaplan zurück. „Holen Sie sich Ihre Absolution", sagte er kurz zum Marquis, „und entschließen Sie sich zu sterben."

Mit diesen Worten packte er Monaldeschi, drückte ihn am Ende der Galerie, direkt unter dem Bild von Saint Germain, gegen die Wand und schlug, bevor ich eingreifen oder mich auch nur von dem Anblick abwenden konnte, mit seinem Schwert auf die rechte Seite des Marquis ein. Monaldeschi fing die Klinge mit der Hand auf und schnitt sich dabei drei Finger ab. Im selben Moment berührte die Spitze seine Seite und prallte ab. Daraufhin rief der Mann, der ihn geschlagen hatte: „Er trägt eine Rüstung unter seiner Kleidung", und stach Monaldeschi im selben Moment ins Gesicht. Als er die Wunde erlitt, drehte er sich zu mir um und rief laut: „Pater Le Bel! Pater Le Bel!"

Ich ging sofort auf ihn zu. Dabei zog sich der Mann, der ihn verwundet hatte, ein wenig zurück und gab seinen beiden Gefährten ein Zeichen, ebenfalls zurückzutreten. Der Marquis, mit einem Knie auf dem Boden, bat Gott um Verzeihung und sagte mir einige letzte Worte ins Ohr. Ich erteilte ihm sofort die Absolution und sagte ihm, dass er für seine Sünden durch den Tod büßen und denen vergeben müsse, die ihn töten wollten. Als er meine Worte hörte, warf er sich nach vorne auf den Boden. Während er fiel, schlug einer der drei Henker, die ihn noch nicht angegriffen hatten, auf seinen Kopf und verwundete ihn an der Schädeloberfläche.

Der Marquis sank auf sein Gesicht, erhob sich dann ein wenig und gab den Männern ein Zeichen, ihn sofort zu töten, indem sie ihm in den Hals schlugen. Derselbe Mann, der ihn zuletzt verwundet hatte, gehorchte, indem er ihm zwei oder drei Mal in den Hals schnitt, ohne ihm jedoch große Verletzungen zuzufügen. Denn es stimmte tatsächlich, dass er unter seiner Kleidung eine Rüstung trug, die aus einem Kettenhemd bestand, das neun oder zehn Pfund wog und so hoch um seinen Hals in seinem Kragen ragte, dass es ihn erfolgreich vor jedem zufälligen Schwerthieb schützte.

Als ich das sah, trat ich vor und ermahnte den Marquis, seine Leiden mit Geduld zu ertragen, damit ihm seine Sünden vergeben würden. Während ich sprach, trat der Anführer der drei Henker vor und fragte mich, ob ich nicht glaube, dass es an der Zeit sei, Monaldeschi den Todesstoß zu versetzen. Ich stieß den Mann heftig von mir weg und sagte, dass ich in dieser Angelegenheit keinen Rat zu geben hätte, und sagte ihm, dass, wenn ich irgendwelche Befehle zu erteilen hätte, diese darauf abzielen würden, das Leben des Marquis zu schonen und nicht seinen Tod zu beschleunigen. Als der Mann mich so sprechen hörte, bat er mich um Verzeihung und gestand, dass es falsch von ihm gewesen sei, mich überhaupt zu diesem Thema anzusprechen.

Er hatte sich kaum bei mir entschuldigt, als sich die Tür der Galerie öffnete. Als der unglückliche Marquis das Geräusch hörte, erhob er sich vom Boden, und als er sah, dass der Eintretende der Kaplan der Königin war, schleppte er sich, an dem Wandteppich festhaltend, die Galerie entlang, bis er zu den Füßen des heiligen Mannes gelangte. Dort flüsterte er dem Kaplan ein paar Worte zu (als ob er beichten würde), der ihm, nachdem er mich um Erlaubnis gebeten hatte, Absolution erteilte und dann zur Königin zurückkehrte.

Als der Kaplan die Tür schloss, stach der Mann, der den Marquis am Hals getroffen hatte, ihm geschickt mit einem langen, schmalen Schwert in die Kehle, knapp über dem Rand des Kettenhemds. Monaldeschi sank auf seine rechte Seite und sprach kein Wort mehr. Eine Viertelstunde lang atmete er noch, und während dieser Zeit betete ich bei ihm und ermahnte ihn, so gut ich konnte. Als die Blutung aus dieser letzten Wunde aufhörte, endete auch sein Leben. Es war dann Viertel vor vier. Der Todeskampf des elenden Mannes hatte seit der ersten Urteilsverkündung der Königin fast drei Stunden gedauert.

Ich sprach das De Profundis über seiner Leiche. Während ich betete, steckten die drei Henker ihre Schwerter weg und der Anführer durchsuchte die Taschen des Marquis. Als er nichts außer einem Gebetbuch und einem kleinen Messer bei ihm fand, winkte der Anführer seinen Gefährten, und alle drei marschierten schweigend zur Tür, gingen hinaus und ließen mich mit der Leiche allein.

Ein paar Minuten später folgte ich ihnen, um der Königin zu berichten, was geschehen war.

Ich fand, dass sich ihre Farbe ein wenig veränderte, als ich ihr sagte, dass Monaldeschi tot war; aber ihre kalten, klaren Augen wurden nicht weicher und ihre Stimme war noch immer so fest und fest wie damals, als ich sie zum ersten Mal hörte, als ich an jenem Tag die Galerie betrat. Sie sprach sehr wenig und sagte sich nur: „Er ist tot und er hat den Tod verdient!" Dann wandte sie sich mir zu und fügte hinzu: „Vater, ich überlasse Ihnen die Sorge, ihn zu beerdigen; und ich für meinen Teil werde die Kosten dafür übernehmen, dass genügend Messen für die Ruhe seiner Seele gelesen werden." Ich befahl, den Leichnam in einen Sarg zu legen, und wies die Träger an, ihn auf einem Karren zum Friedhof zu bringen, da die Leiche so schwer war, es regnete und die Straßen in einem schlechten Zustand waren. Am Montag, dem 12. November, wurde der Marquis um Viertel vor sechs abends in der Pfarrkirche von Avon in der Nähe des Weihwasserbeckens beerdigt. Am nächsten Tag schickte die Königin durch zwei ihrer Bediensteten einhundert Livres für Messen zur Ruhe seiner Seele.

So endet die außergewöhnliche Erzählung von Pater Le Bel. Es ist befriedigend, als Beweis für den Fortschritt der Menschheit festzuhalten, dass dieser barbarische Mord, der in der Feudalzeit unbemerkt geblieben wäre, da es sich um eine normale und legitime Ausübung der Autorität eines Herrschers über einen Vasallen handelte, in der Mitte des 17. Jahrhunderts in ganz Paris äußersten Ekel und Entsetzen hervorrief. Der damalige Premierminister, Kardinal Mazarin (keineswegs ein übermäßig gewissenhafter Mann, wie alle Leser der französischen Geschichte wissen), schrieb offiziell an Christina und teilte ihr mit, dass „ein so grausames Verbrechen wie das, das gerade mit ihrer Billigung im Schloss von Fontainebleau begangen worden war, als ausreichender Grund angesehen werden müsse, die Königin von Schweden vom Hof und aus den Herrschaftsgebieten seines Herrschers zu verbannen, der wie jeder ehrliche Mann im Königreich entsetzt war über die gesetzlose Gewalttat, die gerade auf französischem Boden begangen worden war."

Auf diesen Brief sandte Königin Christina die folgende Antwort, die als Beispiel gehässiger Unverschämtheit wohl nie zuvor erreicht wurde:

„ MONSIEUR MAZARIN , die Ihnen die Einzelheiten des Todes meines Stallmeisters Monaldeschi mitgeteilt haben , wussten überhaupt nichts davon. Ich halte es für höchst absurd, dass Sie so viele Menschen kompromittiert haben, nur um sich über eine einfache Tatsache zu informieren. Ein solches Vorgehen Ihrerseits, so lächerlich es auch sein mag, erstaunt mich jedoch nicht sonderlich. Was mich erstaunt, ist, dass Sie und der König, Ihr Herr, es gewagt haben, Missbilligung über das auszudrücken, was ich getan habe.

„Versteht alle – Diener und Herren, kleine und große Leute – dass es mir ein souveränes Vergnügen war, so zu handeln, wie ich es getan habe. Ich bin niemandem Rechenschaft über meine Taten schuldig und muss das auch nicht tun – am allerwenigsten einem Tyrannen wie euch.

„Es wäre gut für Sie zu wissen und jedem, der Ihnen zuhört, zu berichten, dass Christina sich wenig um Ihren Hof kümmert und noch weniger um Sie. Wenn ich mich rächen will, brauche ich Ihre gewaltige Macht nicht, um mir zu helfen. Meine Ehre verpflichtete mich, so zu handeln, wie ich es getan habe; mein Wille ist mein Gesetz, und Sie sollten wissen, wie man es respektiert … Verstehen Sie bitte, dass ich, wo auch immer ich zu leben wähle, dort Königin bin und dass die Männer um mich herum, so Schurken sie auch sein mögen, besser sind als Sie und die Lumpen, die Sie in Ihrem Dienst halten.

„Nehmen Sie meinen Rat an, Mazarin, und benehmen Sie sich in Zukunft so, dass Sie meine Gunst verdienen ; Sie können um Ihrer selbst willen nicht zu sehr darauf erpicht sein, sie zu verdienen. Der Himmel bewahre Sie davor, noch weitere abfällige Bemerkungen über mein Verhalten zu wagen! Ich werde davon hören, wenn ich am anderen Ende der Welt bin, denn ich habe Freunde und Anhänger in meinen Diensten, die ebenso gewissenlos und wachsam sind wie die in Ihren, obwohl es durchaus wahrscheinlich ist, dass sie nicht ganz so stark bestochen werden.“

Nachdem Christina dem französischen Premierminister in diesen Worten geantwortet hatte, war sie klug genug, das Königreich sofort zu verlassen.

Drei weitere Jahre setzte sie ihre Reisen fort. Nach Ablauf dieser Zeit starb ihr Cousin, der König von Schweden, zu dessen Gunsten sie abgedankt hatte. Sie kehrte sofort in ihr Heimatland zurück, um die königliche Macht wiederzuerlangen. Hier ereilte sie schließlich die Strafe für das gnadenlose Verbrechen, das sie gebilligt hatte. Das tapfere und ehrliche Volk Schwedens weigerte sich, von der Frau regiert zu werden, die den Mord an Monaldeschi angeordnet und die Nationalreligion aufgegeben hatte, für die ihr Vater gestorben war. Da ihr der Verlust ihrer Einkünfte und ihrer Souveränität angedroht wurde, falls sie in Schweden blieb, gab die stolze und gnadenlose Christina zum ersten Mal in ihrem Leben nach. Sie verzichtete erneut auf alle Rechte und Ansprüche auf die königliche Würde und verließ ihr Heimatland zum letzten Mal. Der letzte Ort ihres Rückzugs war Rom. Dort starb sie im Jahr 1689. Sogar in der Grabinschrift, die sie auf ihr Grabmal setzen ließ, kommt der seltsame und verwegene Charakter dieser Frau zum Vorschein. Der ganze Bericht über dieses wilde und böse Leben wurde in strenger Kürze in einer einzigen Zeile zusammengefasst:

CHRISTINA WURDE ZWEIUNDSIEBZIG JAHRE ALT .

SOZIALE MISSBRÄUCHE. – II. EINE
PETITION AN DIE ROMANAUTOREN.

[Mitgeteilt von einem romantischen alten Herrn.]

Ich hoffe, niemand wird beunruhigt sein, wenn ich gestehe, dass ich im Begriff bin, die Existenz einer verrufenen Gesellschaft in einer der angesehensten Grafschaften Englands zu enthüllen. Ich wage nicht, nähere Angaben zum Ort zu machen, und ich kann die Mitglieder unmöglich namentlich nennen. Aber ich habe keine Einwände zuzugeben, dass ich ständiger Sekretär bin, dass meine Frau Präsidentin ist, dass meine Töchter den Rat bilden und dass meine Nichten die Gesellschaft bilden. Unser Ziel ist es, unsere Zeit zu verschwenden, unseren Verstand zu missbrauchen und unsere Moral zu ruinieren – oder, mit anderen Worten, uns den verbotenen Luxus des Romanlesens zu gönnen.

Ich bin der festen Überzeugung, dass die langweiligen Leute in diesem Land diejenigen sind, die die Nation privat wie auch öffentlich regieren. Mit langweiligen Leuten meine ich Leute jeden Standes und jeder Bildung, die nie unterhalten werden wollen. Ich weiß nicht, wie lange es her ist, dass diese langweiligen Mitglieder der Bevölkerung erstmals auf die schlaue Idee kamen, sich selbst respektabel zu nennen; aber ich weiß, dass diese große Nation seit dieser Zeit Angst vor ihnen hat – Angst in religiösen, politischen und sozialen Angelegenheiten. Wenn es mir jetzt um die allgemeine Frage ginge, glaube ich, dass ich diese Behauptung durch einen einfachen Verweis auf die Berichte über unsere nationalen Ereignisse beweisen könnte, die in den Tageszeitungen erscheinen. Aber mein schriftliches Anliegen ist besonderer Art. Im Namen der anrüchigen Gesellschaft, der ich angehöre, habe ich eine besondere Petition an die Romanautoren zu richten; und wenn ich hier ein Beispiel für die Überlegenheit der dummen Leute geben soll, muss es sich auf ein oder zwei klare Beweise für ihren Erfolg bei der Abwehr der Ansprüche unserer fiktiven Literatur auf öffentliche Anerkennung stützen.

jeder weiß , haben die Dummköpfe schon vor vielen Jahren entschieden, dass Romanschreiben die niedrigste Form literarischer Anstrengung ist und Romanlesen ein gefährlicher Luxus und reine Zeitverschwendung. Sie gaben und geben immer noch Gründe für diese Meinung an, die für Menschen ohne Phantasie und Vorstellungskraft sehr zufriedenstellend sind und für alle anderen völlig unglaubwürdig. Aber ob mit oder ohne Grund, die Dummköpfe haben es geschafft, unseren Romanen das Stigma einer Art Schmuggelware anzuheften. Sehen Sie sich zum Beispiel den Prospekt eines Bibliothekars an. Der Hauptteil seines Buchverleihgeschäfts besteht in der Verteilung von Romanen, und er schämt sich ausnahmslos, diese einfache

Tatsache zuzugeben. Manchmal traut er sich nicht, das Wort Roman überhaupt in seine Listen zu drucken, und schmuggelt seine Schmuggelliteratur unter der Überschrift „Verschiedene Literatur" ein. Manchmal, nachdem er alle Geschichten, alle Biographien, alle Reisen und alle Fahrten freimütig angeboten hat, gesteht er sich selbst vorwurfsvoll ein, dass er auch Romane hat, fügt aber abschätzig hinzu: „Nur die besten!" Als ob kein anderer Zweig des großen Baumes der Literatur je geschmacklose und wertlose Früchte hervorgebracht hätte ! In allen Fällen setzt er Romane ans Ende seiner öffentlichen Liste der Bücher, die er verteilt, obwohl sie an erster Stelle seiner privaten Liste der Bücher stehen, die er einnimmt. Warum begeht er all diese Sünden gegen die Aufrichtigkeit ? Weil er Angst vor den langweiligen Leuten hat.

Schauen Sie sich noch einmal unsere Buchclubs an – und das bringt mich zum Thema dieser Zeilen. Wie wichtig sind die langweiligen Leute dort! Wie sie Reisen und Reisen an ihre starre Brust drücken! Wie sie Romanen ihren intoleranten Rücken kehren! Wie entschlossen sie sich in dicht gedrängter Runde im Komitee zusammen und zwingen den nachgiebigen Opfern des Clubs, die insgeheim unterhalten werden wollen, ihre freudlosen Gesetze auf! Unser Buchclub war ein Beispiel für die widerstandslose Willkür ihrer Herrschaft. Wir begannen mit einem Gesetz, das Romane gelegentlich zuließ; und die langweiligen Leute hoben es auf, bevor wir ein Jahr existierten. Ich schmuggelte das letzte Stückchen Roman hinein, das unsere ausgehungerten Mägen verzehren durften, und löste bei der nächsten Sitzung des Komitees einen Orkan tugendhafter Empörung aus.

Alle langweiligen Leute beiderlei Geschlechts nahmen an diesem Treffen teil. Ein langweiliger Herr sagte, der Autor sei ein Pantheist, und zitierte zur Unterstützung dieser Meinung einige blumige Verzückungen über Landschaften und Blumen. Niemand schien genau zu wissen, was ein Pantheist war, aber alle riefen „Hört, hört" – was für den Zweck genauso gut genügte. Ein anderer langweiliger Herr sagte, das Buch sei schmerzhaft, weil es eine Sterbeszene enthielt. Ein dritter verunglimpfte es wegen seiner krankhaften Schwelge in der Thematik des Verbrechens, weil ein Schuss aus der Pistole eines gutaussehenden Straßenräubers den Bösewicht der Geschichte tötete. Aber die große Wirkung des Tages wurde von einer Dame erzielt, der Mutter einer großen Familie, die mit einer achtzehnjährigen Tochter begann und mit einem acht Monate alten Jungen endete. Der Einwand dieser Dame berührte die Heldin des Romans – eine anständige verheiratete Frau, die ständig in tugendhaftes Leiden versunken ist, aber für junge Leute keine geeignete Figur zum Lesen darstellt, da das arme Ding im Verlauf von drei Bänden zwei Entbindungen – nur zwei! – hatte. „Wie kann ich es ertragen, dass meine Töchter ein solches Buch lesen?", rief unsere fleißige Abonnentin empört. Es folgte ein stürmischer Applaus. Darauf folgte ein Chor von Reden voller heftiger Verweise auf „unsere nationale Moral" und „die Reinheit unserer Herde und Heime". Es wurde eine Resolution verabschiedet, die alle Romane für die Zukunft ausschloss; und dann hielten die stumpfsinnigen Leute endlich den Mund, setzten sich mit einem dumpfen Schlag auf ihre Stühle und starrten sich in sturer, kontroverser Triumphstimmung zufrieden an.

Von dieser Zeit an (Geschichten und Biographien waren verhältnismäßig seltene Artikel) ernährten uns die langweiligen Leute nur mit Reiseberichten. Jeder Mann (oder jede Frau), der ohne Ziel gereist und gereist war, der keinerlei bemerkenswerte Beobachtungen gemacht hatte, der überhaupt nichts zu sagen hatte und der dies ausführlich in großen Lettern auf dickem Papier sagte, begleitet von schäbigen lithographischen Illustrationen, wurde wöchentlich an unsere Heime und Herde als der wertvollste Führer, Philosoph und Freund eingeführt, den uns unsere Herrscher nur schicken konnten. Alle Abonnenten unterwarfen sich; alle teilten die nationale Furcht vor den langweiligen Leuten, mit Ausnahme von mir und den Mitgliedern meiner Familie, die am Anfang dieser Seiten aufgezählt sind. Wir verließen den Club entschlossen, bekamen einmal im Monat eine Kiste voll Romane aus London für uns selbst und verloren infolgedessen unseren Platz bei unseren respektablen Freunden; und wurde in Zukunft in der ganzen Gegend zu der verrufenen Gesellschaft, die ich bereits erwähnt habe. Wenn man den langweiligen Leuten in unserem Viertel morgen sagen würde, dass meine Frau, meine Töchter und Nichten alle in verschiedene Richtungen durchgebrannt seien und nur eine Himmelsrichtung als Fluchtmöglichkeit für mich und die Köchin offen gelassen hätten, bin ich fest davon überzeugt, dass keiner von ihnen geneigt wäre, die Meldung zu widerlegen. „Das kommt davon, wenn man Romane liest!" würden sie sagen – und mit neuer Begeisterung zu ihren Reisen und Reisen zurückkehren, zu ihren Geburten im wirklichen Leben, ihrer heuchlerischen „nationalen Moral" und ihrer polternden „Reinheit unserer Herde und Heime".

Und nun zum Hauptzweck dieses Artikels – meiner bescheidenen Petition und der meiner Familie an einige unserer Romanautoren. Wir können von uns sagen, dass wir es verdienen, gehört zu werden, denn wir haben der öffentlichen Meinung getrotzt, um Romane zu lesen; und wir haben in den letzten Jahren alle (ich bleibe bei dieser Behauptung, so unglaublich sie auch klingen mag) alle Geschichten in einem, zwei und drei Bänden gelesen, die im Druck erschienen sind. Worum haben wir also zu bitten? Um eine sehr unbedeutende Angelegenheit. Indem ich zunächst als Ausnahmen bestimmte einzigartige Fälle von Originalität bezeichne, kann ich als Regel erwähnen, dass wir unsere Freude am Romanlesen bisher immer von der gleichen Art von Charakteren und der gleichen Art von Geschichten bezogen haben – die zwar in Bezug auf Namen und Nebenereignisse variierten, aber im Grunde immer die gleichen waren, und das über Hunderte und Aberhunderte von aufeinanderfolgenden Bänden und von Hunderten und Aberhunderten verschiedener Autoren hinweg. Wir, keiner von uns, beklagt sich bisher darüber; denn wir möchten von jeder guten Sache so viel wie möglich haben; aber wir bitten respektvoll darum, zu fragen, ob es nicht möglich wäre, uns in Zukunft ein wenig Abwechslung zu bieten. Wir haben kein ungesundes Verlangen nach absoluter Neuheit – alles, worum wir bitten dürfen, ist, dass einige der beliebten alten Melodien, die wir schon lange auswendig gelernt haben, in einer kleinen Abwechslung erklingen.

Beginnen wir mit unserem Lieblingshelden . Er ist ein so alter Freund, dass wir ihn mittlerweile sehr lieb gewonnen haben. Wir würden ihn unter keinen Umständen aus den Augen verlieren. Es liegt uns fern, auf den Rückzug dieses edlen, liebevollen, verletzten, faszinierenden Mannes hinzuweisen! Wir lieben seine Adlernase, seine hohe Gestalt, sein welliges Haar, seine reiche Stimme. Mögen wir noch lange an seiner tiefen Brust weinen und die Falten seines weiten Umhangs respektvoll an unsere Lippen drücken! Persönlich gesprochen sind wir nicht seiner müde, sondern gewisser Taten, die er unserer Meinung nach nun oft genug vollbracht hat.

Dürfen wir zum Beispiel den Damen und Herren, die so freundlich sind, ihn vorzuführen, respektvoll sagen, dass er besser nicht mehr „schreiten" sollte ? Er ist bei so vielen verschiedenen Gelegenheiten so viel schreiten, durch so viele Hallen, entlang so vieler Alleen, durch so viele Salontüren hinein und hinaus, dass er mittlerweile erschöpft sein muss und seine lieben Beine wirklich ein wenig Ruhe brauchen. Und wenn seine Würde durch respektlose Blicke oder Worte verletzt wird, kann man ihn dann nicht dazu bringen, sie für die Zukunft zu behaupten, ohne „sich zu seiner vollen Größe aufzurichten"? Er wurde wirklich zu sehr beansprucht, indem er sich über viele Dutzende von Jahren dieser Übung hingab. Lassen Sie ihn sich hinsetzen – lassen Sie ihn bitte das nächste Mal hinsetzen! Es wäre ganz neu und so eindrucksvoll. Andererseits haben wir ihn so oft mit verschränkten Armen dastehen sehen, ihn so oft mit verschränkten Armen auf und ab gehen sehen, ihn so oft mit verschränkten Armen Selbstgespräche führen hören , so oft dabei unterbrochen, wie er mit verschränkten Armen meditierte, dass wir meinen, er sollte in Zukunft besser etwas anderes mit seinen Armen tun. Könnte er sie zur Abwechslung schwingen? Oder sie in die Seite stemmen? Oder sie plötzlich zu beiden Seiten fallen lassen? Oder könnte er ihnen ganz Urlaub machen und zur Abwechslung die Beine übereinanderschlagen? Vielleicht nicht. Das Wort „Beine" – warum, kann ich mir nicht vorstellen – scheint immer auf Scherz zu schließen. „Fitzherbert stand auf und verschränkte die Arme" ist ernst gemeint. „Fitzherbert setzte sich hin und verschränkte die Beine" ist komisch. Warum, möchte ich wissen?

Ein Wort – ein respektvolles Wort der Ermahnung besonders an die Romanautorinnen. Wir glauben, sie haben unseren Helden oft genug aufs Pferd gesetzt. In den ersten fünfhundert Romanen oder so war es großartig, es war aufregend, wenn er sich nach dem unvermeidlichen Streit mit seiner Geliebten in den Sattel warf und wie verrückt zu seinem Junggesellenhaus galoppierte. Es war unbeschreiblich beruhigend, ihn in den ruhigeren Abschnitten seiner Karriere zu sehen, launisch im Sattel, mit den Zügeln locker über den gewölbten Hals seines Rosses geworfen, während das galante Tier mit seiner edlen Last sanft auf einer gewundenen Straße unter blauem Himmel an einem lauen Nachmittag im frühen Frühling schritt. All dies war eine gewisse Anzahl von Jahren lang eine herrliche Lektüre; aber schließlich nutzt sich alles ab, und glauben Sie mir, meine Damen, das Lieblingsross Ihres Helden , Ihr liebes, intelligentes, liebevolles, glänzendes Pferd mit dem langen Schweif, hat seine Arbeit wirklich getan und kann nun für einige Zeit freigelassen werden, was Ihnen und Ihren Lesern großen Nutzen bringen wird.

Nachdem ich ein Wort mit den Damen gesprochen habe, muss ich zwangsläufig und zärtlich an ihre bezaubernden Vertreterinnen denken – die Heldinnen. Lassen Sie mich zunächst etwas über unsere beiden Lieblingsschwestern sagen – die große dunkle, die ernst und unglücklich ist, und die kleine helle, die kokett und glücklich ist.

Als Engländer bin ich natürlich von allem, was einer etablierten Regel gleichkommt, ganz einfach deshalb begeistert, weil sie etabliert ist. Ich weiß, dass es eine Regel ist, dass, wenn in einem Roman zwei Schwestern vorkommen, eine groß und dunkelhaarig und die andere klein und hellhaarig sein muss. Ich weiß, dass 1,73 m aus weiblichem Fleisch und Blut, wenn sie von olivfarbener Haut, schwarzen Augen und rabenschwarzem Haar begleitet werden, gleichbedeutend mit starken Leidenschaften und einem unglücklichen Schicksal sind. Ich weiß, dass 1,53 m, goldene Locken, sanfte blaue Augen und eine lilienartige Stirn von keinem gut gebauten Romanautor mit etwas anderem als schallendem Lachen, boshafter Unschuld und endgültigem ehelichen Glück in Verbindung gebracht werden können. Ich habe diese großen Grundprinzipien der Kunst der Fiktion zu lange studiert, um sie nicht als etablierte Gesetze zu verehren; aber ich wage respektvoll zu behaupten, dass die Zeit gekommen ist, in der es nicht mehr notwendig ist, in Roman um Roman auf ihnen zu beharren. Ich fürchte, es gibt etwas von Natur aus Revolutionäres im Herzen des Menschen. Obwohl ich weiß, dass es gegen alle Präzedenzfälle ist, möchte ich unsere beiden Lieblingsschwestern revolutionieren . Würde ein mutiger Neuerer alle Risiken eingehen und sie beide in Hautfarbe und Statur gleich machen? Oder würde ein verzweifelter Mann (ich wage es nicht, den Damen ein solches Vorgehen vorzuschlagen) eine völlige Veränderung bewirken, indem er die beiden Schwestern ihren Charakter ändern lässt? Ich zittere, wenn ich sehe, wohin mich der Geist der Neuerung führt. Würde das Publikum die große dunkelhaarige Schwester akzeptieren, wenn sie ein fröhliches Wesen und eine Tendenz zur Leichtfertigkeit in ihren Reden an den Tag legen würde? Würden die Leser tödlich aus ihrem Anstandsgefühl erschreckt, wenn die kleine Charmeurin mit dem goldenen Haar vor ihnen als ernsthafte, willensstarke, grimmig sprechende, elende, schuldige Frau erschiene? Es könnte ein gefährliches Experiment sein, diese Änderung vorzunehmen; aber es wäre einen Versuch wert – umso mehr (wenn ich etwas erwähnen darf, das für das besprochene Thema so völlig irrelevant ist wie das wirkliche Leben), weil ich glaube, dass die Natur eine gewisse Berechtigung für den Versuch der vorgeschlagenen Neuerung bietet. Nach meiner eigenen geringen Erfahrung zu urteilen, würde ich sagen, dass starke Geister und leidenschaftliche Naturen vor allem in den Brüsten kleiner, hellhäutiger Frauen wohnen, besonders wenn sie engelsblaue Augen und viele blonde Locken haben. Die für ihr Alter scherzhaftste und schreckhafteste Frau, die ich kenne, ist meine eigene Frau, die drei Zoll größer ist als ich. Das herzlichste Lachen, das ich je gehört habe, kommt von meiner zweiten Tochter, die sogar noch größer ist als meine Frau und die schwärzesten Augenbrauen und dunkelsten Wangen in der ganzen Nachbarschaft hat . Angesichts solcher Beispiele aus dem Schoß meiner eigenen Familie kann es niemanden verwundern, dass ich ausnahmsweise einmal die etablierte Ordnung der Dinge umwerfen und eine heitere dunkle Schwester und eine düstere helle als überraschende Neuheiten in einigen der hundert neuen Bände einführen möchte, die wir nächste Saison wahrscheinlich von der Leihbücherei erhalten werden.

Aber letztlich scheinen unsere beiden Schwestern, mit denen wir seit langem zusammenleben, außergewöhnliche Wesen zu sein und eine vergleichsweise geringe Bedeutung zu besitzen, sobald unsere Gedanken zu dieser weit überlegenen Einzelpersönlichkeit zurückkehren: DER HELDIN .

Lassen Sie mich zunächst erwähnen, dass wir uns keine Veränderung an unserer respektablen, anerkannten , altmodischen Heldin wünschen, die seit Jahrhunderten lebt, liebt und weint. Ich habe sie schon tausendmal an meine Brust gedrückt und wünsche mir nichts sehnlicher, als mir diesen zärtlichen Luxus noch tausendmal zu gönnen. Ich liebe ihre errötenden Wangen, ihre anmutig gerundete Gestalt, ihre gemeißelte Nase, ihre schlanke Taille, ihre üppigen Locken, die sich immer wieder aus dem Band lösen, das sie zusammenhält. Jeder Mann oder jede Frau, die aus krankhafter Lust auf Neues versucht, mich um einen ihrer Mondscheinspaziergänge, einen ihrer Tränenströme, eine ihrer knienden Bitten an verstockte Verwandte, eines ihrer verzückten Niedersinkens an der Brust ihres Geliebten zu betrügen, ist ein Romanautor, dem ich misstraue und den ich nicht mag. Er oder sie mag ein sehr bemerkenswerter Schriftsteller sein, aber ihre Bücher reichen für meine Familie und mich nicht aus. Die Heldin, die ganze Heldin und nichts als die Heldin – das ist unser Ruf, wenn Sie uns in die Enge treiben und darauf bestehen, dass wir genau sagen, was wir wollen, und zwar in den klarsten Worten, die möglich sind.

Da wir der etablierten Heldin so treu ergeben sind, wird es, so hoffe ich, nicht sehr unerklärlich erscheinen, wenn wir jetzt entschieden und sogar empört gegen ihre moderne Nachfolgerin protestieren – eine schwungvolle, ungehobelte, freche junge Frau, die uns in den letzten Jahren vorgestellt wurde. Ich wage es, diesen elenden und nutzlosen Ersatz für unsere liebe, zärtliche, sanfte, liebevolle alte Heldin die Männerhasserin zu nennen, denn in jedem Buch, in dem sie auftritt, ist es von Anfang bis Ende ihre Mission, sich jedem Mann gegenüber, mit dem sie in Kontakt kommt, so schlecht wie möglich zu benehmen. Sie tritt mit einem vorgefassten Vorurteil gegen mein Geschlecht auf die Bühne, weshalb ich als Mann sie verabscheue; weshalb meine Frau, meine Töchter, meine Nichten und alle anderen verfügbaren Frauen, die ich zu diesem Thema konsultiert habe, sie verachten. Als ihr Liebhaber ihr einen Heiratsantrag macht, nimmt sie diesen als persönliche Beleidigung an, geht gleich danach in ihr Zimmer und gerät in Rage, weil sie in Wirklichkeit die ganze Zeit in den Mann verliebt ist – kommt wieder herunter und weist ihn vor Gesellschaft ab, anstatt sich anständig zu entschuldigen – schmollt und verhöhnt ihn bei allen späteren Gelegenheiten, bis das Buch zu Ende ist – und heiratet ihn dann plötzlich! Wenn wir uns fragen möchten, warum sie seine Avancen unter diesen Umständen nicht gleich mit anständiger Höflichkeit annehmen konnte, erfahren wir, dass ihr „jungfräuliches Bewusstsein" dies verhindert hat. Dieses jungfräuliche Bewusstsein scheint mir sehr ähnlich dem neuen Englisch für unsere altmodische Phrase „schlechte Manieren". Und ich bin in dieser Idee umso mehr bestätigt, weil die Männerhasserin bei allen kleineren Gelegenheiten bis zuletzt beharrlich unhöflich und unfreundlich ist. Jede Person im Roman, die Hosen trägt und in die Reichweite ihres jungfräulichen Bewusstseins gerät, wird von diesem Moment an zu ihrem natürlichen Feind. Wenn er eine Bemerkung über das Wetter macht, kräuselt sich ihre Lippe; wenn er sie bittet, ihr zum Abendessen eine Kartoffel zu geben (was bedeutet, dass er ihr, der armen Seele, das Mehligste aus dem Gericht aussuchen darf), krümmt sie ihren Hals verächtlich; wenn er ihr ein Kompliment macht, weil sie keine Kartoffel will, weitet sich ihre Nase. Was auch immer sie tut, selbst in ihren am wenigsten aggressiven Momenten, sie ist immer allen Männern überlegen. Sie werden wie Kegel aufgestellt, die der Männerhasser umwerfen muss. Sie werden bei ihrer Einführung als kluge, entschlossene Kerle beschrieben; aber sie verlieren ihren Verstand und ihre Selbstbeherrschung, sobald sie in Reichweite der schrecklichen Zunge des Männerhassers kommen. Kein Mann küsst sie, kein Mann trocknet ihre Tränen, kein Mann sieht sie erröten (außer vor Wut), in allen drei Bänden. Und dies ist die oppositionelle Heldin, die als Nachfolgerin unseres sanften, weiblichen, liebenswerten, sensiblen Lieblings von früher aufgestellt wird!

Und das Ganze wurde von Romanautorinnen ins Leben gerufen, die eigentlich Autoritäten sein sollten, wenn es um weibliche Charaktere geht. Ist die Männerhasserin heutzutage eine wahre Repräsentantin junger Frauen? Und wenn ja, was wird dann aus meinem Sohn – meinem unglücklichen Sohn, der zwölf Jahre alt ist?

In Kürze wird dieser Junge heiratsfähig sein und in die Welt hinausgehen, um zu schnäbeln und zu gurren und seine Hand und sein Herz anzubieten, wie es sein Vater vor ihm tat. Mein unglücklicher Sprössling, was für eine Aussicht erwartet dich! Eine abschreckende Phalanx von Männerhassern, strotzend vor Frauenwürde und bis an die Zähne bewaffnet mit jungfräulichem Bewusstsein, besetzt das weite Feld der Ehe, wohin du auch schaust! Unglückselige Jugend, noch ein paar Jahre, und der weibliche Hals wird sich krümmen, die weiblichen Nasenlöcher weiten sich bei deinem Anblick. Du siehst diese stattliche Gestalt, diese raschelnden Röcke, diese üppige Stirn, fällst davor auf die Knie und machst deinen Antrag mit der leidenschaftlichen Schwachsinnigkeit, die dein Vater vor dir an den Tag legte. Mein getäuschter Junge, das ist keine Frau – es ist ein Männerhasser – ein übertünchtes Grab voller heftiger Vorwürfe und beleidigender Beinamen. Sie wird dir das Leben eines Straßenhändleresels führen, bis sie ihren ganzen Vorrat an jungfräulichem Bewusstsein aufgebraucht hat; und dann wird sie (im Grunde, wenn auch nicht in Worten) sagen: „Minderwertiges Tier, ich habe dich von Anfang an geliebt – ich habe meine Würde behauptet, indem ich dich in der Öffentlichkeit und privat zum Narren gehalten habe – jetzt darfst du mich heiraten!" Heirate sie nicht, mein Sohn! Geh lieber zum Sklavenmarkt in Konstantinopel – kaufe dir eine zirkassische Frau, die nichts von Männerhassern gehört und gelesen hat – bring sie nach Hause (mit keiner besseren Mitgift als Töpfen der berühmten Sahne aus ihrem Heimatland, um deine Mutter und Schwestern zu besänftigen) – und vertraue darauf, dass dein Vater eine asiatische Schwiegertochter willkommen heißt, die ihn nicht für das unvermeidliche Unglück verachten wird, ein Mann zu sein!

Aber ich verliere die Fassung über einen hypothetischen Fall. Ich vergesse den besonderen Zweck meiner Petition, nämlich darum zu bitten, dass die Männerhasserin ganz und gar aus ihrer usurpierten Position als Heldin entfernt wird. Die neumodische Heldin ist eine Beleidigung ihres Geschlechts. Als Ehemann und Vater leugne ich feierlich, dass sie in irgendeiner Hinsicht eine natürliche Frau ist. Bin ich kein Richter? Ich habe eine Frau und habe ihr einen Antrag gemacht. Hat sie ihn so angenommen, wie Männerhasser Angebote annehmen? Kann ich jemals die Mischung aus bescheidener Verwirrung und vollkommener Höflichkeit vergessen, mit der diese bewundernswerte Frau mir zuhörte, als ich den absolutsten Unsinn äußerte , der je über meine Lippen kam? Vielleicht ist sie nicht als Heldin geeignet. Nun, ich kann sie in dieser Funktion ohne Schmerzen aufgeben. Aber meine Töchter und Nichten haben, nehme ich an, Anspruch darauf, als Beispiele dafür angesehen zu werden, wie junge Damen heutzutage sind. Seit ich den ersten Roman mit einem Männerhasser gelesen habe, habe ich ihre Nasenlöcher im Auge und ich kann eidesstattliche Versicherung ablegen, dass ich sie unter keinen Umständen und in keiner Gesellschaft noch nie weit aufgerissen gesehen habe. Was das Kräuseln der Lippen und das Krümmen des Halses angeht, haben sie beides auf meine ausdrückliche Bitte hin versucht und festgestellt, dass dies physisch unmöglich ist. In der Gesellschaft von Männern sind ihre Manieren (wie die aller anderen Mädchen, denen ich begegne) natürlich und bescheiden und – im Fall bestimmter privilegierter Männer – obendrein gewinnend. Sie öffnen erstaunt die Augen, wenn sie von den Taten unserer neumodischen Heldinnen lesen, und werfen das Buch empört durch den Raum, wenn sie einen netten Mann finden, der sich von einer bösen Frau schikanieren lässt, weil er ihr das Kompliment gemacht hat, sich in sie zu verlieben. Nein, nein! Wir lehnen es entschieden ab, weitere Männerhasser aufzunehmen, und damit ist Schluss!

Mit dieser kompromisslosen Meinungsäußerung halte ich es für wünschenswert, die vorliegende Petition abzuschließen. Es gibt noch ein oder zwei andere gute Dinge in der Belletristik, von denen wir genug haben; aber ich verzichte darauf, sie zu erwähnen, aus bescheidener Befürchtung, zu viel auf einmal zu verlangen. Wenn die geringfügigen Änderungen im Allgemeinen und die umfassende Reform im Besonderen, die ich vorzuschlagen gewagt habe, erreicht werden können, werden wir in Zukunft wie in der Vergangenheit mit Sicherheit dankbare, wertschätzende und unablässige Romanleser sein. Wenn wir in den Augen unserer geschätzten Autoren kein kritisches Gewicht beanspruchen können, können wir uns zumindest das geringe Verdienst anmaßen, nicht nur ständig Romane zu lesen, sondern (und dies ist eine seltenere Tugend) dies öffentlich und stolz zu bekennen. Wir geben nur vor, menschliche Wesen mit einem natürlichen Verlangen nach so viel Unterhaltung zu sein, wie uns unser alltägliches Schicksal erlaubt. Wir sind gerade respektabel genug, um von der Nützlichkeit des gelegentlichen Lesens zur Information überzeugt zu sein; Aber wir sind auch sicher (und wir sagen das mutig, den dummen Leuten ins Gesicht), dass es auf dieser Welt kaum höhere, bessere oder gewinnbringendere Genüsse gibt als die Lektüre eines guten Romans.

FRAGMENTE PERSÖNLICHER ERFAHRUNG. –
I.
In einer Unterkunft untergebracht.

MEINE UNTERKUNFT IN PARIS.

Es war ein ziemlicher Zufall und für mich nicht sehr glücklich, dass ich meine ersten Erfahrungen mit möblierten Unterkünften im Ausland und in England genau zu der Zeit machte, als ich aufgrund einer Krankheit besonders anfällig für den vorübergehenden Verlust der Annehmlichkeiten des Zuhauses war. Ich war krank und allein in möblierten Unterkünften in Paris – krank und allein auf der Rückreise nach England – und wieder krank und allein in möblierten Unterkünften in London. Ich bin ein alleinstehender Mann, aber wie ich bereits angedeutet habe, wusste ich nie, was es heißt, die trostlose Freiheit eines Junggesellen zu genießen, bis ich zum Invaliden wurde. Einige meiner Eindrücke von Dingen und Personen um mich herum, die unter diesen ungewöhnlichen Umständen entstanden, erweisen sich vielleicht als nicht ganz unwürdig, niedergeschrieben zu werden, solange sie noch frisch in meinem Gedächtnis sind.

Wie es dazu kommt, dass ich vorübergehend von dem Haus weg bin, in dem ich bisher mit meinen nächsten Verwandten gelebt habe und in das ich bald zurückkehren werde, ist für den Leser nicht wichtig. Es ist auch nicht der Mühe wert, Zeit und Raum mit einer besonderen Beschreibung der Krankheit zu verschwenden, an der ich litt und immer noch leide. Für den Anfang genügt es, wenn ich mich gleich als Genesender vorstelle, der Paris besucht, mit der doppelten Absicht, eine notwendige Zeit der Abwesenheit von zu Hause angenehm zu verbringen und durch einen Wechsel der Luft und der Umgebung meine Genesung von einer quälenden und langwierigen Krankheit zu fördern. Wenn ich noch hinzufüge, dass ich, obwohl ich allein in meiner französischen Junggesellenwohnung lebte, das Glück hatte, in Paris wie später in London in der Nähe der freundlichsten , aufmerksamsten und liebevollsten Freunde zu sein, habe ich als Vorwort so viel gesagt, wie nötig ist, und kann gleich zu meinem Hauptanliegen übergehen.

Welche Eindrücke ich von meiner Wohnung in Paris gehabt hätte, wenn ich mich dort entsprechend meinen Erwartungen erholt hätte, kann ich nicht wagen zu sagen; denn bevor ich mich in meinen neuen Räumen richtig eingerichtet hatte, erlitt ich einen plötzlichen Rückfall. Mein Leben wurde wieder das Leben eines Kranken, und meine Denk- und Beobachtungsweisen kehrten unheilvoll in die alten Krankenkanäle zurück. Der Wechsel der Luft und der Umgebung – der meinem Körper nichts gebracht hatte – tat auch meinem Geist nichts. In Paris, wie zuvor in London, betrachtete ich die Welt um mich herum ausschließlich aus der

Sicht des Kranken – oder, mit anderen Worten, die Ereignisse, die vor sich gingen, die Sehenswürdigkeiten, die sich boten, und die Personen, die sich um mich herum bewegten, interessierten oder stießen mich nur ab, wenn sie sich mehr oder weniger direkt auf mich und meine eigene Invaliditätssituation bezogen. Diese merkwürdige Beschränktheit der Sichtweise, von der ich mich noch nicht ganz befreien kann, obwohl ich mir der damit verbundenen geistigen Schwäche ebenso bewusst bin wie andere, hat meines Erachtens keinen Zusammenhang mit übermäßiger Selbstsucht oder Eitelkeit; Es handelt sich lediglich um die Folge der unvermeidlichen Steigerung des Selbstwertgefühls eines Menschen, die nur allzu leicht durch die bloße Tatsache einer Krankheit hervorgerufen wird.

Meine eigenen Empfindungen als Kranker füllen jetzt die ermüdende Leere meines täglichen Daseins aus, wenn ich allein bin, und bilden das Hauptthema der Fragen und Gespräche, wenn mein Arzt und meine Freunde meine Einsamkeit auflockern. Die Belange meines eigenen armen Körpers, die, Gott sei Dank, meine Aufmerksamkeit nicht viel länger als eine Stunde von den vierundzwanzig Stunden beanspruchen, wenn es mir gut geht, werden jetzt, da ich krank bin, zur Hauptbeschäftigung und Verantwortung all meiner wachen Momente. Schmerzen, die ich ertragen muss, das Einnehmen von Medikamenten und die Nahrungsaufnahme in festgelegten Zeitabständen, tägliche Zwänge, denen ich mich unterziehen muss, und stündliche Vorsichtsmaßnahmen, die ich treffen muss , tragen alle dazu bei, dass mein Geist auf der Ebene meines Körpers bleibt. Ein Gedankenflug über mich selbst und die ermüdende Gegenwart hinaus – selbst wenn ich dieser Anstrengung gewachsen wäre – würde mich von den kleinen persönlichen Regeln und Vorschriften abbringen, von denen ich jetzt absolut abhängig bin, um gesund zu werden.

ungünstigen Umständen verschlechtert ? Nicht viel, hoffe ich. Ich kann ehrlich von mir sagen, dass ich niemanden um Gesundheit und Glück beneide. Ich verspüre keinen Stich der Eifersucht, wenn ich Gelächter über mich höre. Ich kann aus meinem Fenster Leute beobachten, die mühelos über die Straße laufen, während ich kaum von einem Ende meines Zimmers zum anderen kriechen kann, ohne mich durch ihre Aktivität beleidigt zu fühlen. Dennoch ist es gleichzeitig wahr, dass ich jetzt Menschen genau in dem Maße sympathisch finde, wie ich sehe, dass sie von meinem Leidenszustand fühlbar und aufrichtig berührt sind; und dass mir meine Wohnung im Augenblick gefällt oder nicht gefällt, je nachdem, ob sie all den kleinen Anforderungen meiner vorübergehenden Gebrechlichkeit entspricht oder nicht. Wenn ich in diesem Moment einem der bedeutendsten Männer des Landes vorgestellt würde und er nicht bedauern würde, mich krank zu sehen, würde ich diesen bedeutenden Mann nie wieder sehen wollen. Wenn ich ein herrliches Zimmer mit der schönsten Aussicht der Welt hätte, aber keine Möglichkeit, meine Pillendosen und Medizinfläschchen neben dem Bett unterzubringen, würde ich dieses herrliche Zimmer und die schöne Aussicht verlassen und freudig in eine Dachkammer in einer Gasse ziehen, vorausgesetzt, sie bietet ausreichend Platz für die Unterbringung meines unentbehrlichen Krankengepäcks. Dies ist zweifellos ein demütigendes Geständnis; aber es ist gut, dass ich es ein für alle Mal mache – denn die verschiedenen Meinungen und Eindrücke, die ich nun offen niederschreiben werde, werden mehr oder weniger von dem geprägt sein , was ich als den unfreiwilligen Egoismus eines Kranken beschreiben möchte.

Mal sehen, ob mir meine neue Unterkunft in Paris gefällt und warum sie mir sofort gefällt.

Ich wohne in einem eigenen kleinen Gebäude, das Pavillon genannt wird. Von außen ähnelt es in Größe, Helligkeit und scheinbarer Substanzlosigkeit einem privaten Wohnhaus in einer Pantomime. Als ich zum ersten Mal dorthin fahre, erwarte ich, Clown an der Tür grinsen und Harlekin durch das Fenster springen zu sehen. Ich hole einen Schlüssel hervor und eine seltsame kleine weiße Tür, durch die kein dicker Mann auch nur seitlich hindurchdringen könnte, öffnet sich. Ich steige eine steile Treppe mit einem Dutzend Stufen hinauf und betrete mein Spielzeugschloss: mein eigenes unabhängiges, einsames Miniaturanwesen.

Der erste Raum ist das Wohnzimmer. Es ist etwa so groß wie eine große Umzugskiste, mit einem bunten Spiegel und einer Uhr, mit leuchtend roten Stühlen und einem Sofa, mit einem gemütlichen runden Tisch, mit einem großen Fenster mit Blick auf einen anderen Pavillon gegenüber und auf ein großes Haus, das in einem Hof zurückgesetzt ist. Zu meinem unbeschreiblichen Erstaunen besitzt es tatsächlich drei Türen! Eine davon bin ich gerade betreten. Eine andere führt in ein Schlafzimmer von der gleichen Größe wie das Wohnzimmer, ebenso hell und ordentlich möbliert, mit einem Fenster, das auf die ewige Fröhlichkeit und Geschäftigkeit der Champs Elysées blickt . Die dritte Tür führt in ein Ankleidezimmer, das halb so groß ist wie das Wohnzimmer, und eine vierte Tür hat, die in eine Küche führt, die halb so groß ist wie das Ankleidezimmer, aber natürlich eine fünfte Tür hat, die wieder zum oberen Ende der Treppe führt. Da keine zwei Personen, die sich in der Küche treffen, aneinander vorbeigehen oder ohne ernsthafte Unannehmlichkeiten zusammen im Apartment bleiben können, können die beiden Türen, die hinein und hinaus führen, als nützlich und zugleich dekorativ bezeichnet werden. In diese merkwürdige kleine kulinarische Nische drängen sich der Kohlenhändler, der Holzhändler und der Wasserträger und finden einen Puppenkeller und eine Zisterne, die für sie bereitstehen. Wenn ich nur gesund genug wäre, um Abendessen zu geben, könnten ihnen ein Koch und seine Küchenjungen folgen – denn ich besitze neben dem Keller und der Zisterne einen kunstvollen

Holzkohlenofen in der Küche, an dem jeder Kochkünstler, der gelassen mit einer Reihe kleiner Feuer unter der Nase, einem Kohlenkeller zwischen den Beinen, einer Zisterne über der Schulter und einer lauwarmen Wand hinter dem Rücken kochen könnte, jede beliebige Anzahl von Gängen zubereiten könnte.

Aber was ist das Hauptgeheimnis meiner Vorliebe für den Pavillon? Ich fürchte, es liegt nicht an der Helligkeit und Eleganz der kleinen Räume oder an der wunderbaren Unabhängigkeit, die ich habe, wenn ich in einer Wohnung lebe, die zugleich mein eigenes Haus ist, in dem ich von keinem anderen Mieter gestört oder übersehen werden kann. Der einzige unwiderstehliche Reiz, den meine Pariser Wohnung auf mich ausübt, besteht in der perfekten Art und Weise, wie sie meinen Bedürfnissen entspricht und meinen Schwächen als Invalide schmeichelt.

Ich habe einen ziemlich kleinen Apothekerbestand an Arzneifläschchen, Gläsern, Löffeln, Kartons und Rezepten; ich habe alle möglichen merkwürdigen Gewänder und Bedeckungen, die mich vor allen Temperaturschwankungen und allen Graden der Einwirkung schützen sollen, bei Nacht wie bei Tag; ich habe fertige Heilmittel, die ich in meinem Schlafzimmer aufbewahren muss, und komplizierte Anwendungen, die ich in meinem Ankleidezimmer griffbereit haben muss. Kurz gesagt, ich selbst bin nichts anderes als der Mittelpunkt eines riesigen medizinischen Gerümpels, und je enger sich dieses Gerümpel um mich dreht, desto wohler fühle ich mich. In einem Haus von normaler Größe und in Räumen, die nach dem üblichen Plan angeordnet sind, würde ich (da ich selbst in meinen gesündesten Momenten ein unordentlicher Mensch bin) abgelenkt werden, wenn ich jede Stunde des Tages Dinge verlege, aufstehen muss, um sie zu suchen, und gezwungen bin, Treppen hinauf- und hinunterzugehen oder andere dies für mich tun zu lassen, wenn ich eine Verbindung zwischen Ankleidezimmer, Schlafzimmer, Salon, Kohlenkeller und Küche herstellen will. In meinem winzigen einstöckigen Pariser Haus kann ich mich in aller Ruhe selbst bedienen; in meinem winzigen Wohnzimmer sind neun Zehntel der Dinge, die ich brauche, in Reichweite meiner Arme, wenn ich in meinem Lehnstuhl ruhe; wenn ich mich bewegen muss, kann ich von meinem Schlafzimmer in kürzerer Zeit in die Küche gelangen, als ich bräuchte, um durch ein englisches Wohnzimmer zu laufen; wenn ich meinen Morgentrunk verliere, meine Mittagstropfen verlege oder meine Pillendose für den Abend unter meinem Morgenmantel liegen lasse, kann ich meinen Spazierstock oder meine Feuerzange nehmen und in jeder Ecke des Zimmers nach fehlenden Gegenständen stochern oder angeln, ohne mehr tun zu müssen, als mich in meinem Stuhl umzudrehen. Wenn ich gesund gewesen wäre und Dinnerpartys gegeben hätte, wäre mir meine Behausung vielleicht etwas zu klein vorgekommen. So wie es ist, hätte mein Pavillon, wenn er eigens dafür gebaut worden wäre, dass ein einsamer Untermieter darin mit möglichst wenig persönlichem Unbehagen krank werden könnte, meinem traurigen Fall nicht besser gerecht werden können. Ich liebe und ehre den geschickten Architekten, der ihn erdacht hat. Nun, ich fürchte sehr, ich hätte ihm nie auch nur einen einzigen Gedanken gewidmet.

Warum werde ich innerhalb einer einzigen herzlichen Viertelstunde mit meiner Portierin freundlich, vertraut und sogar liebevoll ? Weil es Teil meines ungesunden körperlichen und geistigen Zustands ist, dass ich nichts lieber mag, als bemitleidet zu werden; und meine Portierin versüßt mir mein tägliches Leben mit so viel Mitgefühl, dass sie mir, glaube ich, mehr Gutes tut als mein Arzt oder meine Medikamente.

Ich möchte versuchen, sie zu beschreiben. Sie ist eine dünne, lebhafte, fröhliche kleine Frau mit einem winzigen Gesicht und leuchtenden braunen Augen. Sie hat einen Ehemann (Hippolyte -Senior) und einen Sohn (Hippolyte -Junior) und ein Einzimmerappartement, in dem sie mit ihrer Familie lebt. Seit Jahren ist sie nicht vor zwei oder drei Uhr morgens ins Bett gegangen; denn mein Pavillon und der zweite Pavillon gegenüber und das große Haus dahinter sind alle durch schöne Eisentore von der Straße abgetrennt, die jemand in der Pförtnerloge zu jeder Nachtzeit für heimkehrende Mieter öffnen muss (indem er an einer Schnur zieht, die mit dem Riegel verbunden ist). Das große Haus hat so viele Mieter, dass immer jemand auf einer Party oder im Theater ist — daher wird die Einhaltung der späten Öffnungszeiten zu einem notwendigen Teil des Dienstes im Appartment, und die arme kleine Pförtnerin ist das Opfer, das als ständige Nachtwache leidet. Hippolyte Senior übernimmt tagsüber seinen Teil der Arbeit und übernimmt freudig die Frühaufsteher-Aufgabe, aber er besitzt nicht die Gabe, nachts wach zu bleiben. Um elf Uhr (solche Schwäche zeigt manchmal sogar die liebenswürdigste menschliche Natur) muss Hippolyte Senior auf dem Rücken auf dem Ehebett liegen und schnarchen, ohne dass Geräusche und Zutritte ihn erreichen. Hippolyte Junior, oder der Sohn, ist zu jung, um ihm die Aufsicht über die Türgarderobe anzuvertrauen. Er schläft, fest wie sein Vater, mit halb entwickeltem Schnarchen und zusammengerolltem Körper, in einem Kinderbett am Fußende des elterlichen Bettes. Auf der anderen Seite des Zimmers, direkt neben den Schlüsseln und Kerzenleuchtern der Mieter, mit einem großen Ofen hinter sich und einem Gaslicht vor ihren Augen, sitzt die treue kleine Pförtnerin und wacht so wachsam wie möglich über die anstrengenden Stunden. Sie verlässt sich ganz auf starken Kaffee und das nahe Flackern des Gaslichts, um die natürliche Schläfrigkeit zu bekämpfen, die auf einen harten Arbeitstag folgt, der jeden Morgen um acht Uhr begonnen hat. Der Kaffee und das Gas verdienen bis zu einem gewissen Grad das Vertrauen, das sie in sie setzt. Sie halten ihre hellen braunen Augen weit offen, sodass sie mit unerschütterlicher Hartnäckigkeit auf das Licht vor ihnen starren. Sie halten ihren Rücken sehr gerade gegen ihren Stuhl, ihre Arme fest über ihrer Brust verschränkt und ihre Füße fest auf ihrem Schemel. Aber obwohl sie verhindern, dass der Schlaf ihre Augen schließt oder ihre Glieder entspannt, können sie nicht verhindern, dass einige wenige latente morphische Einflüsse sie heimlich erreichen. So offen ihre Augen auch sein mögen, die kleine Frau zuckt dennoch schuldbewusst zusammen, als es endlich klingelt; sie starrt einen Moment lang unverwandt, bevor sie aufstehen kann; sie muss entschlossen mit etwas Schläfrigem und Anhaftendem in Form einer Trance kämpfen, bevor sie zur Türklinke eilen und sich müde daran festhalten kann, anstatt mit dem richtigen, wachmachenden Ruck daran zu ziehen. Nacht für Nacht hat sie nun seit fast sieben Jahren den starken Kaffee getrunken, sich steif in ihrem geraden Stuhl aufgelehnt und angestrengt in das flackernde Gaslicht gestarrt. Manche Leute hätten unter diesen harten Umständen die Fassung und den Mut verloren; aber die fröhliche kleine Pförtnerin hat nur an Fleisch verloren. In einer dunklen Ecke des Zimmers hängt ein Daguerreotypie-Bildnis. Es stellt eine dralle Frau mit runden Wangen und einer kräftigen Taille dar und stammt aus der Zeit, als sie die Braut von Hippolyte Senior war und daran dachte, ihm in die Pförtnerloge zu folgen. „Ach, mein lieber Herr", sagt sie, als ich ihr mein Beileid ausspreche, „wenn wir mit unserem Lebensstil manchmal ein wenig Geld verdienen, verdienen wir es nicht so leicht. Aïe ! Aïe ! Aïe ! Ich möchte gut schlafen: Ich möchte wieder so dick sein wie mein Porträt!"

Dieselben freundschaftlichen Beziehungen – die, wie man sich immer erinnern sollte, ausschließlich meiner Krankheit und dem Mitleid der Pförtnerin mit mir entsprangen –, die mich in die Geheimnisse des starken Kaffees, des Daguerreotypie-Porträts und der schläfrigen Konstitution von Hippolyte Senior eingeweiht haben, ermöglichen es mir auch, auf besondere Einladung hin herauszufinden, wie die Bewohner des Pförtnerhauses mit einigen der schwer erarbeiteten Gewinne aus ihrer Lage umgehen.

Eines Morgens leide ich ziemlich schmerzlich unter einigen verschlimmerten Symptomen meiner Krankheit, und meine Freundin, die Portierin, kommt in den Pavillon, um mit mir zu sprechen und mich aufzumuntern. Sie hat, wie durch ein Wunder, eine Stunde länger geschlafen und ist deshalb in einem munteren Zustand der Fröhlichkeit . Sie schaudert und schneidet Grimassen bei meinen Medizinfläschchen; bittet mich, sie wegzuwerfen, mich von ihr ins Bett bringen zu lassen und mir zunächst einen leichten Tee und anschließend eine Brühe zu verabreichen (un Thé léger et un Bouillon). Wenn ich mich nur an diese Mittel halte, wird sie sie, wenn nötig, jede Stunde des Tages bereithalten und meine sofortige Wiederherstellung von Gesundheit und Stärke garantieren. Während wir über die Nutzlosigkeit von Medikamenten und die heilende Wirkung von Tee und Brühe diskutieren, betritt Hippolyte Senior mit einem Ausdruck geheimnisvollen Triumphs, der sich sofort auf das Gesicht seiner Frau überträgt, das Zimmer, um ihr zu sagen, dass sie unten in der Loge erwünscht sei. Sie geht zu ihm und nimmt seinen Arm, als wäre er ein fremder Herr, der darauf wartet, sie zum Abendessen hinunterzuführen, nickt ihm vertraulich zu und blickt mich dann an. Ihr Mann folgt ihrem Beispiel, und die beiden stehen ganz unbefangen Arm in Arm und lächeln mir und meinen Medizinfläschchen zu, als wären sie ein Liebespaar und ich der ehrwürdige Vater, auf dessen Erlaubnis und Segen sie warteten.

„Haben Sie einen neuen Arzt für mich besorgt?", frage ich, äußerst verblüfft über ihren offensichtlichen Wunsch, mich mit irgendeinem Geheimnis in der Loge in Verbindung zu bringen.

„Nein", sagt die Portierin , „ich glaube nicht an Ärzte. Ich glaube an nichts außer einem leichten Tee und einer Brühe."

(„Das sehe ich auch so!", fügt ihr Mann in Klammern hinzu.)

„Aber wir haben Ihnen in der Loge etwas zu zeigen", fährt die Pförtnerin fort .

(Hippolyte Senior zieht die Augenbrauen hoch und sagt „Aha!")

„Und wenn es Ihnen besser geht", fährt mein fröhlicher kleiner Freund fort, „dann haben Sie einfach die Höflichkeit, zu uns herunterzukommen, und Sie werden einen wunderbaren Anblick sehen!"

Hippolyte Senior zieht die Augenbrauen zusammen und sagt: „Psst!"

„Genug", antwortet die Pförtnerin , die ihn versteht. „Lass uns gehen."

Und sofort verlassen sie den Raum, immer noch Arm in Arm – das liebevollste und geheimnisvollste Ehepaar, das ich je gesehen habe.

An diesem Tag fühle ich mich nicht stark genug, um große Überraschungen zu erleben; daher verschiebe ich meinen Besuch in der Pförtnerhütte auf den nächsten Morgen. Zu meiner ziemlichen Verblüffung stattet mir die Pförtnerin an diesem ereignisreichen Tag nicht ihren üblichen Besuch ab, wenn ich aufwache. Ich gehe in die Pförtnerhütte hinunter, frage mich, was dieser Wechsel zu bedeuten hat, und sehe drei oder vier Fremde in dem Raum versammelt, der Schlafzimmer, Salon und Pförtnerbüro in einem ist. Die Fremden, so stelle ich fest, sind bewundernde Freunde; sie umringen Hippolyte Senior und blicken alle mit einem Ausdruck tiefster Freude und Überraschung in dieselbe Richtung. Meine Augen folgen ihren Blicken und ich sehe über dem schäbigen kleinen Pförtnerhüttentisch einen strahlenden neuen Spiegel in einem allerhellsten Rahmen. Zu beiden Seiten davon erheben sich zwei rötlich gefärbte Wachskerzen. Darunter stehen drei

Ziertöpfe mit blühenden Rosensträuchern darin, hinter denen ein fächerartiger Wandschirm aus strahlend weißem Papier steht. Das ist die Überraschung, die mich erwartete; und dies ist auch die Sicherheit, in die die Bewohner des Pförtnerhauses ihre letzten schwer verdienten Ersparnisse investiert haben. Das Ganze wirkt auf mein Gemüt wie ein dilettantischer Hochaltar, und ich bewundere den Neukauf dementsprechend mit so ernster Ausdruckskraft, dass Hippolyte der Ältere in der ersten Süße des Triumphs die seiner Stellung als Eigentümer des neuen Schatzes gebührende Bescheidenheit vergisst und seinen eigenen Besitz mit einer Kraft der Stimme und Energie der Gestikulation, die ich nie vorher bei ihm bemerkt habe, als Magnifique anredet . Als seine Begeisterung abgeflaut ist und ich gerade im Begriff bin zu fragen, wo meine Freundin, die Pförtnerin, ist, höre ich hinter der Gruppe bewundernder Freunde eine schwache kleine Stimme sprechen:

„Vielleicht, Messieurs et Mesdames, halten Sie das für eine Extravaganz für Leute in unserer Lage“, sagt die Stimme in schwach höflichem Ton der Entschuldigung; „aber ach! wie könnten wir widerstehen? Es ist so schön – es erhellt den Raum so – es verleiht uns ein so edles Aussehen. Und dann ist es auch ein Besitz – etwas, das wir unseren Kindern hinterlassen können – kurz gesagt, eine verzeihliche Extravaganz. Aïe ! Ich zittere wieder am ganzen Leib; mehr kann ich nicht sagen!“

Während diese Worte ausgesprochen werden, trennt sich die Gruppe der Freunde, und ich sehe hinter ihnen, nahe dem großen Ofen, die kleine Pförtnerin sitzen, die traurig verändert aussieht. Ihr kleines Gesicht ist sehr gelb geworden; ihre hellbraunen Augen wirken unverhältnismäßig groß; sie hat einen alten Schal um die Schultern gewickelt und zittert darin unaufhörlich. Ich frage, was los ist, und stelle mir vor, dass die arme kleine Frau einen Fieberanfall hat. Die Pförtnerin schafft es, wie üblich zu lächeln, bevor sie antwortet, obwohl ihre Zähne hörbar klappern.

„Sie geben mir keine Medikamente, wenn ich es Ihnen sage?“, sagt sie.

„Ich werde nichts tun, was Ihnen nicht vollkommen gefällt“, antworte ich ausweichend.

„Ich leide unter einer heftigen Verdauungsstörung (une forte indigestion)“, fährt die Pförtnerin fort und legt dabei einen zitternden Zeigefinger auf die schmerzende Stelle. „Und ich heile mich mit einem leichten Tee.“

Hier ändert der Zeigefinger die Richtung und zeigt auf eine große weiße Steingutteekanne mit einem leeren Becher daneben. Um der Pförtnerin die Mühe zu ersparen, ihr Trinkgefäß nachzufüllen, gieße ich eine Dosis von dem leichten Tee ein. Die Flüssigkeit hat eine schwache Strohfarbe , ganz anders als jeder englische Tee, der jemals zubereitet wurde, und sie schmeckt, wie ein Liter heißes Wasser schmecken könnte, in das man ein Bündel Heu getaucht hat. Die Pförtnerin schluckt in meiner Gegenwart drei Becher ihrer Medizin, lächelt und zittert, betrachtet verzückt den prächtigen neuen Spiegel mit den dazugehörigen Blumentöpfen und Kerzen und weist mit Grimassen komischen Ekels alle Angebote meinerseits für medizinische Hilfe zurück, selbst das bescheidene Angebot einer kleinen Pille. Ein oder zwei Stunden später gehe ich wieder in die Pförtnerhütte hinunter, um nach ihr zu sehen. Man hat sie überredet, zu Bett zu gehen, und empfängt im Bett eine Ladung Freunde; beantwortet in derselben interessanten Situation die Fragen aller Besucher des Tages zu allen Untermietern des Hauses; hat eine frische Kanne des leichten Tees aufgesetzt; lächelt immer noch; zittert immer noch; ist dem Thema Drogen gegenüber immer noch verächtlich skeptisch .

Am Abend gehe ich wieder hinunter. Die Teekanne ist noch nicht fertig, und das nach Heu schmeckende heiße Wasser fließt immer noch unerschöpflich in den Körper der kleinen Pförtnerin . Sie gibt gerade Anweisungen, wie Hippolyte Senior wach gehalten werden soll, der zumindest diese Nacht an der Pförtnertür wachen muss. Er soll ein Pint starken Kaffee und eine Pfeife bekommen; er soll das Gas sehr stark aufdrehen lassen und er soll durch die Anwesenheit eines munteren und wachen Freundes aufgeregt werden. Am nächsten Morgen, gerade als ich daran denke, mich im Pförtnerhaus zu erkundigen, betritt die dyspeptische Patientin selbst mein Zimmer, geheilt und bereit, alles zu verdauen, außer den Rat eines Arztes oder eine kleine Pille. Hippolyte Senior, so höre ich, ist nicht mehr als eine halbe Stunde lang an der Pförtnertür eingeschlafen, und die Pförtnerin hat eine lange Nachtruhe gehabt. Sie betrachtet dieses ungewöhnliche Ereignis nicht als einen der Faktoren, die ihre schnelle Genesung bewirkt haben. Einzig und allein der leichte Tee hat das bewirkt; und wenn ich noch immer an der unschätzbaren Wirkung der heißen Heuwasserkur zweifle, dann bin ich von allen voreingenommenen Herren, von denen die Portiersdame je gehört hat, der beklagenswerteste Hartnäckigste, wenn es darum geht, dem Irrtum die Arme zu öffnen und die Augen vor der Wahrheit zu verschließen.

Dies ist die kleine häusliche Welt um mich herum, in einigen der lebhafteren Lichter, in denen sie sich meinem ganz persönlichen Blick präsentiert.

Was die große Pariser Welt da draußen betrifft, so ist mein Erleben davon durch den Ausblick auf die Champs Elysées begrenzt , den ich von meinem Schlafzimmerfenster aus habe. Das mondäne Paris dreht und tänzelt jeden Nachmittag in all seiner Pracht an mir vorbei; aber was interessieren mich in meiner kranken Lage gesunde Prinzen und Grafen und Blutpferde und blühende Damen, die in Abgründe von Krinoline getaucht sind? Sie alle fliegen in einer wirren Phantasmagorie aus bunten Farben und rasenden Formen an mir vorbei, die ich mit trägen Augen betrachte. Die Anblicke, die ich mit Interesse beobachte, sind nur jene, die in gewissem Maße auf meine eigene kranke Lage zu verweisen scheinen. Der unfreiwillige Egoismus meines Kranken klammert sich ebenso eng an mich, wenn ich nach draußen auf die große Straße blicke, wie wenn ich nach innen in mein eigenes kleines Zimmer blicke. So sind die einzigen Dinge, die ich jetzt von meinem Fenster aus aufmerksam wahrnehme, seltsamerweise hauptsächlich jene, die ich völlig übersehen oder mit Gleichgültigkeit betrachtet hätte, wenn ich meine Junggesellenwohnung in der beneidenswerten Eigenschaft eines gesunden Mannes bewohnt hätte.

Von den verschiedenen Fahrzeugen, die morgens zu Dutzenden und nachmittags zu Hunderten an mir vorbeifahren, hinterlassen beispielsweise nur zwei einen bleibenden Eindruck bei mir. Ich habe nur vage Vorstellungen von Staub, Raserei und Pracht im Zusammenhang mit den schnellen Kutschen am späten Tag – und von Glocken und hohlem Geschrei der Fuhrleute im Zusammenhang mit den bedächtigen Wagen am frühen Morgen. Andererseits habe ich eine sehr deutliche Erinnerung an einen schlichten braunen Omnibus, der zu einer Heilanstalt gehört, und an einen merkwürdigen kleinen Lastwagen, der von einer Badeanstalt in meiner Nähe Badezuber und heißes Wasser zu Privathäusern transportiert. Der Omnibus, der in feierlichem Trab an meinem Fenster vorbeifährt, ist voller Patienten, die gerade gelüftet werden. Ich kann sie undeutlich sehen und stelle mir seltsame Vorstellungen über ihre verschiedenen Fälle vor und frage mich, wie viele der betroffenen Passagiere kurz vor der Entlassung aus ihrem rollenden Gesundheitsgefängnis stehen. Was den kleinen Lastwagen mit seiner leeren Zinkbadewanne und dem Fass mit warmem Wasser betrifft, so liege ich wahrscheinlich falsch, wenn ich ihn so oft mit Krankheitsfällen in Verbindung bringe. Er wird zweifellos oft von gesunden Leuten gerufen, die zu luxuriös gekleidet sind, um für ein Bad ins Ausland zu gehen. Aber es muss einen Teil der Krankheitsfälle geben, denen der Lastwagen hilft; und wenn ich sehe, dass er schneller als gewöhnlich fährt, nehme ich an, dass ihn jemand braucht, der einen Anfall hat; werde plötzlich aufgeregt bei dem Gedanken und beobachte die leere Badewanne und das Fass mit heißem Wasser mit atemlosem Interesse, bis sie gemeinsam rumpelnd aus dem Blickfeld verschwinden.

Dasselbe gilt auch für die Männer und Frauen, die jeden Tag zu Tausenden an meinem Fenster vorbeigehen. Mein Blick auf sie ist ebenso merkwürdig eingeschränkt wie auf die Fahrzeuge. Wenn ich jetzt mein Gedächtnis strenge, stelle ich fest, dass mir in der ganzen Menge nur drei Personen (eine Frau und zwei Männer) besonders aufgefallen sind, die zufällig meine unzulängliche Neugier geweckt haben.

Die Frau ist ein Kindermädchen, weder jung noch hübsch, sehr sauber und ordentlich gekleidet, mit einer schrecklichen blutleeren Blässe im Gesicht und einer hoffnungslosen schwindsüchtigen Mattigkeit in ihren

Bewegungen. Sie hat nur ein Kind zu versorgen – ein kräftiges kleines Mädchen mit grausam aktiven Gewohnheiten. Gegenüber meinem Fenster steht eine Steinbank, und auf dieser sitzt das bleiche und schwache Kindermädchen oft, stößt nicht mit dem schweren Knall ehrlicher Erschöpfung darauf, sondern sinkt lustlos darauf, als ob es beim Wechsel vom Gehen zum Sitzen nur von einer Form der Erschöpfung in die andere überginge. Das kräftige Kind bleibt gnädigerweise ein paar Minuten lang in der Nähe der schwachen Vormundin – wird dann plötzlich wieder erbarmungslos aktiv, lacht und tanzt aus der Ferne, wenn die Amme ihr müde Zeichen gibt, und rennt ganz weg, wenn sie schwach gebeten wird, noch ein paar Minuten ruhig zu sein. Die Amme schaut ihr einen Moment lang verzweifelt nach, zieht schaudernd ihren hübschen schwarzen Schal über ihre spitzen Schultern, erhebt sich resigniert und verschwindet aus meinen Augen, um dem erbarmungslosen Kind nachzujagen. Ich sehe dieses traurige kleine Drama viele Male aufgeführt werden, immer auf die gleiche Weise, und frage mich traurig, wie lange das blasse Kindermädchen es aushalten wird. Da ich kein Familienmensch bin und gerade jetzt nervöses Mitgefühl für Krankheit und Leiden habe, würde es mir echte Befriedigung verschaffen, zu sehen, wie die unterdrückte Amme das tyrannische Kind schlägt; aber sie scheint den kleinen Despoten zu mögen; und außerdem ist sie so schwach, dass ich fürchte, wenn es zu Schlägereien käme, dass sie als erwachsene Frau den Kürzeren ziehen würde.

Die Männer, die ich beobachte, sind keine so interessanten Fälle; aber sie weisen in geringerem Maße Eigentümlichkeiten auf, die meine Aufmerksamkeit ganz sicher erregen. Der erste der beiden ist ein Gentleman – einsam und reich, wie ich mir vorstelle. Er ist dick, gelb und trübsinnig und hat offensichtlich aus Gesundheitsgründen Reitunterricht bekommen. Er reitet ein ruhiges englisches Cob, hat nie einen Freund bei sich, tauscht nie – soweit ich sehen kann – Grüße mit einem anderen Reiter aus, wird nie aus einer Kutsche angelächelt, noch verbeugt sich ein Fußgänger vor ihm. Er reitet mit seinem schlaffen Kinn auf seiner fetten Brust; sitzt auf seinem Pferd, als wären seine Beine vollgestopft und sein Rücken ohne Knochen; er zieht mich immer an, weil er das Bild dyspeptischen Elends ist, und zieht immer im gleichen traurigen Trab an mir vorbei. Der zweite Mann ist ein Polizeiagent. Aufgrund seines Berufs kann ich kein Mitgefühl für ihn empfinden; aber ich kann mit einem gewissen lauwarmen Interesse beobachten, dass er sich fast zu Tode geschunden hat. Er gähnt und streckt sich in Ecken; manchmal lässt er sich verstohlen auf die Steinbank vor meinem Fenster fallen; dann springt er plötzlich auf, als ob er spürte, dass er einschlief, sobald er sich hinsetzte. Er hat hohle Stellen, wo andere Leute Wangen haben, und seinem Gang nach zu urteilen, muss er ganz und gar nicht in der Lage sein, einem Gefangenen hinterherzulaufen, der die Flucht ergreifen könnte. Im Großen und Ganzen bietet er mir den merkwürdigen

Anblick eines trägen Mannes, der versucht, sich an ein lebhaftes Geschäft anzupassen, und dabei sichtlich scheitert. Als krankes Kind eines florierenden Systems zieht er meine Aufmerksamkeit auf sich. Ich hoffe inständig, dass er das Kompliment nicht erwidert, indem er mich mit seiner Aufmerksamkeit beehrt .

Das sind die wenigen kleinen Schritte, die ich im Voraus unternehme, um einen einigermaßen genauen Blick auf die französische Menschheit zu werfen. Wenn mein Blick absurderweise auf meinen eigenen, trüben Horizont beschränkt ist, hat dieser Mangel zumindest einen Vorteil für den Leser: Er verhindert jede Gefahr, dass ich ihn mit meinen Ideen und Beobachtungen zu sehr belästige. Wenn andere Leute diese Tugend der Kürze bei Schriftstellern, Rednern und Predigern so aufrichtig schätzen wie ich, darf ich vielleicht hoffen, aufgrund meines kurzen Beobachtungsradius und meiner wenigen Worte erneut Gehör zu finden, wenn ich das zweite Kapitel meiner ungültigen Erfahrungen schreibe. Die erste Hälfte davon (wie hier berichtet) begann ich in Frankreich; und die zweite (noch aufzuzeichnende) schließe ich jetzt in England ab. Wenn sich der Vorhang über meinem Krankenbett wieder hebt, wird die Szene London sein.

KAPITEL ZWEITES: MEINE UNTERKUNFT IN LONDON.

Zuletzt hatte ich die Ehre , mich dem Leser als Invalide vorzustellen, die in einer Pariser Unterkunft untergebracht war. Jetzt gestatten Sie mir, als Invalide wieder aufzutreten, die vorläufig in einer Londoner Droschke untergebracht ist. Stellen Sie sich vor, ich habe die Reise von Paris zu meiner großen Überraschung und Zufriedenheit ohne Zusammenbruch überstanden, habe zum ersten Mal in meinem Leben eine Nacht in einem Londoner Hotel geschlafen und bin jetzt hilflos auf der Suche nach möblierten Wohnungen, die so nah wie möglich an der Wohnung meines Arztes liegen.

Das Taxi ist muffig, der Fahrer mürrisch, der Morgen neblig. Eine trockene Hundehütte wäre ein angenehmer Zufluchtsort im Vergleich zu dem elenden Gefährt, in dem ich jetzt über die grausamen Steine Londons holpere. Auf unserem Weg in die Nachbarschaft meines Arztes kommen wir durch die Smeary Street, eine Gegend, die den Bewohnern Nordlondons wohlbekannt ist. Ich habe das Gefühl, dass ich nicht weiter kann. Ich erinnere mich, dass einige meiner Freunde ganz in der Nähe wohnen, und ich befreie mich rücksichtslos von der Qual des Taxis, indem ich den Fahrer beim allerersten Haus anhalte, in dessen Fenstern ich ein Plakat mit der Ankündigung sehe, dass Wohnungen zu vermieten sind.

Die Tür wird von einer großen, muskulösen Frau geöffnet, mit knotigem Gesicht und knotigen Armen, die mit einer Schicht Kaminstaub in Form von unmerklichem Puder bestreut sind. Sie führt mich hinauf in ein

Schlafzimmer im zweiten Stock. Mein erster prüfender Blick richtet sich natürlich auf das Bett. Es ist von der negativen Sorte, weder schmutzig noch sauber; aber daneben erkenne ich einen positiven Vorteil in Form eines langen Mahagoniregals, das einige Zentimeter über dem Bett in die Wand eingebaut ist und sich über die gesamte Länge vom Kopf bis zum Fuß des Bettes erstreckt. Der unwillkürliche Egoismus meines Kranken ist in London ein ebenso vorherrschender Impuls in mir wie in Paris. Ich denke sofort an den Nippes meines Kranken: Ich sehe, dass das Mahagoniregal dazu dienen wird, sie alle in Reichweite zu haben, wenn ich im Bett liege; ich weiß, dass ich es zu keinem anderen Zweck benötigen werde als zu dem, für den ich es verwenden möchte; dass es nicht jeden Tag wie ein Tisch zum Abendessen abgeräumt oder wie ein beweglicher Ständer durcheinandergebracht werden muss, wenn der Diener das Zimmer säubert. Ich überzeuge mich davon, dass es mir in meiner besonderen Situation all diese seltenen Vorteile bietet, und greife sofort zu – oder, mit anderen Worten, ich nehme das Zimmer sofort.

Wäre ich gesund gewesen, hätte ich meiner Meinung nach zwei triftige Gründe gehabt, anders zu handeln und mir eine andere Wohnung zu suchen. Erstens hätte ich bemerkt, dass das Zimmer nicht sehr sauber oder sehr komfortabel eingerichtet war. Ich hätte bemerkt, dass das fleckige und zerrissene Drogerie auf dem Boden einen Rand aus schmutzigen Brettern rund um das Schlafzimmer zeigte ; und kaum hätte ich den ehrwürdigen Sessel neben dem Bett gesehen, hätte ich gehört, wie er mir in seiner eigenen ominösen Sprache heimlich ins Ohr sagte: „Fremder, ich bin den Flöhen überlassen: nimm mich auf eigene Gefahr." Selbst wenn diese Zeichen und Vorzeichen nicht ausgereicht hätten, um mich wieder auf die Straße zu treiben, hätte ich die erforderliche Warnung, das Haus zu verlassen, sicherlich deutlich im Gesicht, der Gestalt und dem Benehmen der Vermieterin gelesen gefunden. Ich hätte wahrscheinlich in allem, was mit ihr zu tun hatte, etwas gesehen, das mir misstraute und missfiel , sogar in ihrem Namen, der Mrs. Glutch lautete ; Ich hätte wieder auf die Straße flüchten und mich für den Rest des Tages nicht mehr in die Nähe wagen sollen. Aber so war es, meine fatalen Vorurteile machten mich blind für alles außer dem unerwarteten Segen des Mahagoniregals neben dem Bett. Ich übersah das zerrissene Drogeriefach , den von Flöhen bevölkerten Sessel und die knotig wirkende Wirtin mit dem ominösen Namen. Das Regal war Köder genug für mich, und sobald die Falle offen war, sammelte ich meine Medizinfläschchen ein und ging zuversichtlich hinein.

Reisenden ist es allgemein bekannt , dass die beiden Nationen der zivilisierten Welt, die in Bezug auf die äußeren Aspekte ihres Lebens am weitesten voneinander entfernt zu sein scheinen, auch die beiden sind, die durch die nachbarschaftlichen Bande ihrer örtlichen Verhältnisse am engsten miteinander verbunden sind. Noch bevor ich viele Tage in der Smeary Street gelebt hatte, stellte ich fest, dass ich selbst in meinem eigenen begrenzten Umfeld ein bemerkenswertes Beispiel für die Wahrheit der soeben aufgezeichneten Beobachtung bot. Der starke Kontrast zwischen meinem gegenwärtigen und meinem früheren Leben war ein kleiner individueller Beweis für die großen sozialen Gegensätze zwischen England und Frankreich.

Ich habe mich in Paris wirklich so vorgestellt, als würde ich unabhängig in meinem eigenen kleinen Spielzeughaus leben; als würde ich auf eine Szene fast immer hell und fröhlich blicken; und als hätte ich Leute um mich, deren gesegnete Leichtigkeit sie immer fröhlich, immer seltsam charakteristisch und immer unerwartet amüsant machte, selbst für das träge Auge eines Kranken. Mit der gleichen Offenheit muss ich jetzt von meinem Leben in London berichten, das ich mit vielen anderen Mietern in einem großen Haus verbrachte, das in keinem Teil die Spur von Spielzeugladen-Hübschheit aufwies. Ich muss zugeben, dass ich durch eine rauchgeschwängerte Atmosphäre auf düster gefärbte Wände und ernste Gesichter blickte; und ich muss zugeben, dass ich (soweit es den eigentlichen Hausdienst betraf) von Leuten bedient wurde, deren trübe Gesichter tagelang keinen inneren Sonnenschein zu spüren schienen. Und der Kontrast endete hier noch nicht. In meiner Wohnung in Paris habe ich mir vorgestellt, dass ich von einer Vielzahl belebter und unbelebter Objekte umgeben sei, die ich ganz nach Belieben wahrnehmen könne oder auch nicht, und dass ich meine Entscheidungsfreiheit infolge der einschränkenden Wirkung meiner Krankheit auf mein Mitgefühl und meine Beobachtungsgabe auf merkwürdig einseitige und eingeschränkte Weise gebrauche. In meiner Londoner Wohnung genoss ich eine solche Freiheit nicht. Ich konnte nicht einmal eine vorübergehende Entscheidungsfreiheit erlangen, ohne ständig entschlossen darum zu kämpfen. Ich hatte nur ein Objekt, das sich meiner Beobachtung anbot, das sich mir ständig präsentierte, das darauf bestand, bemerkt zu werden, egal wie geistig ungeeignet und moralisch unwillig meine Krankheit mich machte, es zu beobachten; und dieses Objekt war – meine Vermieterin, Mrs. Glutch .

Betrachten Sie mich also jetzt, nicht länger als einen freien Willen; nicht länger als einen phantasievollen Kranken, der dem Ohr des geduldigen Lesers seine Launen anvertraut. Meine Gesundheit ist in der Smeary Street nicht besser als auf den Champs Elysées ; ich nehme in London genauso viele Medikamente wie in Paris; aber mein Charakter hat sich trotz allem verändert, und ich fürchte, die Form und der Ton meines aktuellen Schriftstücks werden diese Veränderung nur allzu deutlich widerspiegeln.

Ich *war* ein kranker Mann, der über mehrere Dinge reden konnte – ich *bin* ein kranker Mann, der nur über ein Thema reden kann. Ich kann ihm auf diesen Seiten für ein paar Sätze entkommen, so wie ich ihm in der Smeary

Street für ein paar Minuten entkommen bin; aber die Last meines Liedes wird jetzt sein, was in letzter Zeit die Last meines Lebens war – meine Vermieterin. Ich werde mit ihr beginnen – ich werde mit ihr weitermachen – ich werde versuchen, von ihr wegzukommen – ich werde zu ihr zurückkehren – ich werde mit ihr enden. Sie wird sich in alles einmischen, was ich zu sagen habe; wird sich in meine Beobachtungen aus dem Fenster einmischen; wird sich an meine Lebensmittel und Getränke, Tropfen, Tränke und Pillen heranmachen; wird sich in dieser allzu getreuen Erzählung zwischen mich und meine Charakterstudien unter Mädchen für alle Fälle stellen, genau wie sie es in den realen Szenen tat, die sie darzustellen versucht . Während ich dies als angemessene Warnung an den Leser eingestehe, dass ich mich seit unserer letzten Begegnung in einen monotonen Kranken verwandelt habe, möchte ich, um mir selbst gerecht zu werden, hinzufügen, dass mein einziges Thema zumindest den Vorteil hat, ein schreckliches zu sein. Denken Sie an eine kranke Fliege, die von einer gesunden Schmeißfliege bedient wird, und Sie werden eine ungefähre Vorstellung von den relativen Proportionen und Positionen von mir und Mrs. Glutch haben .

Ich habe mich kaum eine Stunde in meinem Wohnzimmer im zweiten Stock niedergelassen, als ich zu der Überzeugung gelangt bin, dass Mrs. Glutch entschlossen ist, mich zu erobern – mütterlicher oder platonischer Art, möchte ich schnell hinzufügen, um den Mund des Skandals zu stopfen, bevor er richtig geöffnet ist. Ich stelle fest, dass sie sich mir in der Gestalt einer Frau präsentiert, die von sanfter Melancholie erfüllt ist, die aus ständigem Mitgefühl für meinen Leidenszustand erwächst. Es ist Teil meines Charakters als kranker Mann, dass ich instinktiv weiß, wann die Leute mich wirklich bemitleiden, so wie Kinder und Hunde wissen, wann die Leute sie wirklich mögen; und ich war folglich noch keine fünf Minuten in Mrs. Glutchs Gesellschaft, als ich wusste, dass ihr Mitgefühl für mich ganz von der Art ist, von der (um es in der Handelssprache auszudrücken) immer eine große Auswahl vorhanden ist. Ich gebe mir keine Mühe, vor Mrs. Glutch zu verbergen , dass ich sie durchschaut habe; aber sie ist zu unschuldig, um mich zu verstehen, und macht weiter mit mir , selbst wenn sie entdeckt wird. Trotz ihres knotigen Gesichts, ihrer knotigen Arme und ihrer großen Statur und Kraft wird sie in dem Moment, in dem sie mein Zimmer betritt, träge sentimental. Die Sprache strömt in einem unaufhörlichen Fluss aus ihr heraus, und Höflichkeit umgibt sie wie ein Heiligenschein, der niemals verblassen kann. „Ich habe mir so viele Sorgen um Sie gemacht!", ist ihre erste morgendliche Begrüßung an mich. Den Worten geht ein schwaches Husten voraus, und ihnen folgt ein ausdrucksvoll müder Seufzer, als hätte sie meinetwegen eine schlaflose Nacht verbracht. Am nächsten Morgen erscheint sie mit einem Strauß Goldlack in ihrer mächtigen Faust und mit einem weiteren schwachen einleitenden Husten: „Ich bitte um Verzeihung, Sir, aber ich habe Ihnen ein paar Blumen mitgebracht. Ich glaube, sie erleichtern den Geist." Der ausdrucksvoll müde Seufzer folgt erneut, als würde er diesmal andeuten, dass sie sich in der frühen Morgendämmerung aufs Land gequält hat, um mir die Blumen zu pflücken. Ich finde nicht, so seltsam es auch scheinen mag, dass sie meinen Geist überhaupt erleichtern; aber natürlich sage ich: „Danke." – „Danke , Sir", erwidert Mrs. Glutch – denn es ist Teil der unterdrückenden Höflichkeit dieser Frau, mir immer dafür zu danken, dass ich ihr gedankt habe. Sie schafft es immer, das letzte Wort zu haben, ganz gleich unter welchen Umständen der höfliche Streit, der das Hauptmerkmal unseres täglichen Umgangs ist, aufkommt.

Nehmen wir zum Beispiel an, sie kommt in mein Zimmer und steht mir im Weg (was sie immer tut), und zwar genau zu dem Zeitpunkt, wenn sie eigentlich schon draußen sein sollte – ihre ersten Worte sind zwangsläufig: „Ich bitte um Verzeihung." Ich knurre (nicht so brutal, wie ich es mir wünschen könnte, da ich schwach bin): „Das macht nichts!" – „Danke, Sir", sagt Mrs. Glutch , hustet leise und seufzt und zögert das Hinausgehen so lange wie möglich hinaus. Oder nehmen wir ein anderes Beispiel: – „Mrs. Glutch , dieser Teller ist schmutzig." – „Ich bin Ihnen sehr dankbar, Sir, dass Sie mich darauf aufmerksam gemacht haben." – „Es ist nicht der erste schmutzige Teller, den ich hatte." – „Wirklich jetzt, Sir?" – „Sie können die Gabel wegnehmen, denn die ist auch schmutzig." – „Danke, Sir." – Ach, wenn ich nur eine Stunde mit meiner kleinen Pariser Portierin hätte ! Ach, wenn ich nur einen Tag lang keine Höflichkeiten von Mrs. Glutch hätte !

Lassen Sie mich versuchen, ob ich das Thema für eine Weile nicht verlassen kann. Was habe ich über die anderen Bewohner des Hauses zu sagen? Nicht viel; denn wie kann ich mich für Leute interessieren, die sich nie nach meinem Befinden erkundigen, obwohl sie doch alle durch die häufigen Besuche des Arztes und des Apothekers wissen müssen, dass ich krank bin?

Im ersten Stock wohnt ein geheimnisvoller alter Herr mit seinem Diener. Er hat drei Wagenladungen prächtiger Möbel mitgebracht, um zwei Zimmer einzurichten – er besitzt eine Orgel, auf der er, was ihm hoch anzurechnen ist, nie spielt –, er erhält parfümierte Noten, geht schön gekleidet aus und wird in Privatkutschen zurückgebracht, in Begleitung großer Lakaien, die mit dem Türklopfer so viel Lärm wie möglich machen. Niemand weiß, woher er kommt, oder glaubt, dass er das Haus unter seinem richtigen Namen betritt. Wenn ein alter Aristokrat aus der Welt der Mode verschwunden ist, glauben wir eher, dass wir ihn in der Smeary Street gefunden haben und ihn gegen Zahlung einer großzügigen Belohnung seinen rechtmäßigen Besitzern überlassen würden. Neben mir, im zweiten Stock, höre ich ein hohles Husten und manchmal ein Flüstern; aber ich weiß nichts Genaues – nicht einmal, ob der hohle Huster auch der Flüsterer ist, oder ob es zwei sind, oder ob es eine dritte stumme und samaritische Person gibt, die den Husten lindert und dem Flüstern lauscht. Über mir, auf dem Dachboden, ist morgens das Stampfen und Knarren von Stiefeln zu hören, die in frühen Stunden in Eile die Treppe hinuntergehen, den ganzen Tag nicht zurückkommen, aber spät in der Nacht in Eile wieder heraufkommen . Die Stiefel gehören offensichtlich Ladenbesitzern oder Angestellten. Unten, in den Salons , scheint sich eine Wanderbevölkerung aufzuhalten, die in einer Woche kommt und in der nächsten wieder geht und von der man sich in manchen Fällen überhaupt nicht verlassen kann, was die Zahlung der Miete angeht. Letzteres entdecke ich zufällig spät in der Nacht auf ziemlich beunruhigende und unerwartete Weise. Kurz vor dem Schlafengehen gehe ich mit der Kerze in der Hand in ein kleines Hinterzimmer am Ende des Ganges im Erdgeschoss (das den ganzen Tag zum Empfang von Besuchern genutzt wird und, wie ich vorschnell schließe, die ganze Nacht leer steht), um mir ein Sofakissen zu holen, um meinen spärlichen Vorrat an Kissen aufzubessern. Ich öffne die Tür kaum und gehe zum Sofa, als ich zu meinem Entsetzen und Erstaunen Mrs. Glutch darauf zusammengerollt erblicke, mit all ihren Kleidern an und einem welligen, kaffeefarbenen Umhang über den Schultern. Bevor ich mich umdrehen und weglaufen kann, ist sie auf den Beinen, augenblicklich hellwach und höflicher denn je. Sie hält mir eine lange Rede der Erklärung, die mit „Ich bitte um Verzeihung" beginnt und mit „Danke, Sir" endet; und aus deren Inhalt ich entnehme, dass die Mieter der letzten Woche am nächsten Morgen abreisen; dass sie die wahrscheinlichsten Menschen auf der Welt sind, die vergessen, ihre gesetzlichen Schulden zu bezahlen; und dass Mrs. Glutch ihnen die ganze Nacht in dem kaffeefarbenen Umhang auflauern wird , bereit, in dem Moment, in dem sich die Salontür öffnet, in den Flur zu springen und ihre Miete zu verlangen.

Was habe ich vor? Ich falle unmerklich in das unvermeidliche und abscheuliche Thema Mrs. Glutch zurück , genau im Einklang mit meiner Vorahnung von vor ein paar Seiten. Lassen Sie mich noch einen Versuch unternehmen, meiner Vermieterin zu entkommen. Wenn ich versuche, mein Zimmer zu beschreiben, werde ich sicher zu ihr zurückkehren, weil sie immer darin ist. Was, wenn ich ganz aus dem Haus gehe und auf die Straße flüchte?

Ich stelle mir vor, dass alle Menschen ein Interesse an der Gegend haben, in der sie leben. Mein Interesse an Smeary Street hängt ganz und gar mit meinen täglichen Mahlzeiten zusammen, die den ganzen Tag lang öffentlich auf dem Bürgersteig zur Schau gestellt werden. Zur Erklärung dieser recht originellen Vorgehensweise muss ich erwähnen, dass mir befohlen wurde, „wenig und oft" zu essen, und muss hinzufügen, dass ich dieser Anweisung nicht Folge leisten kann, wenn das Essen in den Räumlichkeiten gekocht wird, in denen ich wohne, denn ich hatte das Unglück, in bestimmte unterirdische Treppen hinabzuschauen und festzustellen, dass sich in der untersten Erdschicht, die ich für die Treppe selbst halte, noch eine tiefere Schicht befindet, nämlich die Küche darunter. Unter diesen besonderen Umständen bin ich gezwungen, um Nahrung und Sauberkeit in Kombination an die zärtliche Gnade (und Küche) der Freunde in meiner Nachbarschaft zu appellieren , auf die ich zu Beginn dieser Erzählung angespielt habe. Sie bemitleiden mich und helfen mir mit der bereitwilligsten Freundlichkeit. Ergebene Boten, beladen mit leichter Nahrung, gehen den ganzen Tag zwischen ihrem Haus und meinem Schlafzimmer hin und her. Die Langeweile der Smeary Street wird durch ständige Imbisse aufgelockert, die in öffentlichen Prozessionen herumgetragen werden. Die Augen meiner Nachbarn gegenüber , die aus dem Fenster starren und nicht aussehen, als kümmerte es sie, dass ich krank bin, werden von morgens bis abends von vorbeiziehenden Schüsseln und Becken unterhalten, die voll und dampfend nach Westen gehen und beredt leer nach Osten zurückkehren. Meine Nachbarschaft weiß, wann ich esse, und kann, wenn es ihr gefällt, riechen, was ich zum Abendessen habe. Das Hausmädchen, das früh auf der Türschwelle kniet, kann ihre schrubbende Hand zurückhalten, ihren nachdenklichen Kopf drehen und mein einfaches Frühstück mustern, bevor ich selbst weiß, was es sein wird. Der Mittagsmüßiggänger, der die Smeary Street entlanglungert, wird oft süß an sein eigenes Mittagessen erinnert, wenn er meines trifft. Freunde, die an meine Tür klopfen, können mein Abendessen hinter sich riechen und wissen, wie ich meine Ausdauer aufrechterhalte, bevor sie Zeit hatten, sich nach meiner Gesundheit zu erkundigen. Mein Abendessen macht die Dunkelheit draußen köstlich , wenn der Abend hereinbricht; und mein leeres Geschirr stört mit geselligem Klappern die zunehmende Stille, als es sich als letztes am Abend auf den Heimweg macht .

Gibt es keine Schattenseiten in diesem strahlenden Bild? Gibt es nie ein Problem bei diesen freundlichen Vorkehrungen, mich auf die sauberste Art und Weise und mit der appetitlichsten Kost zu ernähren ? Ja, es gibt ein Problem. Geben Sie ihm einen Namen? Das werde ich. Sein Name ist Mrs. Glutch .

Ich bin mir durchaus bewusst, dass es nur zu erwarten ist, dass meine Wirtin die stillschweigende Verurteilung ihrer Sauberkeit und Kochkünste, die in den Speiseplänen zum Ausdruck kommt, die ich mit meinen Freunden getroffen habe, übel nimmt. Wenn sie nur ihre Empfindung der Beleidigung durch Schmollen oder Wutausbrüche zum Ausdruck bringen würde, würde ich mich nicht beschweren; denn im ersten Fall könnte ich sie übertrumpfen, indem ich ihr nichts auffallen lasse, und im zweiten könnte ich hoffen, sie im Laufe der Zeit durch sanfte Antworten und höfliche Ausflüchte zu besänftigen. Aber die Mittel, die sie tatsächlich ergreift, um mich für mein allzu ausgeprägtes Gefühl der Schmutzigkeit ihrer Küche zu bestrafen, sind von so teuflisch raffinierter Natur und beinhalten eine so kontinuierliche Reihe kleiner Verfolgungen, dass ich von Anfang bis Ende völlig machtlos bin, mich ihr zu widersetzen. Soll ich ihren Plan der Belästigung beschreiben? Ich *muss* ihn beschreiben – ich muss (wie ich es vorausgesehen hatte) wider Willen zu meinem einzigen verbotenen Thema zurückkehren.

Mrs. Glutch ausschließlich an deren Tablett- und Geschirrtüchern. Sie zerreißt weder das eine noch das andere – denn das wäre nur ein einfaches und primitives Verfolgungssystem –, sondern sie schmuggelt sie eins nach dem anderen aus meinem Zimmer und verbindet sie in den schmutzigen Bereichen der Küche untrennbar mit ihrem eigenen Eigentum. Sie besitzt die Fähigkeit, die größten Kuchenformen und die voluminösesten Tücher vor meinen Augen unsichtbar zu verstecken, was ich mit nichts anderem als einem Taschenspielertrick vergleichen kann. Jeden Morgen sehe ich in meinem eigenen Zimmer Tafelbesteck, das mir meine Freunde geliehen haben, bereit zur Rückgabe . Jeden Abend, wenn ich sie brauche, stelle ich fest, dass einige davon fehlen und dass meine Vermieterin darüber noch mehr überrascht ist als ich selbst. Wenn die Dienerin meiner Freundin es wagt, in ihrer Gegenwart zu sagen, dass die Köchin ihr Tabletttuch von gestern braucht, und ich ihn an Mrs. Glutch verweise , schnauft die unbewegliche Frau nur, wirft den Kopf zurück und „wundert sich, wie sich der junge Mann erniedrigen konnte, indem er ihr eine so kategorische Botschaft überbrachte." Wenn ich auf meine eigene Verantwortung hin versuche, das fehlende Eigentum wiederzubeschaffen, lässt sie mich durch ihr Verhalten gleich zu Beginn erkennen, dass sie glaubt, ich verdächtige sie, es gestohlen zu haben. Wenn ich dieses Manöver nicht beachtet und in aller Unschuld weitere Fragen über den fehlenden Gegenstand stelle, ist das Folgende ein Beispiel für die Art von Dialog, die mit Sicherheit zwischen uns stattfinden wird:

„Ich glaube, Mrs. Glutch " –

"Jawohl!"

„Ich glaube, eine der großen Puddingformen meiner Freunde ist die Treppe hinuntergerutscht."

„Im Ernst, Sir? Eine große Puddingform? Nein, ich glaube nicht."

„Aber ich kann es hier oben nicht finden und möchte es zurückhaben."

„Selbstverständlich, Sir."

„Ich habe es gestern Abend in die Schubladen gelegt, Mrs. Glutch , bereit, zurückzugehen."

„Haben Sie das wirklich, Sir?"

„Vielleicht hat der Diener es nach unten gebracht, um es zu reinigen?"

„Überhaupt nicht, Sir. Wenn Sie sich bitte erinnern, haben Sie ihr letzten Montagabend – oder, nein, entschuldigen Sie – letzten Dienstagmorgen gesagt, dass Ihre Freunde ihr Geschirr selbst abwaschen und dass ihre Sachen nicht berührt werden dürfen."

„Vielleicht haben Sie es dann selbst aus Versehen nach unten genommen, Mrs. Glutch?"

„Ich, Sir! Das habe ich nicht. Ich konnte nicht. Warum sollte ich? Ich glaube, Sie sagten eine große Puddingform, Sir?"

„Ja, das habe ich gesagt."

„Ich habe selbst zehn große Puddingformen, Sir."

„Das freut mich sehr. Könnten Sie bitte einen Blick darauf werfen und prüfen, ob die Schüssel meiner Freunde nicht mit Ihrem Geschirr verwechselt wurde?"

Mrs. Glutch wird sehr rot im Gesicht, kratzt sich langsam an ihren muskulösen Armen, als ob sie eine Art Boxerreiz darin spürt, sieht mich mit einem Paar funkelnder Augen fest an und verlässt das Zimmer so langsam wie möglich. Ich warte und klingele – warte und klingele – warte und klingele. Nach dem dritten Warten und dem dritten Klingeln erscheint sie wieder, röter im Gesicht und langsamer im Gang als zuvor, mit dem fehlenden Gegenstand auf Armeslänge vor sich ausgestreckt .

„Verzeihen Sie, Sir", sagt sie, „aber ähnelt das irgendwie der großen Puddingform Ihrer Freunde?"

„Das ist das Becken selbst, Mrs. Glutch ."

„Im Ernst, Sir? Nun, da Sie so bestimmt wirken, steht es mir nicht zu, Ihnen zu widersprechen. Aber ich hoffe, ich werde niemanden beleidigen, wenn ich erwähne, dass ich selbst zehn große Puddingformen hatte und eine davon mir fehlt."

Mit dieser letzten geschickten Wendung gibt sie das Becken mit der Miene einer hochgesinnten Frau auf, die lieber auf ihr eigenes Eigentum verzichtet, als sich den schädlichen Zweifeln eines krankhaft misstrauischen Mannes auszusetzen. Wenn ich hinzufüge, dass die gerade beschriebene kleine Szene zwischen uns fast jeden Tag stattfindet, wird der Leser zugeben, dass Mrs. Glutch mich zwar nicht daran hindern kann, auf ihrem schmutzigen Grundstück den Schmuggelluxus eines sauberen Abendessens zu genießen, aber sie kann zumindest große Anstrengungen unternehmen, um die sekundäre Unannehmlichkeit zu erreichen, mich daran zu hindern, es zu verdauen.

Ich habe in meinem Bericht über den vorstehenden Dialog auf eine dritte Person in Gestalt einer Dienerin angespielt; und ich habe bereits zuvor (als ich den Weg für die Vorstellung meiner Wirtin ebnete) auf mich selbst angespielt, wie ich meine Studien des menschlichen Charakters in meiner Londoner Unterkunft auf jene verlassenen Mitglieder der Bevölkerung ausweitete, die man als Mädchen für alle Fälle bezeichnet. Die Mädchen – ich verwende mit Bedacht die Mehrzahl – stellen sich mir vor, um unter der mütterlichen Oberaufsicht von Mrs. Glutch als Lehrlinge für das harte Geschäft des Dienstmädchens studiert zu werden . Sie wechseln sich so schnell ab, dass ich meine gesamte Aufmerksamkeit, die ich meiner Wirtin entziehen kann, ständig auf die Erforschung ihrer Eigenheiten verwenden kann. Nach drei Wochen in der Smeary Street hatte ich bereits drei Mädchen für alle Fälle zu studieren – für jede Woche eine neue Dienerin! Bei der individuellen Besprechung der drei vor dem Leser sei mir gestattet, sie anhand ihrer Nummern statt ihrer Namen zu unterscheiden. Mrs. Glutch schreit sie alle wahllos mit dem Namen Mary an, so wie sie eine Reihe von Katzen mit dem Namen Puss anschreien würde. Obwohl ich immer über Mrs. Glutch schreibe , habe ich immer noch genug Mut, um meine eigene Individualität zu verteidigen, indem ich davon absehe, ihrem Beispiel zu folgen. Aus Gehorsam gegenüber diesen letzten Relikten unabhängiger Gefühle gestatten Sie mir daher die Freiheit, meine Mädchen für alles aufzuzählen, während ich sie auf diesen Seiten der Öffentlichkeit vorstelle.

Nummer Eins ist erstaunt über den Anblick meiner Krankheit und starrt mich immer an. Wenn ich eines Abends krank würde, in eine Apotheke ginge, um eine Flasche Medizin bat und am nächsten Morgen wieder gesund würde; oder wenn ich mich in meinem letzten Atemzug vor sie stelle und sofort in der Smeary Street sterbe, würde sie mich in jedem Fall verstehen können. Aber eine Krankheit, bei der die Medizin keine unmittelbare Wirkung zeigt und die den Patienten nicht ständig stöhnend im Bett hält, ist für sie unverständlich . Sie selbst ist sehr klein und stämmig und immer von Kopf bis Fuß mit schwarzem Puder bedeckt, der morgens besonders dick auf ihr zu liegen scheint. Wie sammelt sie das an? Wäscht sie sich mit der üblichen Waschflüssigkeit oder nimmt sie jeden Morgen ein Tauchbad unter dem Küchengitter? Ich habe Angst, ihr diese Frage zu stellen; aber ich schaffe es, sie dazu zu bringen, mit mir über andere Dinge zu sprechen. Sie sieht sehr überrascht aus, das arme Geschöpf, als ich ihr zum ersten Mal zu verstehen gebe, dass ich neben dem Befehl noch andere Worte zu sagen habe, und scheint mich für den exzentrischsten Menschen zu halten, als sie merkt, dass ich ein anständiges Bemühen habe, ihr alle nutzlose Mühe zu ersparen, mich zu bedienen. So jung sie auch ist, hat sie sich so lange auf den übelsten Wegen dieser Welt abgemüht, ohne auch nur einen Moment Muße zu haben, von dem ewigen Schmutz auf der Straße auf die grüne Landschaft um sie herum und den reinen Himmel darüber zu blicken, dass sie schon vor ihrer Reife an das traurigste aller menschlichen Schicksale abgehärtet ist. Das Leben bedeutet Drecksarbeit, geringen Lohn, harte Worte, keine Ferien, keine soziale Stellung, keine Zukunft, so ihre Erfahrung. Kein Mensch wurde je dafür geschaffen. Kein Gesellschaftszustand, der dies im Fall von Tausenden gelassen als eine der notwendigen Bedingungen seiner selbstsüchtigen Annehmlichkeiten akzeptiert, kann sich als zivilisiert ausgeben , außer unter den dreistesten aller falschen Vorwände . Diese Gedanken kommen mir oft, wenn ich klingele und das Mädchen für alles müde öffnet. Ich kann sie ihr nicht mitteilen: Ich kann sie nur dazu ermutigen, ab und zu auf einigermaßen gleichberechtigtem Niveau mit mir zu sprechen. Gerade als ich dieses Ziel erreicht habe, macht Nummer Eins alle meine Pläne und Absichten zunichte, indem sie mir mitteilt, dass sie weggeht.

Glutch beschimpft und gejagt zu werden . Die erdrückend höfliche Frau, die mich nicht ansprechen kann, ohne um Verzeihung zu bitten, kann in ihrem Vokabular keine harten Worte finden, die hart genug für das Mädchen für alles sind. „Ich habe Todesangst", sagt Nummer Eins und entschuldigt sich bei mir, dass ich das Haus verlassen habe. „Ich bin so klein und sie ist so groß. Sie wirft mir Sachen an den Kopf, das tut sie. Arbeiten Sie so hart Sie können, Sie können nicht hart genug für sie arbeiten. Ich muss gehen, wenn Sie bitte, Sir. Was glauben Sie, was sie heute Morgen getan hat? Sie ist aufgestanden und hat mir die Falten nachgeworfen ." Mit diesen Worten (die ich in vornehmem Englisch gemein finde, da Mrs. Glutch ihre letzten Befehle an die Dienerin durchgesetzt hat, indem sie ihr ein Bündel Brunnenkresse an den Kopf geworfen hat) knickst Nummer Eins und sagt „Auf Wiedersehen!" und geht resigniert wieder hinaus in die harte Welt. Ich folge ihr eine Weile in Gedanken, ohne dass es meine Stimmung besonders aufheitert – denn was sehe ich, was sie in jeder Phase ihrer Karriere erwartet? Leider ist es für Nummer Eins immer eine Gestalt, die Mrs. Glutch ähnelt .

Nummer Zwei verwirrt mich ziemlich. Ich sehe, wie sie mich ständig angrinst, und stelle mir zunächst vor, dass sie mich als eine neue Art von Hochstapler betrachtet, der Krankheit als eine Art der Unterhaltung vortäuscht. Aber bald stelle ich fest, dass sie über alles grinst – über das Feuer, das sie anzündet, über das Tischtuch, das sie zum Abendessen auflegt, über die Medizinfläschchen, die sie nach oben bringt, über das flauschige Gesicht von Mrs. Glutch , die jeden Morgen bereit ist, ganze Körbe voller Falten auf ihren Kopf zu treiben. Wenn ich sie mit dem Auge eines Künstlers betrachte, muss ich zugeben, dass Nummer Zwei, wie die Maler sagen, nicht mehr zeichnen kann. Das Längste an ihr sind ihre Arme; das Dickste an ihr ist ihre Taille. Es ist unmöglich zu glauben, dass sie überhaupt Beine hat, und es ist nicht leicht herauszufinden, welcher Ersatz verwendet wird, um zu verhindern, dass ihr großer Kopf von ihren runden Schultern rollt, da sie keinen Hals hat. Ich versuche, sie zum Reden zu bringen, aber es gelingt mir nur, sie dazu zu bringen, mich anzugrinsen. Haben unaufhörliche Schimpfwörter und unaufhörliche Drecksarbeit all das wenige Licht verdunkelt, das jemals in ihren Geist gelassen wurde? Ich vermute, dass es so ist, aber ich habe keine Zeit, irgendwelche sicheren Informationen zu diesem Thema zu erhalten. Am Ende der ersten Dienstwoche von Nummer Zwei entdeckt Mrs. Glutch zu ihrem Entsetzen und ihrer Empörung, dass das neue Mädchen für alles nichts an Kleidung besitzt, außer den abgetragenen Kleidungsstücken, die sie gerade am Leib trägt; und um die Sache noch schlimmer zu machen, vermisst eine Untermieterin im Salon eine von zwei Spitzenmanschetten und ist überzeugt, dass die Dienerin sie genommen hat. Es gibt nicht den geringsten Beweis, der diese Sichtweise des Falles stützt; aber da Nummer Zwei mittellos ist, wird sie folglich ohne Gerichtsverfahren verurteilt und ohne Zeugnis entlassen. Auch sie wandert verlassen in eine Welt, die keinen Ruhepol und keine Stimme der Begrüßung für sie hat – wandert davon, ohne auch nur ein schmutziges Bündel in der Hand – wandert davon, stimmlos, mit dem immer gleichen Grinsen auf dem schmutzbedeckten Gesicht. Wie schockiert wären wir alle, wenn wir ein Buch über ein wildes Land aufschlagen und auf dem Frontispiz ein Porträt von Nummer Zwei als Beispiel der weiblichen Bevölkerung sehen würden!

Nummer Drei kommt den ganzen Weg aus Wales zu uns; sie kommt spät am Abend an und wird am nächsten Morgen um sieben Uhr weinend auf der Türschwelle gefunden, als ob ihr das Herz brechen würde. Es ist das erste Mal, dass sie von zu Hause weg ist. Sie hat sich noch nicht daran gewöhnt, eine verlassene Ausgestoßene unter Fremden zu sein. Sie vermisst die Kühe eines Morgens, die gesegneten Felder, die im Licht des Sonnenaufgangs erstrahlen, die vertrauten Gesichter, die vertrauten Geräusche, die vertraute Sauberkeit ihres Landhauses. Hier ist nicht das leiseste Echo von Mutters Stimme oder Vaters kräftigen Schritten zu hören. Liebster John Jones ist Hunderte von Meilen entfernt; und der kleine Bruder Joe tapst weit entfernt die Türstufen hinauf, um nach dem Frühstück zu schreien , das er heute Morgen aus jemand anderem als den Händen seiner Schwester bekommen soll. Gibt es hier nichts, worüber man weinen sollte? Absolut nichts, wie Mrs. Glutch meint. Was meint diese walisische Barbarin damit, sich an mein Gartengeländer zu klammern, wenn sie das Feuer anzünden sollte; indem sie vor den Augen der Öffentlichkeit in der Smeary Street schluchzt, während die Glocken der Mieter wütend zum Frühstück läuten? Wird nichts das Mädchen ins Haus bringen? Ja, ein paar freundliche Worte von der Frau, die mit meinem Frühstück an ihr vorbeigeht, werden es schaffen. Sie weiß, dass das walisische Mädchen hungrig und heimwehkrank ist, befragt sie, findet heraus, dass sie nach ihrer langen Reise nicht zu Abend gegessen hat und dass sie es gewohnt ist, auf der Farm in Wales bei Sonnenaufgang zu frühstücken. Ein paar barmherzige Worte locken sie vom

Geländer weg, und ein wenig Essen leitet den Prozess ein, sie in den Londoner Dienst einzuarbeiten. Sie hat jedoch erst wenige Tage gebraucht, um überhaupt die Tugend der hartnäckigen Resignation zu üben . Bevor sie mir viele Gelegenheiten gegeben hat, ihren Charakter zu studieren, bevor sie ihre Stirn in der verzweifelten geistigen Anstrengung gerunzelt hat, das Geheimnis meiner Krankheit zu begreifen, bevor der Schmutz sich richtig auf ihren rosigen Wangen festgesetzt hat, bevor der Londoner Schmutz das Muster ihres hübschen bedruckten Kleides verdunkelt hat, wird auch sie in die Welt hinausgeworfen. Sie hat Mrs. Glutch nicht gepasst (da sie, wie ich mir vorstelle, zu aufdringlich sauber ist, um angemessen in die Kücheneinrichtung zu passen) – ein freundliches Mädchen für alles, das in unserer Nähe arbeitet, hat von einer Stelle für sie gehört – und sie wird sofort fortgeschickt, um in einem anderen Gasthof beschmutzt und auf ihren angemessenen gesellschaftlichen Stand heruntergestuft zu werden.

Mit ihr enden meine Studien über den Charakter von Mädchen für alle Fälle. Ich höre vage Gerüchte über die Ankunft von Nummer Vier. Aber bevor sie auftaucht, habe ich mir vom Arzt die Erlaubnis gegeben, aufs Land zu ziehen, und habe meine Erfahrungen mit Londoner Unterkünften beendet, indem ich so schnell wie möglich der ständigen Anwesenheit und Verfolgung durch Mrs. Glutch entflohen bin . Während meines Aufenthalts in der Smeary Street habe ich einige traurige Dinge erlebt, die mich Mitgefühl für meine armen und verlassenen Mitmenschen haben spüren lassen, wie ich es, glaube ich, noch nie zuvor getan habe, und die mich zum ersten Mal zweifeln ließen, ob mich nicht schlimmere Katastrophen hätten ereilen können als die Härte einer Krankheit.

CHARAKTERSKIZZEN. – II.
EIN SCHOCKIEREND UNHÖFLICHER ARTIKEL.

[Mitgeteilt von einer bezaubernden Frau.]

Bevor ich mit dem Schreiben beginne, weiß ich, dass dies in bestimmten ausgewählten Kreisen eine unpopuläre Abhandlung sein wird. Trotz dieser Überzeugung werde ich jedoch damit fortfahren, denn wenn mir etwas auf dem Herzen liegt, muss ich es auch klar sagen. Ist es danach noch notwendig, zu gestehen, dass ich eine Frau bin? Wenn ja, dann gestehe ich es – zu meinem Bedauern. Ich wäre viel lieber ein Mann.

Ich hoffe, dass sich niemand durch meinen Anfang in die Irre führen lässt und denkt, ich sei eine Verfechterin der Frauenrechte. Lächerliche Kreaturen! Sie haben schon zu viele Rechte; und wenn sie ihre geschwätzigen Zungen nicht im Zaum halten, werden die armen, verblendeten Männer ihnen eines Tages auf die Schliche kommen.

Die armen, lieben Männer! Ihre Erwähnung erinnert mich an das, was ich zu sagen habe. Ich habe in letzter Zeit an der Küste verbracht und eine Unmenge an Romanen und Zeitschriften und dergleichen gelesen. Mein Eindruck ist, dass die männlichen Autoren (die einzigen Autoren, die es wert sind, gelesen zu werden) die Angewohnheit haben, sich gegenseitig in Büchern und Artikeln usw. sehr unfair zu behandeln. Wohin ich auch schaue, ich stelle zum Beispiel fest, dass der Großteil der schlechten Charaktere in ihren ansonsten sehr reizenden Geschichten immer Männer sind. Als ob Frauen nicht viel schlimmer wären! Andererseits sind die meisten der amüsanten Narren in ihren Büchern seltsamerweise und unerklärlicherweise von ihrem eigenen Geschlecht, obwohl es völlig offensichtlich ist, dass die überwiegende Mehrheit dieser Art von Charakter in unserem zu finden ist. Während sie andererseits ihre eigene Hälfte der Menschheit (wie ich deutlich bewiesen habe) sehr viel zu schlecht darstellen, gehen sie in die entgegengesetzte Richtung und stellen unsere Hälfte sehr viel zu gut dar. Was in aller Welt meinen sie damit, uns so viel besser und hübscher darzustellen, als wir wirklich sind? Meine Güte, wenn ich sehe, was für Engel die lieben, netten, guten Männer aus ihren Heldinnen machen, und wenn ich an mich selbst und den ganzen Kreis meiner Freundinnen denke, dann ist mir ganz und gar Ekel zugefügt – wirklich.

Ich würde sehr gern auf das ganze Thema eingehen und meine Ansichten dazu in aller Ausführlichkeit darlegen. Aber ich will den Leser verschonen und mich damit begnügen, stattdessen auf einen Teil des Themas einzugehen; denn wenn man bedenkt, dass ich eine Frau bin und mir das sehr zugesteht, bin ich wirklich nicht ganz unvernünftig. Geben Sie mir ein oder zwei Seiten, und ich werde Ihnen anhand eines einzelnen und, was noch wichtiger ist, anhand des wahren Lebens zeigen, wie absurd parteiisch die männlichen Schriftsteller gegenüber unserem Geschlecht sind und wie skandalös ungerecht sie gegenüber ihrem eigenen Geschlecht sind.

Langweiler. – Ich schlage vor, dass wir als unser gegenwärtiges Beispiel nur die Charaktere der Langweiler nehmen. Wenn wir nur Männerromane, Artikel usw. lesen würden, würden wir ohne zu zögern davon ausgehen, dass alle Langweiler der Menschheit männlich sind. In Männerbüchern ist es im Allgemeinen, wenn nicht immer, ein Mann, der die langatmige Geschichte erzählt, zur falschen Zeit auftaucht und sich für jeden, mit dem er in Kontakt kommt, völlig abscheulich und unerträglich macht, ohne sich dessen im Geringsten bewusst zu sein. Wie ungerecht und, das muss ich hinzufügen, wie extrem unwahr! Frauen sind genauso schlimm oder noch schlimmer. Schauen Sie sich, meine guten Herren, einmal unvoreingenommen um und bekennen Sie sich zur Wahrheit. Meine Güte! Ist die Gesellschaft nicht voller Langweilerinnen? Warum geben Sie ihnen nicht eine Chance, wenn Sie das nächste Mal schreiben?

Zwei Beispiele: Ich werde nur zwei von Hunderten Beispielen aus meinem Bekanntenkreis anführen, die ich anführen könnte. Nur zwei: weil ich, wie ich bereits sagte, vernünftig bin, wenn es darum geht, keinen Platz wegzunehmen. Ich kann Dinge auf sehr kleinem Raum unterbringen, sowohl beim Schreiben als auch auf Reisen. Ich möchte, dass der literarische Gentleman, der dies freundlicherweise druckt (ich würde es einer Frau für keinen Preis, den man mir bieten könnte, erlauben würde), sieht, mit wie wenig Gepäck ich reise. Auf jeden Fall soll er sehen, mit wie wenig Platz ich mich auf diesen Seiten gut begnügen kann.

Meine erste Langweilerin – sehen Sie, wie schnell ich zur Sache komme, ohne auch nur eine Zeile mit einleitenden Phrasen zu verschwenden! – meine erste Langweilerin ist Miss Sticker. Ich habe nicht das geringste Problem damit, ihren Namen zu erwähnen, denn ich weiß, dass sie, wenn sie die Chance dazu hätte, genau dasselbe bei mir tun würde. Es hat keinen Sinn, die Tatsache zu verschleiern, also kann ich auch gleich gestehen, dass Miss Sticker ein Schreck ist. Es liegt mir fern, Schmerzen zu verursachen, wenn die Sache auf irgendeine Weise vermieden werden kann; aber wenn ich sagen würde, dass Miss Sticker jemals wieder vierzig wird, würde ich mich einer ungerechtfertigten Täuschung der Öffentlichkeit schuldig machen. Ich habe die stärksten denkbaren Einwände gegen die Erwähnung des Wortes Unterröcke; aber wenn dies die einzig mögliche Beschreibung von Miss Stickers Figur ist, die eine wahre Vorstellung von ihrer Natur und Zusammensetzung vermittelt, was soll ich dann tun? Vielleicht sollte ich besser aufhören, das persönliche Erscheinungsbild des armen Dings zu beschreiben. Ich werde in immer größere Schwierigkeiten geraten, wenn ich versuche, weiterzumachen. Als ich das letzte Mal in ihrer Gesellschaft war, schlenderten wir in Begleitung des Mannes meiner Schwester durch die Regent Street. Als wir an einem Friseurladen vorbeikamen, schaute der liebe, einfache Mann hinein und fragte mich, wozu die langen Haarschwänze da seien, die er in den Fenstern hängen sah. Miss Sticker, die arme Seele, war an seinem Arm und hörte, wie er die Frage stellte. Ich dachte, ich wäre hingefallen.

Das ist, glaube ich, das, was man einen Exkurs nennt. Ich werde es jedoch dabei belassen, weil es dem aufmerksamen Leser wahrscheinlich erklären wird, warum ich das Thema – das dürftige Thema, würde ein böswilliger Mensch sagen – von Miss Stickers Haar sorgfältig vermeide. Nehmen wir an, ich gehe zu dem über, was wichtiger mit dem Thema dieser Seiten zusammenhängt – nehmen wir an, ich beschreibe als nächstes Miss Stickers Charakter.

ein äußerst vernünftiger Mann bemerkt, dass ein Langweiler eine Person mit einer einzigen Idee ist. Genau so. Miss Sticker ist eine Person mit einer einzigen Idee. Unglücklicherweise für die Gesellschaft ist sie der Ansicht, dass sie aufgrund der Gesetze der Höflichkeit verpflichtet ist, sich an jedem Gespräch zu beteiligen, das gerade in Hörweite stattfindet. Sie hat keine Ideen, keine Informationen, keinen Sprachfluss, kein Taktgefühl, keine Fähigkeit, das richtige Wort zur richtigen Zeit zu sagen, auch nicht zufällig. Und doch *wird sie* sich unterhalten, wie sie es nennt. „Eine Dame, meine Liebe, wird in der Gesellschaft zu einer bloßen Null, wenn sie sich nicht unterhalten kann." So drückt sie es aus; und ich muss zutiefst bedauern, hinzufügen zu müssen, dass sie eine der wenigen Personen ist, die predigen, was sie praktizieren . Ihre Vorgehensweise besteht zunächst darin, das Gespräch durch eine Bemerkung zu unterbrechen, die in keinerlei Zusammenhang mit dem besprochenen Thema steht. Dann beendet sie es vollständig, indem ihr plötzlich ein bestimmtes Wort fehlt, das niemand vorschlagen kann. Schließlich gibt sie das Wort auf; ein anderes Thema wird verzweifelt angesprochen; und die Gesellschaft interessiert sich sehr dafür. Genau in diesem Moment findet Miss Sticker das verlorene Wort, schreit es triumphierend mitten ins Gespräch und zerstreut damit das zweite Thema in alle Winde, genau wie sie bereits das erste zerstreut hat.

Als ich das letzte Mal bei meiner Tante war – ich erwähne dies nur als Beispiel –, traf ich Miss Sticker dort an und drei entzückende Männer. Einer war ein Geistlicher der guten alten Portweinschule mit den purpurnen Gesichtern. Die anderen beiden hätten militärisch ausgesehen, wenn einer von ihnen nicht Ingenieur und der andere Zeitungsredakteur gewesen wäre. Wir hätten uns ganz entzückt unterhalten können, wenn die Langweilerin nicht anwesend gewesen wäre. Irgendwie – ich habe vergessen, wie – kamen wir auf das Thema Kreditgewährung und Schuldentilgung zu sprechen, und der liebe alte Geistliche mit seinen funkelnden Augen und seiner fröhlichen Stimme erzählte uns eine berufliche Anekdote zu diesem Thema.

"Apropos", begann er, "ich habe neulich zum dritten Mal einen Mann geheiratet. Einen Mann aus meiner Gemeinde. Ein hervorragender Cricketspieler, als er noch jung genug zum Laufen war. 'Wie hoch ist Ihr Honorar?', sagt er. 'Genehmigte Heirat?', sage ich; 'Guinea natürlich.' - 'Ich muss Ihnen in drei Wochen Ihren Zehnten bringen, Sir', sagt er; 'geben Sie mir bis dahin Zeit.' 'In Ordnung', sage ich und heiratete ihn. In drei Wochen kommt er und zahlt seinen Zehnten wie ein Mann. 'Nun, Sir', sagt er, 'was ist mit diesem Heiratshonorar, Sir? Ich hoffe wirklich, Sie lassen mich freundlicherweise zum halben Preis davonkommen, denn dieses Mal habe ich einen bitterbösen Kerl geheiratet. Ich habe eine halbe Guinee bei mir, Sir, wenn Sie sie nur nehmen würden. Sie ist keinen Pfennig mehr wert – auf mein Wort, das ist sie nicht, Sir!' Ich sah ihm fest ins Gesicht, sah zwei Kratzer darauf und nahm die halbe Guinee, mehr aus Mitleid als aus irgendeinem anderen Grund. Eine Lehre für mich. Heirate nie wieder einen Mann auf Kredit, solange ich lebe. Bezahle bei allen zukünftigen Gelegenheiten bar – Anzahlung oder keine Heirat!"

Während er sprach, hatte ich Miss Sticker im Auge. Dank des Mittagessens, das auf dem Tisch stand, war sie körperlich nicht in der Lage, sich zu „unterhalten", während unser ehrwürdiger Freund seine humorvolle kleine Anekdote erzählte. Gerade als er es getan hatte und der Herausgeber der Zeitung das Thema aufgriff, aß sie ihr Hühnchen auf und drehte sich vom Tisch um.

„Cash down, mein lieber Herr, wie Sie sagen", fuhr der Redakteur fort. „Sie beschreiben genau unser großes Handlungsprinzip in der Presse. Mit Zeitungsabonnenten passieren die außergewöhnlichsten und amüsantesten Dinge –"

„Ah, die Presse!", platzte Miss Sticker heraus und begann zu reden. „Was für eine wunderbare Maschine! Und wie dankbar sollten wir sein, wenn wir jeden Morgen so regelmäßig zum Frühstück die Zeitung bekommen. Die einzige Frage ist – zumindest denken das viele Leute – ich meine, was die Presse betrifft, ist die einzige Frage, ob sie …"

Hier verlor Miss Sticker das nächste Wort und die ganze Gesellschaft musste danach suchen.

„Was die Presse betrifft, ist die einzige Frage, ob sie – oh je, du meine Güte, du meine Güte!" rief Miss Sticker und hob verzweifelt beide Hände, „was ist das für ein Wort?"

„Billiger?", schlug unser ehrwürdiger Freund vor. „Verdammt, Ma'am! Das kann kaum sein, wenn es schon auf einen Penny runter ist."

„O nein, nicht billiger", sagte Miss Sticker.

„Unabhängiger?", fragte der Redakteur. „Wenn Sie das meinen, dann fordere ich jeden heraus, der furchtlosere Korruptionsenthüllungen findet –"

„Nein, nein!", rief Miss Sticker in einem Anflug höflicher Verwirrung. „Das habe ich nicht gemeint. Unabhängiger war nicht das richtige Wort."

„Besser gedruckt?" schlug der Ingenieur vor.

„Auf besserem Papier?", fügte meine Tante hinzu.

„Das geht nicht – wenn Sie die Billigpresse meinen – das geht nicht wegen des Geldes", warf der Herausgeber gereizt ein.

„Oh, aber das ist es nicht!", fuhr Miss Sticker fort und rang ihre knochigen Finger mit den scheußlichen schwarzen Handschuhen daran. „Ich wollte nicht sagen, besser gedruckt oder besseres Papier. Ich meinte nur ein Wort, nicht zwei. – Was die Presse betrifft", fuhr Miss Sticker fort und wiederholte ihre eigenen lächerlichen Worte sorgfältig, um ihr Gedächtnis zu stützen, „ist die einzige Frage, ob es so sein sollte – Meine Güte, wie außergewöhnlich! Nun, nun, egal: Ich bin völlig schockiert und schäme mich. Bitte, reden Sie weiter und beachten Sie mich nicht."

Es war ganz gut zu sagen: „Reden Sie weiter", aber die amüsante Geschichte des Herausgebers über Zeitungsabonnenten war inzwischen auf fatale Weise unterbrochen worden. Wie üblich hatte uns Miss Sticker mitten im Satz unterbrochen. Der Ingenieur unterbrach rücksichtsvoll das Schweigen, indem er ein anderes Thema ansprach.

„ Auf Ihrem Tisch liegen einige Hochzeitskarten", sagte er zu meiner Tante, „die ich sehr gerne dort sehe. Der Bräutigam ist ein alter Freund von mir. Seine Frau ist wirklich eine Schönheit. Wissen Sie, wie er sie kennengelernt hat? Nein? Es war ein ziemliches Abenteuer, das versichere ich Ihnen. Eines Abends war er mit der Brighton Railway unterwegs; der letzte Zug. Ein hübsches Mädchen im Waggon; unser Freund Dilberry war von ihr sehr beeindruckt. Er brachte sie nach langer Zeit mit großer Mühe zum Reden. Eine halbe Stunde vor Brighton lächelt das hübsche Mädchen und sagt zu unserem Freund: ‚Werden wir jetzt sehr lange brauchen, Sir, bis wir in Gravesend ankommen?' Verwirrung an diesem schrecklichen London Bridge Endbahnhof. Dilberry erklärte, dass sie in einer halben Stunde in Brighton sein würde, woraufhin das hübsche Mädchen sofort und gebührend in Tränen ausbrach. ‚Oh, was soll ich tun! Oh, was werden meine Freunde denken!' Zweite Tränenflut. – ‚Angenommen, Sie telegraphieren?' sagt Dilberry beruhigend.—'Oh, aber ich weiß nicht wie!', sagt das hübsche Mädchen. Dilberrys Brieftasche kommt heraus. Schlaues Ding! Er wusste jetzt, wer ihre Freunde waren. 'Bitte, lass mich dir die nötige Nachricht

schreiben', sagt Dilberry . 'An wen soll ich mich in Gravesend wenden?'—
'Mein Vater und meine Mutter wohnen dort bei Freunden', sagt das hübsche
Mädchen. 'Ich habe eine Tageskarte besorgt und als ich zum Bahnhof
zurückkam, sah ich eine Menschenmenge, die alle in eine Richtung fuhren,
und ich war in Eile und verängstigt, und niemand sagte mir Bescheid, und es
war spät am Abend, und die Glocke läutete, und, oh Himmel! Was wird aus
mir werden!' Dritter Tränenausbruch.—'Wir werden deinem Vater ein
Telegramm schicken', sagt Dilberry . 'Bitte, mach dir keine Sorgen. Sag mir
nur, wer dein Vater ist.'—'Tausend Dank', sagt das hübsche Mädchen, 'mein
Vater ist—'"

" ANONYM! " ruft Miss Sticker und bringt ihr verlorenes Wort mit einem
wahren Triumphschrei hervor. "Wie froh bin ich, dass ich mich endlich
daran erinnert habe! Meine Güte", ruft die Langweilerin aus, ohne zu
merken, dass sie die Geschichte des Ingenieurs zu einem abrupten Ende
gebracht hat, indem sie seiner verzweifelten Jungfrau einen anonymen Vater
gegeben hat. "Meine Güte! Worüber lacht ihr alle? Ich wollte nur sagen, dass
die Frage in Bezug auf die Presse war, ob sie anonym sein sollte. Was in aller
Welt soll daran denn lachen? Ich verstehe den Witz wirklich nicht."

Und diese Frau kommt ungeschoren davon, während vergleichsweise
unschuldige Männer in einem Roman nach dem anderen, zu Dutzenden
gleichzeitig, lächerlich gemacht werden! Wann werden die irregeführten
männlichen Autoren endlich mein Geschlecht in seinem wahren Gesicht
erkennen und es entsprechend beschreiben? Wann wird Miss Sticker ihren
angemessenen Platz in der englischen Literatur einnehmen?

Meine zweite langweilige Frau ist dieses abscheuliche Geschöpf, Mrs.
Tincklepaw . Wo, auf der ganzen interessanten Oberfläche der männlichen
Menschheit (einschließlich Kannibalen), wo ist der Mann zu finden, den man
nicht skandalös in einem Atemzug mit Mrs. Tincklepaw nennen könnte ?
Das große Vergnügen am Leben dieser schockierenden Frau besteht darin,
mit ihrem Mann zu streiten (armer Mann, er hat mein wärmstes Mitgefühl
und meine besten Wünsche) und den Streit dann mit nach Hause zu nehmen
und ihn in einer Reihe kurzer, boshafter Anspielungen an der Gesellschaft
im Allgemeinen auszulassen . Mrs. Tincklepaw ist das genaue Gegenteil von
Miss Sticker. Sie ist eine sehr kleine Frau; sie ist (und das ist noch
beschämender für sie, wenn man bedenkt, wie sie sich verhält) jung genug,
um Miss Stickers Tochter zu sein; und sie hat eine Art bissigen Takt,
unschuldige Menschen unter allen möglichen Umständen zu beunruhigen,
was sie (beschämenderweise) von der armen, schwachsinnigen langweiligen
Frau unterscheidet, die dem Leser bereits vorgestellt wurde. Hier sind einige
Beispiele (allesamt meinen eigenen Beobachtungen entnommen) für die Art
und Weise, wie Mrs. Tincklepaw es schafft, ihre harmlosen Mitgeschöpfe zu
verfolgen, wo immer sie ihnen begegnet:

Nehmen wir an, ich gehe spazieren und treffe zufällig Mr. und Mrs. Tincklepaw . (Übrigens lässt sie ihren Mann nie aus den Augen – er ist für die Ausführung ihrer Pläne kleiner Qualen zu wichtig. Und was für ein edles Geschöpf, um für einen so niederen Zweck benutzt zu werden! Er ist 1,88 m groß und zeichnet sich außerdem durch eine herrliche und majestätische Robustheit aus, die nichts mit dem vergleichsweise komischen Element Fett zu tun hat. In Anbetracht dessen, was für eine Frau er hat, ist sein Wesen unentschuldbar sanftmütig und geduldig. Statt ihr zu antworten, streichelt er seinen prächtigen flachsblonden Backenbart und blickt resigniert zum Himmel auf. Manchmal bilde ich mir ein, er stehe zu hoch, um zu hören, was seine Zwergfrau sagt. Um seinetwillen, des armen Mannes, hoffe ich, dass diese Sicht der Dinge die richtige ist.)

Ich fürchte, ich habe mich in einer langen Klammer verloren. Wo war ich? O! Ich war spazieren und traf zufällig Mr. und Mrs. Tincklepaw . Sie hatte zu Hause Streit mit ihrem Mann und so schafft sie es, mich darüber zu informieren.

„Herrliches Wetter, Liebling, nicht wahr?", sage ich, als wir uns die Hand geben.

„Wirklich bezaubernd", sagt Mrs. Tincklepaw . „Weißt du, Liebling, ich bin so froh, dass du diese Bemerkung zu mir und nicht zu Mr. Tincklepaw gemacht hast ?"

„Wirklich?", frage ich. „Bitte, sagen Sie mir, warum?"

Tincklepaw gesagt hätten, es sei ein schöner Tag , ich so große Angst gehabt hätte, dass er Sie direkt anstarrt und sagt: ‚Scheiße! Reden Sie von etwas, dem es sich anzuhören lohnt, wenn Sie überhaupt reden.' Was für eine Liebe Sie für einen Hut haben! Und wie gern wäre Mr. Tincklepaw heute bei Ihnen zu Hause geblieben, als Sie sich fertig machten, auszugehen. Er hätte so geduldig auf Sie gewartet, Liebes. Er wäre nie im Gang gestampft und niemals wären Worte wie ‚Hol der Teufel die Frau! Wird sie mich den ganzen Tag hier halten?' über seine Lippen gekommen. Nicht so, Liebes! Schauen Sie sich nicht die Geschäfte an, während Mr. Tincklepaw bei uns ist. Er könnte sagen: ‚Ach, Mist! Sie wollen immer etwas kaufen!' Das möchte ich nicht. Oder Sie, Liebes?"

Noch einmal: Nehmen wir an, ich treffe Mr. und Mrs. Tincklepaw bei einem Abendessen zu Ehren einer Braut und eines Bräutigams. Von dem Augenblick an, als sie das Haus betritt, lässt Mrs. Tincklepaw das junge Paar nicht aus den Augen. Sie betrachtet sie mit einem Ausdruck herzzerreißender Neugier. Wenn sie zufällig miteinander sprechen, unterbricht sie sofort jedes Gespräch, das sie gerade führt, und hört ihnen mit trauriger Begierde zu. Wenn die Damen sich zurückziehen, drängt sie die Braut in eine Ecke, nimmt sie für den Rest des Abends für sich und verfolgt die elende junge Frau auf diese Weise:

„Darf ich fragen, ist dies Ihr erstes Abendessen, seit Sie zurückgekommen sind?"

„ O nein! Wir sind seit einigen Wochen in der Stadt."

„Tatsächlich? Ich hätte wirklich gedacht, dass dies Ihr erstes Abendessen war."

„Sollten Sie? Ich kann mir nicht vorstellen, warum."

„Wie seltsam, wenn der Grund doch so klar ist! Ich habe Sie die ganze Essenszeit über beobachtet, wie Sie aßen und tranken, was Sie wollten, ohne Ihren Mann um Anweisungen zu bitten. Ich habe nichts Aufsässiges in Ihrem Gesicht gesehen, als Sie all diese schönen Süßigkeiten zum Nachtisch gegessen haben. Meine Güte, meine Güte! Verstehen Sie das denn nicht? Wollen Sie damit wirklich sagen, dass Ihr Mann noch nicht angefangen hat? Hat er nicht gesagt, als Sie heute hierherfuhren : ‚Passen Sie auf, ich werde nicht noch eine Nacht in meiner Nachtruhe versinken, nur weil Sie sich immer wieder mit Füllcremes und Süßigkeiten und dergleichen krank machen?'" Nein!!! Meine Güte, was für ein seltsamer Mensch muss er sein! Vielleicht wartet er, bis er wieder zu Hause ist? Ach, komm, komm, du willst mir doch nicht erzählen, dass er dich nicht furchtbar anschreit, weil er jedes deiner Gläser mit Wein gefüllt hat und dann keinen Tropfen davon anrührt, sondern stattdessen kaltes Wasser verlangt, und zwar direkt neben dem Hausherrn? Wenn er einmal „verfluchte Perversität und Mangel an Taktgefühl" sagt, dann sagt er es, das weiß *ich* , ein Dutzend Mal. Und dass er dir im Flur aufs Kleid tritt und dich dann vor dem Diener schikaniert, weil er es nicht hochhält, ist zu gewöhnlich, um es zu erwähnen – oder nicht? Ist dir Mr. Tincklepaw besonders aufgefallen? Ah, das hast du, und du dachtest, er sähe gutmütig aus? Nein! Nein! Sag nichts mehr; sag nicht, dass du es besser weißt, als auf den Schein zu vertrauen. Bitte verabschiede dich von allem gesunden Menschenverstand und aller Erfahrung und vertraue auf den Schein, ohne an seine unveränderlichen Folgen zu denken. Betrug, dieses eine Mal. Tu *mir den Gefallen, Liebling* ."

Ich könnte Seiten mit ähnlichen Beispielen der Manieren und der Unterhaltung dieser unerträglichen, langweiligen Frau füllen. Ich könnte ihrem Charakter und dem von Miss Sticker andere ebenso ärgerliche Charaktere hinzufügen, ohne meine Nachforschungen auch nur einen Zoll über den Kreis meiner eigenen Bekannten hinaus auszudehnen. Aber ich bleibe meinem unweiblichen Entschluss treu, so kurz zu schreiben, als wäre ich ein Mann; und ich glaube, ich habe bereits genug gesagt, um zu zeigen, dass ich meinen Standpunkt beweisen kann. Wenn eine Frau wie ich ohne das geringste Zögern oder die geringste Schwierigkeit zwei Beispiele von langweiligen Frauen wie die, die ich gerade gezeigt habe, vorlegen kann, kann jeder unvoreingenommene Leser die zusätzliche Zahl, die sie aus ihrer Liste auswählen könnte, nach kurzer, gründlicher Überlegung logisch erschließen.

In der Zwischenzeit hoffe ich, dass mir mein derzeitiges Vorhaben so gut gelungen ist, dass unser nächster großer Satiriker innehält, bevor auch er seine harmlosen Mitmenschen angreift, und seinen vernichtenden Blick auf unser Geschlecht richtet. Mögen alle aufstrebenden jungen Herren, die sich den Kopf zerbrechen, um etwas Originelles zu finden, den rechtzeitigen Hinweis beherzigen, den ich ihnen auf diesen Seiten gegeben habe. Lassen Sie uns eine neue fiktive Literatur schaffen, in der nicht nur die Langweiler Frauen sind, sondern auch die Bösewichte. Sehen Sie sich Shakespeare an — sehen Sie sich, bitte, Shakespeare an. Wer trägt die größte Schuld an dieser schockierenden Geschichte des Mordes an König Duncan? Lady Macbeth, ganz bestimmt! Sehen Sie sich König Lear an, mit einer kleinen Familie aus nur drei Töchtern, und zwei der drei sind Elende; und selbst die dritte ist ein nerviges Mädchen, das im ersten Akt aus reinem Widerspruch nicht gewöhnlich höflich zu seinem eigenen Vater sein kann, weil ihre älteren Schwestern zufällig vor ihr höflich waren. Schauen Sie sich Desdemona an, die sich in einen scheußlichen kupferfarbenen Ausländer verliebt und ihn dann wie eine Narrin dazu bringt, sie zu ersticken, anstatt ihn zu bändigen. Ach! Shakespeare war ein großer Mann und kannte unser Geschlecht und hatte keine Angst, zu zeigen, dass er es kannte. Was für ein Segen wäre es, wenn einige seiner literarischen Brüder in der heutigen Zeit genug Mut aufbringen könnten, seinem Beispiel zu folgen!

Ich hätte fünfzig verschiedene Dinge zu sagen, aber ich werde zum Schluss nur eines davon erwähnen. Wenn es irgendwie dazu beitragen würde, die literarische Reform, die ich befürworte, voranzutreiben, indem ich die Charaktere von Miss Sticker und Mrs. Tincklepaw modernen Romanautoren schenke, werde ich mit Freude auf alle Eigentumsrechte an diesen beiden abscheulichen Frauen verzichten. Gleichzeitig halte ich es für fair zu erklären, dass ich, wenn ich von modernen Autoren spreche, nur männliche Autoren meine. Ich möchte nichts Unhöfliches zu den Damen sagen, die Bücher schreiben, deren Ergüsse männlichen Lesern nach der Regel der Gegensätze überaus angenehm sein können; aber ich verbiete ihnen ausdrücklich, Hand an meine beiden Charaktere zu legen. Ich bin entzückt, den Männern in literarischer Hinsicht von Nutzen zu sein, aber ich lehne es absolut ab, mich mit den Frauen einzulassen. Sie müssen keine Angst haben, sie zu beleidigen, wenn Sie diesen offenen Ausdruck meiner Absichten drucken. Verlassen Sie sich darauf, sie werden alle ihrerseits erklären, dass sie lieber nichts mit *mir zu tun haben möchten* .

ECKEN UND WÄNDE DER GESCHICHTE.

II.
DIE GROSSE (VERGESSENE) INVASION.

PRÄAMBEL.

Es geschah vor etwa sechzig Jahren; es war eine französische Invasion; und sie fand tatsächlich in England statt. Tausende von Menschen leben heute noch, die sich genau daran erinnern sollten. Und doch ist es vergessen worden. In diesen Zeiten, in denen die französische Invasion, die kommen *könnte* , ständig in der Öffentlichkeit und im Privaten als Diskussionsthema auftaucht, wird die französische Invasion, die tatsächlich *stattfand* , nicht einmal mit einem flüchtigen Wort der Erwähnung gewürdigt . Die neue Generation weiß nichts davon. Die alte Generation hat es achtlos vergessen. Das ist entehrend und muss wieder in Ordnung gebracht werden; das ist eine gefährliche Sicherheit und muss gestört werden; das ist eine Lücke in der modernen Geschichte Englands und sie muss gefüllt werden.

Väter und Mütter, lest und lasst euch erinnern; britische Jugendliche und Mädchen, lest und lasst euch informieren. Hier folgt die wahre Geschichte der großen vergessenen Invasion Englands am Ende des letzten Jahrhunderts; unterteilt in Szenen und Zeiträume und sorgfältig abgeleitet aus bewiesenen und schriftlich festgehaltenen Fakten, die in Kellys History of the Wars festgehalten sind:

I. DIE FRANZÖSISCHE INVASION VON ILFRACOMBE AUS GESEHEN.

Am 22. Februar des Jahres 1797 blickten die Einwohner von Nord-Devonshire in Richtung Bristolkanal und sahen die französische Invasion auf vier Schiffen näherkommen.

Das Direktorium der Französischen Republik hatte diese Inseln schon vor einiger Zeit bedroht; aber da die Vorgehensweise dieses Regierungsorgans in den meisten anderen Angelegenheiten von viel Gerede und wenig Taten geprägt war , bestand keine große Befürchtung, dass sie ihre erklärten Absichten in Bezug auf dieses Land wirklich umsetzen würden. Der Krieg zwischen den beiden Nationen beschränkte sich zu dieser Zeit auf Marineoperationen, bei denen die Engländer ausnahmslos die Oberhand über die Franzosen gewannen. Nord-Devonshire (wie auch der Rest Englands) war sich dessen bewusst und vertraute blind auf unsere Vorherrschaft über die Meere. Nord-Devonshire stand am Morgen des 22. Februar auf, ohne einen Gedanken an die Invasion zu verschwenden; Nord-Devonshire blickte auf den Bristolkanal, und dort — trotz unserer Vorherrschaft über die Meere — war die Invasion in voller Größe.

Von den vier Schiffen, die das Direktorium zur Eroberung Englands ausgesandt hatte, waren zwei Fregatten und zwei kleinere Schiffe. Diese beeindruckende Flotte segelte vor einer von Panik ergriffenen, schutzlosen Küste entlang und schien den ersten Versuch mit der Invasion in Ilfracombe zu wagen. Der Befehlshaber der Expedition brachte seine Schiffe vor den Hafen , versenkte einige Küstenschiffe, bereitete sich darauf vor, den Rest zu vernichten, überlegte es sich dann aber anders und richtete seine vier kriegerischen Heckschiffe plötzlich auf unerklärliche Weise auf Nord-Devonshire. Die Geschichte schweigt über die Ursache dieser abrupten und eigenartigen Änderung der Absicht. Handelte der Anführer der Invasoren aus purer Unentschlossenheit? Misstraute er der Hotelunterkunft in Ilfracombe? Hatte er von der Clotted Cream of Devonshire gehört und befürchtete er die gallige Desorganisation der gesamten Armee, wenn sie einmal in die Reichweite dieser köstlichen Köstlichkeit kämen? Dies sind wichtige Fragen, auf die es jedoch keine zufriedenstellende Antwort gibt. Die Motive, die den Befehlshaber der einfallenden Franzosen antrieben, sind in Vergessenheit geraten: Nur die Tatsache bleibt, dass er Ilfracombe verschonte. Das letzte Mal, dass man ihn von Nord-Devonshire aus sah, segelte er unbarmherzig zur ergebenen Küste von Wales hinüber.

II. Die französische Invasion aus der Sicht der Waliser im Allgemeinen.

In einer Hinsicht kann man sagen, dass Wales im Vergleich zu Nord-Devonshire im Vorteil war. Die große Tatsache der französischen Invasion war in Ilfracombe plötzlich ausgebrochen; an der Küste von Pembrokeshire dämmerte es ihm jedoch nur allmählich . Während seiner Fahrt durch den Bristolkanal war dem Expeditionskommandanten offenbar in den Sinn gekommen, dass ihm ein wenig diplomatische Täuschung am Anfang letztlich von Vorteil sein könnte. Er beschloss daher, seinen wahren Charakter vor den Augen der Waliser zu verbergen; und als seine vier Schiffe zum ersten Mal von den Höhen über Saint Bride's Bay aus gesichtet wurden, fuhren sie alle unter britischer Flagge .

Es gibt in Wales wie überall auf der Welt Männer, die man einfach nicht zufriedenstellen kann. Und auf den Höhen von Saint Bride's gab es Zuschauer, die diesmal mit den britischen Flaggen nicht zufrieden waren, weil sie Zweifel an den Schiffen hatten, die sie trugen. In den Augen dieser Skeptiker hatten alle vier Schiffe ein unangenehm französisches Aussehen und manövrierten auf unangenehm französische Art. Kluge Waliser entlang der Küste versammelten sich zu zweit und zu dritt, setzten sich auf die Höhen, schauten aufs Meer hinaus, schüttelten ihre Köpfe und hegten Misstrauen. Aber die Mehrheit sah wie üblich nichts Außergewöhnliches, wo nichts Außergewöhnliches beabsichtigt zu sein schien. Und das Land war noch nicht in Alarmbereitschaft. Die vier Schiffe segelten weiter, bis sie Saint

David's Head umrundeten, und segelten dann einige Meilen weiter nach Norden. Dann machten sie Halt und ankerten allein in der Cardigan Bay.

Auch hier stellt sich eine weitere schwierige Frage, die die widerspenstige Geschichte einmal mehr nicht lösen will. Kaum hatte man die Franzosen dabei beobachtet, wie sie in Cardigan Bay ihre einzelnen Anker warfen, als man sie auch schon wieder einholte und weitersegelte. Warum? Der Kommandant der Expedition hatte bereits in Ilfracombe gezweifelt – zweifelte er in Cardigan Bay erneut? Oder brauchte er nur Zeit, um seine Pläne auszuarbeiten? Und war es eine Eigenart seiner Natur, dass er immer erst vor Anker gehen musste, bevor er in Ruhe nachdenken konnte? Für dieses Rätsel gibt es, wie für das Rätsel in Ilfracombe, keine Lösung. Und hier wie dort ist nichts mit Sicherheit bekannt, außer dass der Franzose innehielt – drohte – und dann weitersegelte.

III. VON EINEM BESTIMMTEN WALISER UND VON DEM, WAS ER SAH.

Er war der einzige Mann in Großbritannien, der die Landung der Invasionsarmee an unseren Heimatküsten miterlebte – und sein Name ist verloren gegangen.

Es ist bekannt, dass er Waliser war und der unteren Bevölkerungsschicht angehörte. Er könnte noch am Leben sein – dieser Mann, der mit einer Krise in der englischen Geschichte in Verbindung steht, könnte noch am Leben sein – und niemand hat ihn entdeckt; niemand hat sein Foto gemacht; niemand hat eine freundliche biografische Notiz über ihn geschrieben; niemand hat ihn zu einem Unterhaltungskünstler gemacht; niemand hat eine Gedenkfeier für ihn abgehalten; niemand hat ihm ein Ehrenzeichen überreicht, ihn durch eine Spende entlastet oder eine Rede an ihn gehalten. In diesen aufgeklärten Zeiten kann diese kurze Aufzeichnung ihn nur hervorheben und ihn individuell auszeichnen – als den Helden der Invasion. Das ist Ruhm.

Der Held der Invasion stand oder saß – denn selbst zu diesem wichtigen Punkt schweigt die Überlieferung – auf den Klippen der walisischen Küste in der Nähe der Kirche von Lanonda , als er sah, wie die vier Schiffe in die Bucht unter ihm einfuhren und vor Anker gingen – diesmal ohne Anzeichen, wieder unter Wasser zu geraten . Die englischen Flaggen , unter denen die Expedition bisher versucht hatte, die Bevölkerung der Küste zu täuschen, wurden nun eingeholt und an ihrer Stelle kühn die bedrohliche Flagge Frankreichs gehisst. Danach wurden die Boote zu Wasser gelassen, mit wilden Soldaten gefüllt und direkt auf den Strand zugesteuert.

Es ist belegt, dass der Held der Invasion dies deutlich gesehen hat; und es ist *nicht* belegt, dass er weggelaufen ist. Ehre dem unbekannten Tapferen! Ehre dem einsamen Waliser, der der französischen Armee gegenüberstand!

Die Boote kamen direkt zum Strand – die wilden Soldaten sprangen auf englischen Boden und strömten die Klippen hinauf, dürstend nach der Unterwerfung der britischen Inseln. Der Held der Invasion, der einsam auf den Klippen Wache hielt, sah die Franzosen unter sich heraufkriechen – sie warfen ihre Musketen vor sich her – und kletterten mit der kühlen Berechnung einer Armee von Schornsteinfegern – flink wie der Affe, geschmeidig wie der Tiger, verstohlen wie die Katze – hungrig nach Beute, Blutvergießen und walisischem Hammelfleisch – ohne jeglichen Respekt vor der britischen Verfassung – eine Armee von Invasoren im Land des Habeas Corpus!

Der Waliser sah das und verschwand. Ob er mit geballter Faust wartete, bis der Kopf des vordersten Franzosen parallel zur Felswand aufragte, oder ob er einen großen Vorsprung erlangte, indem er die Armee bis zur Hälfte der Klippe vorrücken ließ und sich dann landeinwärts zurückzog, um Alarm zu schlagen – ist, wie jeder andere Umstand im Zusammenhang mit dem Helden der Invasion, höchst fraglich. Es ist nur bekannt, dass er überhaupt entkommen konnte, weil nicht *bekannt ist* , dass er gefangen genommen wurde. Er verabschiedet sich hier von uns, der Schatten eines Schattens, die ungreifbarste aller historischen Erscheinungen. Ehre dennoch dem schlauen Tapferen! Ehre dem einsamen Waliser, der sich der französischen Armee stellte, ohne erschossen zu werden, und sich aus der französischen Armee zurückzog, ohne gefasst zu werden!

IV. WAS DIE INVASOREN TATEN, ALS SIE AN LAND KAMEN.

Die Kunst der Invasion hat wie andere Künste ihre Routine, ihre Gesetze, Sitten und Gebräuche. Und die französische Armee handelte streng nach etablierten Präzedenzfällen. Das erste, was die ersten Männer taten, als sie die Spitze der Klippe erreichten, war, ein Licht anzuzünden und die Ginsterbüsche in Brand zu setzen. Während das nationale Gefühl diese Zerstörung von Eigentum beklagt, sieht die unvoreingenommene Geschichte gelassen zu. Wenn eine Invasion die Ursache ist, folgt nach allen bekannten Regeln das Feuer als Folge. Wenn eine Armee von Engländern unter ähnlichen Umständen in Frankreich einmarschiert wäre, hätten sie ihrerseits zwangsläufig damit begonnen, etwas in Brand zu setzen; und die unvoreingenommene Geschichte hätte auch in diesem Fall gelassen zugesehen.

Während die Ginsterbüsche brannten, gingen die übrigen Invasoren – durch den Anblick der Flammen vom bisherigen Erfolg ihrer Gefährten überzeugt – an Land und strömten die Felsen hinauf. Als sie sich schließlich auf dem Gipfel der Klippe versammelten, bestand die Armee aus vierzehnhundert Mann. Dies war die gesamte Streitmacht, die das Direktorium der Französischen Republik für wünschenswert hielt, um Großbritannien zu unterwerfen . Die Geschichte wird, solange sie sich der Ergebnisse nicht sicher ist, keine Meinung über die Weisheit dieses Vorgehens abgeben. Sie weiß, dass in der Politik nichts abstrakt voreilig, grausam, verräterisch oder schändlich ist – sie weiß, dass Erfolg der einzige Prüfstein für Verdienst ist – sie weiß, dass der Mann, der scheitert, verächtlich und der Mann, der Erfolg hat, berühmt ist, ohne Rücksicht auf die in beiden Fällen verwendeten Mittel, auf den Charakter der Männer oder auf die Art der Motive, aus denen sie möglicherweise zur Tat schritten. Wenn die Invasion erfolgreich ist, wird die Geschichte sie als Heldentat würdigen; wenn sie scheitert, wird sie sie als Torheit verurteilen.

Es wurde gesagt, dass die Invasion ehrenhaft begann, gemäß den Regeln, die für alle Eroberungen gelten. Sie befolgte diese Regeln mit der lobenswertesten Regelmäßigkeit. Nachdem sie mit dem Anzünden von Feuer begonnen hatte, ging sie im Lauf der Zeit dazu über, die anderen Hauptziele aller Invasionen zu erreichen, nämlich Stehlen und Töten – wobei ersteres viel und letzteres wenig geschah. Zwei unbesonnene Waliser, die darauf beharrten, ihre einheimischen Lauchgewächse zu verteidigen, erlitten dementsprechende Verluste; die übrigen verloren nichts außer ihren nationalen Lebensmitteln und ihrem nationalen Flanell. An diesem ersten Tag der Invasion, als die Armee mit dem Plündern fertig war, können die Ergebnisse auf beiden Seiten folgendermaßen zusammengefasst werden. Gewinne für die Franzosen: – gutes Abendessen und Schutz bis auf die Haut. Verluste für die Engländer: – Hammelfleisch, fester walisischer Flanell und zwei unbesonnene Landsleute.

V. Von der britischen Verteidigung und dem Beitrag der Frauen dazu.

Das Erscheinen der Franzosen an der Küste und die oben erwähnten Verluste gegen die Engländer führten zu den natürlich zu erwartenden Ergebnissen. Das Land war alarmiert und griff zur Selbstverteidigung an.

Als die Zahl der Invasoren bekannt war und man entdeckte, dass sie zwar keine Feldgeschütze hatten, aber siebzig Karrenladungen Pulver und Kugeln sowie eine Menge Granaten bei sich hatten, machten sich die führenden Männer des Landes daran, die Verteidigung aufzubauen . Vor Einbruch der Nacht wurden alle verfügbaren Männer, die etwas von der Kampfkunst verstanden, versammelt. Als man die Reihen aufstellte, war die englische Verteidigung zahlenmäßig noch lächerlicher als der französische Angriff. Zu einer Zeit, als wir mit Frankreich im Krieg waren und auf alle drohenden Gefahren vorbereitet sein sollten, betrug sie, einschließlich Miliz, Fencibles und Yeomanry-Kavallerie, gerade einmal 660 Mann oder, mit anderen Worten, weniger als die Hälfte der Zahl der einfallenden Franzosen.

Zum Glück für die Glaubwürdigkeit der Nation übernahm der wichtigste Grande der Nachbarschaft das Kommando über diese äußerst kompakte Truppe . Er erwies sich als ein Mann von beträchtlicher Gerissenheit und hohem Rang; er war unter dem Titel und Titel des Earl of Cawdor bekannt.

Der einzige erfreuliche Umstand im Zusammenhang mit der schweren Verantwortung, die nun auf den Schultern des Grafen ruhte, bestand darin, dass er anscheinend keinen Grund hatte, Verrat im Inland oder eine Invasion von außen zu fürchten. Der bemerkenswert ungünstige Ort, den die Franzosen für ihre Landung gewählt hatten, zeigte nicht nur, dass sie selbst nichts über die Küste wussten, sondern auch, dass keiner der Einwohner, die sie zu einem leichteren Landeplatz hätten führen können, in ihr Vorhaben eingeweiht war. So weit, so gut. Aber es blieb noch immer die große Schwierigkeit, den Franzosen zahlenmäßig und zumindest mit dem Anschein gleicher Disziplin gegenüberzutreten. Die erste dieser Voraussetzungen war leicht zu erfüllen. Es gab Unmengen von Bergarbeitern und anderen Arbeitern in der Nachbarschaft – große, kühne, kräftige Kerle genug, aber was die Kunst des Marschierens und des Waffengebrauchs betraf, so hilflos wie eine Horde Kinder. Die Frage war, wie man diese Männer für Showzwecke sinnvoll einsetzen konnte, ohne dass sie die Aktivitäten ihrer ausgebildeten und disziplinierten Gefährten in verhängnisvolle Weise beeinträchtigten. In dieser Notlage kam Lord Cawdor auf eine großartige Idee. Er beteiligte kühn die Frauen an dem Geschäft – und es muss nicht erwähnt werden, dass das Geschäft von diesem glücklichen Moment an zu florieren begann.

Damals trugen die Frauen der walisischen Arbeiter das, was die Frauen aller Gesellschaftsschichten seither tragen – rote Unterröcke. Lord Cawdor hatte die glückliche Idee, diese Patriotinnen aufzufordern, die Frage der Röcke zu verwerfen, auf die luxuriöse Wärme zu verzichten und die Bergarbeiter in Militärs zu verwandeln (soweit es das äußere Erscheinungsbild aus der Ferne betraf), indem sie den Frauen die roten Unterröcke auszogen und sie ihren Männern über die Schultern legten. Wo Patriotinnen sind, wird kein nationaler Appell vergeblich gemacht und kein persönliches Opfer abgelehnt. Alle Frauen packten ihre Schnüre und stiegen auf der Stelle aus ihren Unterröcken. Welcher Mann in diesem provisorischen Militär musste nicht an „Heim und Schönheit" denken, jetzt, da er die zarteste Erinnerung an beides hatte, die seine Schultern schmückte und sein Gedächtnis auffrischte? In einer unvorstellbar kurzen Zeitspanne fröstelte jede Frau und jeder Bergarbeiter wurde zum Soldaten.

VI. WIE ALLES ENDETE.

So rekrutiert marschierte Lord Cawdor zum Schauplatz des Geschehens, und die Patriotinnen, ihrer Männer und Unterröcke beraubt, zogen sich, so ist zu hoffen und anzunehmen, in den freundlichen Schutz des Bettes zurück. Es war kurz vor Einbruch der Nacht, wenn nicht sogar Nacht, und das ungeordnete Marschieren der verwandelten Bergarbeiter war nicht zu erkennen. Doch als die britische Armee ihre Stellung einnahm, war der Moment gekommen, in dem sich die ausgezeichnete Kriegslist Lord Cawdors wirklich bewährte. Im unsicheren Licht der Feuer und Fackeln konnten die französischen Kundschafter, so nahe sie sich auch heranwagten, nichts Genaues erkennen. Ein Mann im scharlachroten Unterrock sah unter diesen düsteren Umständen ebenso soldatisch aus wie ein Mann im scharlachroten Mantel. Alles, was der Feind jetzt noch sehen konnte, waren Reihen über Reihen von Männern in Rot, der berühmten Uniform der englischen Armee.

Der Rat der französischen Tapferen muss in dieser denkwürdigen Nacht eine beunruhigte Versammlung gewesen sein. Hinter ihnen lag die leere Bucht — denn die vier Schiffe waren nach der Landung der Invasoren wieder in See gestochen, in erhabener Gleichgültigkeit gegenüber dem Schicksal der 1400 Mann. Vor ihnen wartete in Schlachtordnung eine anscheinend furchterregende Streitmacht britischer Soldaten. Unter ihnen lag der feindliche englische Boden, auf dem sie als Eindringlinge ertappt worden waren. Von diesen ernsten Gefahren umgeben, griff der umsichtige Befehlshaber der Invasion auf jene Vorsicht und Überlegtheit zurück, die er bereits bei der Annäherung an die englische Küste unter Beweis gestellt hatte. Er hatte in Ilfracombe gezweifelt; er hatte erneut in Cardigan Bay gezweifelt; und jetzt, am Vorabend der ersten Schlacht, zweifelte er zum dritten Mal — zweifelte und gab auf. Wenn die Geschichte es ablehnt, den französischen Befehlshaber als Helden zu empfangen, öffnet ihm die Philosophie ihre friedlichen Türen und heißt ihn in der Rolle eines weisen Mannes willkommen.

Um zehn Uhr abends erschien im englischen Lager eine Waffenstillstandsfahne, und Lord Cawdor wurde ein Brief des umsichtigen Anführers der Invasoren zugestellt. In dem Brief wurde mit erstaunlicher Ernsthaftigkeit und Würde dargelegt, dass der kommandierende Offizier keine Einwände hatte, großzügig zu erscheinen und Bedingungen für eine Kapitulation vorzuschlagen, da die Umstände, unter denen die französischen Truppen gelandet waren, es „unnötig" machten, militärische Operationen durchzuführen. Eine solche Botschaft war nicht geeignet, irgendjemanden zu beeindrucken — und schon gar nicht den listigen Edelmann, der die Kriegslist mit den roten Unterröcken erfunden hatte. Lord Cawdor sah die Umstände etwas anders und lehnte es ganz und gar ab zu glauben, dass das französische Direktorium 1400 Mann nach England geschickt hatte, um die Einwohner durch das Schauspiel einer Kapitulation abzulenken. Er antwortete, dass er sich nicht berechtigt fühle, mit dem französischen

Kommandanten zu verhandeln, außer unter der Bedingung, dass sich seine Männer als Kriegsgefangene ergeben würden. Als der Franzose diese Antwort erhielt, gab er einen weiteren Beweis seiner philosophischen Geisteshaltung, die ihm bereits als eine seiner Verdienste zugeschrieben wurde, indem er höflich den von Lord Cawdor vorgeschlagenen Weg einschlug. Am nächsten Tag waren bis zum Mittag alle französischen Truppen abmarschiert und Kriegsgefangene – die patriotischen Matronen hatten ihre Unterröcke wieder angezogen – und der kurze Schrecken der Invasion war glücklicherweise vorüber.

Die erste Frage, die sich jeder stellte, sobald der Alarm verstummt war, war, was diese außergewöhnliche Burleske einer Invasion wohl bedeuten könnte. In einigen Kreisen wurde behauptet, die 1400 Franzosen seien aus jenen Aufständischen der Vendée rekrutiert worden , die sich in den Dienst der Republik gestellt hatten, denen man im Inland nicht trauen konnte und die deshalb zum ersten verzweifelten Einsatz geschickt wurden, der sich im Ausland bot. Andere stellten die Invasionsarmee als bloße Bande von Galeerensklaven und Kriminellen im Allgemeinen dar, die mit dem doppelten Ziel an unseren Küsten gelandet waren, England zu ärgern und Frankreich von einer Bande von Schurken zu befreien. Der Kommandant der Expedition widerlegte diese letztere Theorie jedoch mit der Erklärung, dass sechshundert seiner Männer ausgewählte Veteranen der französischen Armee seien, und indem er zur Untermauerung dieser Aussage auf seine großen Vorräte an Schießpulver, Kugeln und Handgranaten verwies, die er zu einer Zeit, als militärische Vorräte besonders kostbar waren, sicherlich nicht an eine Bande von Galeerensklaven verschwendet hätte.

Die Wahrheit scheint zu sein, dass die Franzosen (die damals noch weniger über England und die englischen Institutionen wussten als heute) durch falsche Berichte über die Stimmung und die Gefühle unseres Volkes so sehr getäuscht worden waren, dass sie glaubten, das bloße Erscheinen der Truppen der Republik an diesen monarchistischen Küsten wäre das Signal für einen revolutionären Aufstand aller unzufriedenen Klassen von einem Ende Großbritanniens bis zum anderen. Betrachtet man sie bloß als Material, um den aufrührerischen Funken zu entzünden, könnten die 1400 Franzosen sicherlich als ausreichend für diesen Zweck angesehen werden – vorausgesetzt, das Direktorium der Republik hätte nur im Voraus sicherstellen können, dass das englische Zundermaterial zuverlässig Feuer fängt!

Ein letztes Ereignis muss noch festgehalten werden, bevor diese Geschichte als abgeschlossen betrachtet werden kann. Den Katastrophen der Invasionsarmee an Land entsprachen auf See die Katastrophen der Schiffe, die sie transportiert hatten. Von den vier Schiffen, die die englische Küste alarmiert hatten, wurden die beiden größten (die Fregatten) beide von Sir

Harry Neale gekapert, als sie den Hafen von Brest verteidigten . Diese kluge und endgültige Eindämmung der kleinen, aufrührerischen französischen Invasion wurde am 9. März 1797 durchgeführt.

MORAL.

Dies ist die Geschichte der großen (vergessenen) Invasion. Sie ist kurz, nicht beeindruckend und mangelt zweifellos an ernsthaftem Interesse. Dennoch kann man daraus eine Moral ziehen. Wenn wir erneut angegriffen werden und zwar in einem größeren Ausmaß, sollten wir dieses Mal nicht so schlecht vorbereitet sein, dass wir uns in die roten Unterröcke unserer Frauen flüchten müssen.

KURIOSITÄTEN DER LITERATUR. – I.
DAS UNBEKANNTE PUBLIKUM.

Bilden die Kunden von Verlagen, die Mitglieder von Buchclubs und Leihbüchereien sowie die Käufer und Ausleiher von Zeitungen und Zeitschriften insgesamt den Großteil der lesenden Öffentlichkeit Englands? Es gab eine Zeit, in der ich jedenfalls, wenn mir jemand diese Frage gestellt hätte, mit Sicherheit mit Ja geantwortet hätte.

Jetzt weiß ich es besser. Das eben erwähnte Publikum stellt keineswegs die Mehrheit der englischen Leser dar, sondern lediglich eine Minderheit.

Diese verblüffende Entdeckung dämmerte mir allmählich. Ich näherte mich ihr zum ersten Mal, als ich durch London spazierte, vor allem in den zweit- und drittklassigen Vierteln . Wann immer ich zu solchen Zeiten an einem kleinen Schreibwaren- oder Tabakladen vorbeikam, fielen mir automatisch gewisse Veröffentlichungen auf, die ausnahmslos die Schaufenster füllten. Diese Veröffentlichungen schienen alle dasselbe kleine Quartoformat zu haben; sie schienen nur aus ein paar ungebundenen Seiten zu bestehen; jede von ihnen hatte ein Bild auf der oberen Hälfte des vorderen Blattes und eine Menge Kleingedrucktes auf der Unterseite. Eine Zeit lang fiel mir nur so viel auf, und nicht mehr. Keiner der Herren, die meinen literarischen Geschmack zu lenken vorgeben, hatte meine Aufmerksamkeit je auf diese mysteriösen Veröffentlichungen gelenkt. Meine Lieblingsrezension ist sich, wie ich fest davon überzeugt bin, ihrer Existenz bis zum heutigen Tag nicht bewusst. Mein unternehmungslustiger Bibliothekar, der mir alle möglichen Bücher aufdrängt, die ich nicht lesen möchte, weil er ganze Ausgaben davon zu einem Schnäppchenpreis gekauft hat, hat mich noch nie mit den schlaffen, ungebundenen Bilderquartbüchern aus den kleinen Läden auf die Probe gestellt. Tag für Tag und Woche für Woche verfolgten mich die geheimnisvollen Veröffentlichungen auf meinen Spaziergängen, wohin ich auch ging, und doch war ich zu unvorsichtig, um stehenzubleiben und sie im Einzelnen zu betrachten. Ich verließ London und reiste durch England. Die vernachlässigten Veröffentlichungen folgten mir. Sie waren in jeder Stadt, ob groß oder klein. Ich sah sie in Obstläden, in Austernläden, in Zigarrenläden, in Pastillenläden. Sogar Dörfer – malerische, stark riechende Dörfer – waren nicht frei von ihnen. Wo immer die spekulative Kühnheit eines Mannes einen Laden eröffnen konnte und die menschlichen Gelüste und Bedürfnisse seiner Mitmenschen verhindern konnten, dass er wieder geschlossen wurde – dort, so schien es mir, trat das ungebundene Quartobild sofort ein, stellte sich aufdringlich im Schaufenster auf und bestand darauf, von allen angeschaut zu werden. „Kauf mich, leih mich, starr mich an, stiehl mich. Oh, unaufmerksamer Fremder, tu alles, nur nicht an mir vorbeigehen!"

Unter diesem Zwang dauerte es nicht lange, bis ich anfing, vor Schaufenstern stehen zu bleiben und diese allgegenwärtigen Beispiele einer für mich neuen Art literarischer Produktion aufmerksam zu betrachten. Eines davon lernte ich in den Wüsten von West Cornwall kennen, ein anderes in einer belebten Durchgangsstraße von Whitechapel, ein drittes in einer trostlosen kleinen verlorenen Stadt im Norden Schottlands. Ich fuhr in eine schöne Grafschaft in Südwales; die bescheidene Eisenbahn war noch nicht bis dorthin vorgedrungen, aber der kühne Quartodruck hatte es herausgefunden. Wer könnte diesem ständigen, unvermeidlichen, herrlich unbegrenzten Appell an Aufmerksamkeit und Gönnerschaft widerstehen? Nachdem ich in die Schaufenster der Läden geschaut hatte, ging ich dazu über, die Läden selbst zu betreten – Exemplare dieser Heuschreckenplage kleiner Veröffentlichungen zu kaufen – sie von der ersten bis zur letzten Seite genau zu untersuchen – und schließlich bei allen möglichen gut informierten Stellen Nachforschungen darüber anzustellen. Das Ergebnis war die Entdeckung eines unbekannten Publikums; eines Publikums, das in Millionenhöhe zählt; das Geheimnisvolle, das Unergründliche, das universelle Publikum der Groschenroman-Journale. [2]

Ich habe jetzt fünf dieser Zeitschriften vor mir, vertreten durch ein auf gut Glück gekauftes Probeexemplar von jeder. Es gibt noch viele mehr; aber diese fünf repräsentieren die erfolgreichen und etablierten Mitglieder der literarischen Familie. Der Älteste von ihnen ist ein kräftiger Junge von fünfzehn Jahren. Der Jüngste ist ein drei Monate altes Kleinkind. Alle fünf werden zum gleichen Preis von einem Penny verkauft; alle fünf erscheinen regelmäßig einmal wöchentlich; alle fünf enthalten ungefähr die gleiche Menge an Material. Die wöchentliche Auflage der erfolgreichsten der fünf wird jetzt öffentlich (und wie ich informiert bin, ohne Übertreibung) mit einer halben Million angegeben. Nimmt man an, dass die anderen vier zusammen eine Auflage von einer weiteren halben Million erreichen (was wahrscheinlich weit unter der richtigen Schätzung liegt), so kommen wir auf einen wöchentlichen Umsatz von einer Million für fünf Penny-Zeitschriften. Rechnet man nur mit drei Lesern pro verkauftem Exemplar, ergibt sich *ein Publikum von drei Millionen* - ein Publikum, das der literarischen Welt unbekannt ist; das als Schüler der gesamten Gruppe der erklärten Kritiker unbekannt ist; das als Kunden in den großen Bibliotheken und großen Verlagen unbekannt ist; als Publikum den bedeutenden englischen Schriftstellern unserer Zeit unbekannt. Ein Lesepublikum von drei Millionen, das direkt außerhalb der Grenzen der literarischen Zivilisation liegt , ist ein Phänomen, das der Untersuchung wert ist – ein Mysterium, das selbst der schlauste Mensch unter uns nicht leicht lösen kann.

Erstens: Wer sind diese drei Millionen – die unbekannte Öffentlichkeit – wie ich sie zu nennen wage?

Das bekannte Lesepublikum – die bereits erwähnte Minderheit – lässt sich leicht entdecken und klassifizieren. Es gibt das religiöse Publikum mit Buchhändlern und eigener Literatur, die neben Büchern auch Rezensionen und Zeitungen umfasst. Es gibt das Publikum, das zur Information liest und sich Geschichten, Biographien, Essays, Abhandlungen, Reisen und Reisen widmet. Es gibt das Publikum, das zur Unterhaltung liest und die Leihbüchereien und die Buchstände an der Bahn besucht . Und schließlich gibt es das Publikum, das nichts anderes als Zeitungen liest. Wir alle wissen, wo wir die Menschen finden können, die diese verschiedenen Klassen repräsentieren. Wir sehen die Bücher, die sie mögen, auf ihren Tischen. Wir treffen sie beim Abendessen und hören sie über ihre Lieblingsautoren sprechen . Wir kennen, wenn wir uns auch nur ein bisschen mit literarischen Dingen auskennen, sogar die Bezirke Londons, in denen bestimmte Klassen von Menschen leben, die man von vornherein als ausgewählte Leser für bestimmte Arten von Büchern bezeichnen kann. Aber was wissen wir über die enorme geächtete Mehrheit – über die verlorenen literarischen Stämme – über die überwältigende Zahl von drei Millionen? Absolut nichts.

Ich selbst habe – und das muss ich leider sagen – einen sehr großen Bekanntenkreis. Seit ich die interessante Aufgabe übernommen habe, das unbekannte Publikum zu erforschen, habe ich versucht, unter meinen lieben Freunden und meinen erbitterten Feinden (beide stehen gleichermaßen auf meiner Besucherliste) einen Abonnenten einer Groschenromanzeitschrift zu finden – und bisher ist mir das nie gelungen. Ich habe Theorien über die wahrscheinliche Existenz von Groschenromanzeitschriften in Küchenanrichten, in den Hinterzimmern von Easy Shaving Shops, in der schmierigen Abgeschiedenheit der Boxen in den kleinen Chop Houses gehört . Aber ich habe noch nie einen Mann, eine Frau oder ein Kind getroffen, das die Frage „Abonnieren Sie eine Groschenromanzeitschrift?" klar bejahen und die betreffende Zeitschrift vorzeigen konnte. Ich habe vor Jahren gelernt, die Hoffnung aufzugeben, jemals eine alleinstehende Frau über einem bestimmten Alter zu treffen, die keinen Heiratsantrag erhalten hat. Ich habe schon lange die Vorstellung aufgegeben, jemals einen Menschen zu treffen, der selbst einen Geist gesehen hat, im Gegensatz zu dem anderen unvermeidlichen Menschen, der einen Busenfreund hatte, der zweifellos einen gesehen hat. Dies sind zwei von vielen anderen Bestrebungen eines vergeudeten Lebens, die ich endgültig aufgegeben habe. Ich muss nun eine weitere zu meinen verschwundenen Illusionen hinzufügen.

Da es also keine positiven Informationen zu diesem Thema gibt, ist es nur möglich, die vorliegende Untersuchung fortzusetzen, indem wir solche negativen Beweise akzeptieren, die uns helfen können, die soziale Stellung, die Gewohnheiten, den Geschmack und die durchschnittliche Intelligenz der unbekannten Öffentlichkeit mehr oder weniger genau zu erraten. Wenn wir sorgfältig durch Schlussfolgerung argumentieren, können wir in dieser Angelegenheit hoffen, zu einer einigermaßen sicheren, wenn auch nicht zufriedenstellenden Schlussfolgerung zu gelangen.

Zunächst einmal kann man angesichts der Tatsache, dass der Hauptinhalt jeder der fünf Zeitschriften, die ich hier vorfinde, aus Kurzgeschichten besteht, mit Fug und Recht davon ausgehen, dass die unbekannte Öffentlichkeit die Bücher eher zur Unterhaltung als zur Information liest.

Aus eigener Erfahrung möchte ich hinzufügen, dass das unbekannte Publikum bei der Ausgabe seines wöchentlichen Pennys für Literatur eher auf Quantität als auf Qualität achtet. Als ich meine fünf Probeexemplare in fünf verschiedenen Läden kaufte, ging ich jedes Mal bewusst auf die Person hinter dem Ladentisch zu, die sich als Mitglied des unbekannten Publikums ausgab – sagen wir Nummer Drei Millionen und Eins –, die sich beim Ausgeben eines Pennys ausschließlich von der Empfehlung des Ladenbesitzers leiten lassen wollte. Ich erwartete, durch diese Vorgehensweise ein wenig populäre Kritik zu hören und herauszufinden, wie die Voraussetzungen für den Erfolg in einem für mich völlig neuen Zweig der Literatur aussehen könnten. Ein solches Ergebnis belohnte meine Bemühungen jedenfalls nicht. Der Dialog zwischen Käufer und Verkäufer nahm immer eine praktische Wendung wie diese:

Leser, Nummer Drei Millionen und Eins. – „Ich möchte mir eines der Penny Journals ausleihen. Welches empfehlen Sie?"

Unternehmungslustiger Verleger. – „Manche mögen das eine, manche das andere. Es sind alles gute Pennorths . Haben Sie dieses hier gesehen?"

"Ja."

„Hast du das gesehen?"

"NEIN."

"Sehen Sie, was für ein Pennorth !"

„Ja – aber was ist mit den Geschichten in diesem hier? Sind sie mittlerweile genauso gut wie die Geschichten in jenem?"

"Nun, sehen Sie, manche mögen das eine, und manche mögen das andere. Manchmal verkaufe ich mehr von dem einen, und manchmal verkaufe ich mehr von dem anderen. Ich nehme sie das ganze Jahr über, und es gibt keine Stecknadel, die mich zwischen ihnen entscheiden ließe . In dem einen steckt ungefähr so viel wie in dem anderen. Alles gute Pennorths . Gott segne Sie, nehmen Sie sie einfach mit und sehen Sie selbst nach! Alles gute Pennorths , wählen Sie, wo es Ihnen gefällt!"

So sehr ich mich auch bemühte, ich kam nie weiter als bis hierhin. Und doch fand ich die Ladenbesitzer, Männer wie Frauen, bereit genug, über andere Themen zu sprechen. Bei jeder Gelegenheit erhielt ich keine praktischen Hinweise, dass ich das Geschäft unterbrach, sondern wurde nach meinem Einkauf gesellig im Laden aufgehalten, als wäre ich ein alter Bekannter. Ich bekam alle möglichen merkwürdigen Informationen zu allen möglichen Themen – abgesehen von dem guten Penny Druck in meiner Tasche. Kennt der Leser die merkwürdigen Fakten in Verbindung mit Everton Toffey ? Es ist wie Eau de Cologne. Es gibt nur ein echtes Rezept für die Herstellung auf der ganzen Welt. Es ist ein Familienerbe aus grauer Vorzeit. Sie können hierhin, dorthin und überallhin gehen und kaufen, was Sie für Everton Toffey (oder Eau de Cologne) halten; aber es gibt nur einen Ort in London, so wie es nur einen Ort in Köln gibt, an dem Sie das Original bekommen können. Diese Information erhielt ich in einem Penny-Journal-Laden. Bei einer anderen Gelegenheit erklärte mir der Besitzer sein neues System der Korsettherstellung . Er bot meiner Frau an, etwas zu besorgen, das ihre Muskeln stützt und nicht ins Fleisch zwickt; und außerdem war er nicht der Mann, der hinterher nach seiner Rechnung fragen würde, außer wenn er uns beide vollkommen zufriedenstellen wollte. Dieser Mann war so gesprächig und intelligent: Er konnte mir alles über so viele andere Dinge außer Korsetts erzählen, dass ich es für selbstverständlich hielt, dass er mir die Informationen geben konnte, die ich brauchte. Aber auch hier wurde ich enttäuscht. Er hatte einen ganzen Schneehaufen von Penny-Zeitschriften auf seinem Tresen – er schnappte sie händeweise und gestikulierte fröhlich damit; er schlug und tätschelte sie und bürstete sie alle zu einem Haufen zusammen, um mir zu sagen, dass „der ganze Haufen bis zum Abend abgearbeitet sein würde"; Aber auch er wiederholte, als ich ihn auf die Nähe aufmerksam machte, nur die eine unvermeidliche Wortfolge: „Ein guter Pennorth ; das ist alles, was ich sagen kann! Gott segne Sie, sehen Sie sich einen davon selbst an und sehen Sie, was für ein Pennorth das ist!"

Nachdem ich durch Schlussfolgerungen zu den beiden Schlussfolgerungen gelangt bin, dass das unbekannte Publikum zum Vergnügen liest und dass es beim Lesen mehr auf Quantität als auf Qualität achtet, wäre es mir vielleicht schwergefallen, weitere Entdeckungen zu machen, wenn es nicht eine sehr bemerkenswerte Forschungshilfe gegeben hätte, die allen Groschenroman-Zeitschriften gemeinsam ist.

Die besonderen Möglichkeiten, auf die ich mich jetzt beziehe, werden in den Antworten an die Korrespondenten dargelegt. Die Seite, die diese enthält, ist, ohne jeden Vergleich, die interessanteste Seite in den Penny Journals. Es gibt kein irdisches Thema, das man diskutieren könnte, keine

Privatangelegenheit, die man sich vorstellen könnte, die die unergründliche, unbekannte Öffentlichkeit dem Herausgeber nicht in Form einer Frage anvertrauen würde und die der Herausgeber nicht ernsthaft und entschlossen beantworten würde. Versteckt unter dem Deckmantel von Initialen, Vornamen oder konventionellen Signaturen – wie Abonnent, ständiger Leser usw. – scheinen viele der Korrespondenten des Herausgebers, den veröffentlichten Antworten auf ihre Fragen nach zu urteilen, völlig unempfindlich gegenüber Spott oder Schamgefühlen zu sein. Junge Mädchen, die von Verwirrungen geplagt werden, die normalerweise nur den Ohren einer Mutter oder älteren Schwester vorbehalten sind, konsultieren den Herausgeber. Verheiratete Frauen, die kleine Schwächen begangen haben, konsultieren den Herausgeber. Männer, die aus Todesangst vor Klagen wegen Bruchs des Eheversprechens sitzen gelassen werden, konsultieren den Herausgeber. Damen, deren Hautfarbe im Schwinden begriffen ist und die wissen möchten, wie sie am besten künstlich wiederhergestellt werden kann, wenden sich an den Herausgeber. Herren, die ihre Haare färben und ihre Hühneraugen loswerden möchten, wenden sich an den Herausgeber. Unfassbar stumpfsinnige Unwissenheit, unfassbar kleinliche Bosheit und unfassbar selbstgefällige Eitelkeit wenden sich alle an den Herausgeber und erhalten, so wunderbar es auch klingen mag, alle ernsthafte Antworten von ihm. Keine sterbliche Position ist diesem wunderbaren Mann zu schwierig; es gibt keine Charakteränderung als Schiedsrichter, die er nicht sofort anzunehmen bereit wäre. Mal ist er Vater, mal Mutter, mal Schulmeister, mal Beichtvater, mal Arzt, mal Anwalt, mal Vertrauter einer jungen Dame, mal Busenfreund eines jungen Herrn, mal Moraldozent und mal eine Autorität in Sachen Kochen.

Unser Anliegen ist jedoch nicht der Herausgeber, sondern seine Leser. Um die durchschnittliche Intelligenz des unbekannten Publikums zu ermitteln – um den allgemeinen Bildungsgrad zu testen, den es erworben hat, und um festzustellen, wie viel Geschmack und Feingefühl es von der Natur geerbt hat – können diese außergewöhnlichen Antworten an die Korrespondenten durchaus ausführlich wiedergegeben werden, um uns als Leitfaden zu dienen. Ich muss vorausschicken, dass ich sie nicht in böswilliger Absicht aus einer großen Anzahl herausgesucht habe; ich habe lediglich in meine fünf Probeexemplare von fünf verschiedenen Zeitschriften geschaut – alle, ich wiederhole, zufällig gekauft, gerade als sie mir in den Schaufenstern auffielen. Ich habe nicht auf schlechte Exemplare gewartet oder ängstlich nach guten Ausschau gehalten: Ich habe meine Chance unvoreingenommen ergriffen. Und jetzt blättere ich ebenso unvoreingenommen in eine Zeitschrift nach der anderen, auf die Seite der Korrespondenten, genau so, wie die fünf zufällig auf meinem Schreibtisch liegen. Das Ergebnis ist, dass ich das Vergnügen habe, den Damen und Herren, die mir die Ehre ihrer Aufmerksamkeit erweisen, die folgenden Mitglieder der unbekannten

Öffentlichkeit vorzustellen, die in der Lage sind, ganz vorbehaltlos für sich selbst zu sprechen:

Ein Leser einer Groschenroman-Zeitschrift, der ein Rezept für Lebkuchen möchte. Ein Leser, der über ein Völlegefühl im Hals klagt. Mehrere Leser, die Heilmittel für graue Haare, Warzen, Kopfgeschwüre, Nervosität und Würmer suchen. Zwei Leser, die mit den Zuneigungen von Frauen gespielt haben und wissen möchten, ob Frauen sie wegen Bruchs ihres Eheversprechens verklagen können. Ein Leser, der wissen möchte, was die heiligen Initialen IHS bedeuten und wie man Pockenmale entfernt. Ein anderer Leser, der wissen möchte, was ein Esquire ist. Ein anderer, der nicht weiß, wie man „pictorial" und „acquiescence" ausspricht. Ein anderer, dem gesagt werden muss, dass „ *chiar'oscuro* " ein von Malern verwendeter Begriff ist. Drei Leser, die wissen möchten, wie man Elfenbein weich macht, wie man sich scheiden lässt und wie man schwarzen Lack herstellt. Ein Leser, der sich nicht sicher ist, was das Wort „Gedichte" bedeutet; der nicht sicher ist, ob Mazeppa von Lord Byron geschrieben wurde; nicht sicher, ob es auf der Welt gedruckte und veröffentlichte Lebensläufe von Napoleon Bonaparte gibt.

Zwei betroffene Leser, die einen eigenen Platz durchaus wert sind und die jeweils ein Rezept für die Heilung ihrer X-Beine benötigen. Sie werden (hoffentlich von einem redigierten Herausgeber) auf eine frühere Antwort an andere Leidende verwiesen, die die von ihnen benötigten Informationen enthält.

Zwei Leser wissen nicht, dass der Autor von „Robinson Crusoe" Daniel Defoe und der Autor von „Irish Melodies" Thomas Moore ist, bis der Herausgeber sie aufklärt. Ein anderer Leser, ein wenig begriffsstutziger, muss wissen, dass die Geschichte Griechenlands und Roms alte Geschichte ist, die Geschichte Frankreichs und Englands hingegen moderne Geschichte.

Ein Leser, der wissen möchte, zu welcher Tageszeit man ein frisch verheiratetes Paar besuchen sollte. Ein Leser, der eine Quittung für flüssiges Schuhcreme-Wachs haben möchte.

Eine Leserin, die ihre Gefühle auf hübsche Weise auf einem Reifrock zum Ausdruck bringt. Eine andere Leserin, die wissen möchte, wie man Crumpets macht. Eine andere hat Geschenke von einem Herrn bekommen, mit dem sie nicht verlobt ist, und möchte, dass der Herausgeber ihr sagt, ob sie Recht hat oder nicht. Zwei Leserinnen, die Liebhaber brauchen und sich wünschen, dass der Herausgeber ihnen diese zur Verfügung stellt. Zwei schüchterne Mädchen, die sich vor einer französischen Invasion und vor Libellen fürchten.

Ein Don Juan von einem Leser, der die Privatadresse einer bestimmten Schauspielerin wissen möchte. Ein Leser mit edlen Ambitionen, der gerne Vorträge halten möchte und von einem Geschäft hören möchte, in dem er fertige Vorträge kaufen kann. Ein adretter Leser, der deutsches Schuh- und Stiefelpoliermittel möchte. Ein Leser mit Kopfschmerzen, dem die Redaktion empfiehlt, Seife und warmes Wasser zu verwenden. Ein tugendhafter Leser, der schreibt, um verheiratete Frauen dafür zu verurteilen, dass sie auf Komplimente hören, und der von einem ebenso tugendhaften Herausgeber darüber informiert wird, dass seine Bemerkungen treffend formuliert sind. Eine schuldige (weibliche) Leserin, die einem moralischen Herausgeber ihre Schwächen anvertraut und ihn damit schockiert. Eine bleiche Leserin, die fragt, ob sie ihre Haut dunkler machen soll. Eine andere bleiche Leserin, die fragt, ob sie Rouge auftragen soll. Ein unentschlossener Leser, der fragt, ob es ein Widerspruch sei, dass eine Tanzlehrerin Lehrerin an einer Sonntagsschule ist. Ein schüchterner Leser, der seit vier Jahren in eine Dame verliebt ist und es ihr gegenüber noch nicht erwähnt hat. Ein spekulativer Leser, der wissen möchte, ob er Limonade ohne Lizenz verkaufen darf . Ein unsicherer Leser, der wissen möchte, ob er seine Gefühle besser gleich offen und ehrlich offenlegen sollte . Eine empörte Leserin, die alle Herren in ihrer Nachbarschaft beschimpft , weil sie nicht mit den Damen ausgehen. Ein an Skorbut leidender Leser, der geheilt werden möchte. Ein an Pickeln leidender Leser im selben Zustand. Ein sitzengelassener Leser, der schreibt, um zu erfahren, was seine beste Rache sein könnte, und dem ein vorsichtiger Herausgeber rät, es mit Gleichgültigkeit zu versuchen. Ein häuslicher Leser, der das Gewicht eines neugeborenen Kindes erfahren möchte. Ein neugieriger Leser, der wissen möchte, ob der Name von Davids Mutter in der Heiligen Schrift erwähnt wird.

Hier sind zehn redaktionelle Ansichten zu Dingen im Allgemeinen, die auf ausdrücklichen Wunsch der Korrespondenten geäußert wurden und die uns daher wahrscheinlich dabei helfen werden, uns ein Bild vom intellektuellen Zustand der unbekannten Öffentlichkeit zu machen:

1. Alle Monate sind Glücksmonate zum Heiraten, wenn Ihre Verbindung von Liebe geprägt ist.

2. Wenn Sie die traurige Angewohnheit haben, rot zu werden, wenn Sie einer jungen Dame vorgestellt werden, und Sie diese Angewohnheit ablegen möchten, rufen Sie Ihr männliches Selbstvertrauen zu Hilfe.

3. Wenn Sie sauber schreiben möchten, verwenden Sie nicht zu viel Tinte auf einzelnen Strichen.

4. Sie sollten einer Dame bei Ihrer ersten Vorstellung nicht die Hand schütteln.

5. Sie können Salbe ohne Patent verkaufen.

6. Eine Witwe sollte die leichtesten Aufmerksamkeiten eines verheirateten Mannes sofort und entschieden unterbinden.

7. Ein voreiliges und gedankenloses Mädchen wird kaum eine zuverlässige, rücksichtsvolle Ehefrau abgeben.

8. Gegen eine moderate Menge Krinoline haben wir keine Einwände.

9. Ein vernünftiger und ehrenhafter Mann flirtet nie selbst und verachtet immer das Flirten des anderen Geschlechts.

10. Ein Bergmann wird seine Lage nicht verbessern, wenn er nach Preußen geht.

Auf die Gefahr hin, ermüdend zu werden, muss ich noch einmal wiederholen, dass diese Auszüge aus den Antworten an Korrespondenten, so unglaublich absurd sie auch erscheinen mögen, *genau so wiedergegeben werden, wie ich sie finde*. Nichts ist aus Spaß übertrieben; nichts ist erfunden oder falsch zitiert, um meiner eigenen Lieblingstheorie zu dienen. Die Stichprobe der drei Millionen Penny-Leser soll für sich selbst sprechen und eine Vorstellung von den sozialen und intellektuellen Materialien geben, aus denen zumindest ein Teil der unbekannten Öffentlichkeit vermutlich besteht. Nachdem wir diesen ersten Teil der Angelegenheit bis hierhin erledigt haben, ergibt sich der zweite Teil ganz natürlich von selbst. Wir alle haben uns mittlerweile eine Meinung zum Thema der Öffentlichkeit selbst gebildet: Als nächstes müssen wir herausfinden, was diese Öffentlichkeit liest.

Ich habe bereits gesagt, dass der Hauptbestandteil der Zeitschriften Geschichten zu sein scheinen. Die fünf Musterexemplare der fünf separaten Wochenausgaben, die ich jetzt vor mir habe, enthalten insgesamt zehn Fortsetzungsgeschichten, einen Nachdruck eines berühmten Romans (auf den ich später noch eingehen werde) und sieben Kurzgeschichten, von denen jede mit einer Nummer beginnt und endet. Die restlichen Seiten sind mit verschiedenen Beiträgen aus Literatur und Kunst ausgefüllt, die aus jeder erdenklichen Quelle stammen. Auszüge aus Punch und Plato, Holzstiche mit Darstellungen berühmter Personen und Ansichten berühmter Orte, die stark darauf hindeuten, dass die Originalblöcke in anderen Zeitschriften schon bessere Tage gesehen haben, moderne und antike Anekdoten, kurze Memoiren, Gedichtfetzen, ausgewählte Häppchen allgemeiner Informationen, Haushaltsquittungen, Rätsel und Auszüge aus moralischen Werken – alles erscheint in der geordnetsten Weise, unter separaten Überschriften angeordnet und sauber in kurze Absätze unterteilt. Das hervorstechendste Merkmal jeder Zeitschrift ist jedoch die Fortsetzungsgeschichte, die in jedem Fall als erster Artikel erscheint und durch den einzigen Holzstich illustriert wird, der offenbar eigens zu diesem

Zweck angefertigt wurde. Der Fortsetzungsgeschichte können wir daher unsere größte Aufmerksamkeit widmen, da sie eindeutig als die Hauptattraktion dieser sehr einzigartigen Veröffentlichungen gilt.

Zwei meiner Probeexemplare enthielten jeweils die ersten Kapitel neuer Geschichten. Bei den anderen drei fand ich die Geschichten in verschiedenen Entwicklungsstadien. Das erste, was mir nach der Lektüre der wöchentlichen Teile aller fünf auffiel, war ihre außergewöhnliche Gleichheit. Jeder Teil schien von einem anderen Autor geschrieben zu sein (und wurde es zweifellos auch), und doch könnten alle fünf vom selben Mann stammen. Jeder Teil jeder einzelnen Geschichte beruhigte sich, während ich sie las, der Reihe nach auf dasselbe tote Niveau der glattesten und plattsten Konventionalität. Eine Kombination aus wildem Melodrama und sanftem häuslichem Gefühl; kurze Dialoge und Absätze nach französischem Muster mit moralischen englischen Betrachtungen der Art, wie sie in den oberen Zeilen von Kinderschreibheften stehen; Ereignisse und Charaktere aus den alten, erschöpften Minen der Leihbibliotheken und so selbstgefällig und selbstbewusst präsentiert, als wären sie originelle Ideen; Beschreibungen und Betrachtungen am Anfang der Nummer und eine „starke Situation", die am Hals und an den Schultern hineingezogen wird, am Ende – bildeten die gemeinsamen literarischen Quellen, aus denen die fünf Autoren ihren wöchentlichen Vorrat schöpften; alle sammelten ihn auf die gleiche Weise, alle trugen ihn in den gleichen Mengen, alle schütteten ihn auf die gleiche Weise vor dem aufmerksamen Publikum aus. Nachdem ich meine Beispiele dieser Geschichten gelesen hatte, verstand ich, warum die Fiktionen der regelmäßig etablierten Autoren der Penny-Journale nie wieder veröffentlicht werden. Ich glaube ehrlich, dass es in England keinen Mann, keine Frau und kein Kind gibt, das nicht Mitglied der unbekannten Öffentlichkeit ist und das man dazu bringen könnte, sie zu lesen. Das Einzige, was man zu ihren Gunsten anführen kann, ist, dass sie anscheinend nichts Schlimmes an sich haben. In ihrer Dummheit scheint eine intensive, innewohnende Ehrwürdigkeit zu stecken . Wenn sie zu keinem intellektuellen Ergebnis führen, nicht einmal zu dem bescheidensten, haben sie vielleicht zumindest den negativen Vorteil, dass sie keinen Schaden anrichten können.

Wenn man mir vorwirft, dass ich diese Geschichten verurteile, nachdem ich nur eine Ausgabe von jeder gelesen habe, muss ich nur im Gegenzug fragen, ob irgendjemand jemals wartet, bis er einen Roman ganz durchgelesen hat, bevor er sich eine Meinung über seine Vor- oder Nachteile bildet. Im letzteren Fall werfen wir die Geschichte weg, bevor wir sie durchgelesen haben, und das ist ihre Verurteilung. In jedem Teil eines echten fiktionalen Werks gibt es genügend Raum für Versprechungen, wenn nicht für Leistung. Wenn ich in einem der fünf Beispiele billiger Fiktion vor mir, von denen jedes im Durchschnitt zehn Spalten Kleingedrucktes umfasste, auch nur das geringste Versprechen im Stil, im Dialog, in der Darstellung der Charaktere, in der Anordnung der Ereignisse gefunden hätte, wäre ich gern zur nächsten Ausgabe übergegangen. Aber ich entdeckte nichts dergleichen und legte meine wöchentliche Probe nieder, so wie ein Redakteur unter ähnlichen Umständen ein Manuskript niederlegt, nachdem er eine bestimmte Anzahl Seiten gelesen hat – oder ein Leser ein Buch.

Und diese Art des Schreibens spricht ein riesiges Publikum von mindestens drei Millionen an! Wurde jemals eine bessere Art ausprobiert? Ja. Der frühere Besitzer eines dieser Penny-Journale beauftragte eine durchaus kompetente Person, Der Graf von Monte Christo für seine Zeitschrift zu übersetzen. Er wusste, dass es in der zivilisierten Welt kaum eine Sprache gab, in die dieses vollendete Beispiel der seltenen und schwierigen Kunst des Geschichtenerzählens nicht übersetzt worden war. In Frankreich, in England, in Amerika, in Russland, in Deutschland, in Italien, in Spanien hatte Alexandre Dumas Hunderttausende von Lesern in Atem gehalten. Der Besitzer des Penny-Journals dachte natürlich, dass er mit dem Unbekannten Publikum ebenso viel erreichen könnte. Seltsamerweise war das Ergebnis dieses scheinbar sicheren Experiments ein Fehlschlag. Die Auflage der betreffenden Zeitschrift nahm seit dem Zeitpunkt, als der erste lebende Geschichtenerzähler Beiträge für sie verfasste, erheblich ab! Dasselbe Experiment wurde mit Die Geheimnisse von Paris und Der ewige Jude versucht, nur um das gleiche Ergebnis zu erzielen. Ein anderes Penny-Journal beauftragte Dumas, eine neue Geschichte zu schreiben, die ausdrücklich für die Übersetzung in seinen Spalten bestimmt war. Es wurde spekuliert, und wieder einmal hielt das unergründliche, unbekannte Publikum dem verwöhnten Kind einer ganzen Welt von Romanlesern die Hand zur Begrüßung zurück.

Wie ist dies zu erklären?

Durchdringt ein starres moralisches Empfinden das Unbekannte Publikum von einem Ende zum anderen, und haben die Werke der französischen Romanautoren dieses Empfinden von Anfang an erschüttert? Die Seite mit den Antworten an die Korrespondenten würde ausreichen, um diese Theorie zu widerlegen. Aber es gibt andere und bessere Mittel, um die Wahrheit herauszufinden, die einen weiteren Verweis auf die Seite der Korrespondenten unnötig machen. Vor einiger Zeit veröffentlichte ein bedeutender Romanautor (der einzige lebende englische Autor mit literarischer Stellung, der zu dieser Zeit für das Unbekannte Publikum geschrieben hatte) seinen neuen Roman in einer Penny-Zeitschrift. Kein Leser hat jemals den Schatten eines moralischen Einwands gegen die vom Autor von It Is Never Too Late To Mend veröffentlichten Werke erhoben; aber selbst er hat, sofern ich nicht stark falsch informiert bin, bei den undurchdringlichen Drei Millionen nicht den erwarteten Eindruck hinterlassen. Der große Erfolg seines Romans wurde nicht in seiner ursprünglichen Fortsetzungsform erzielt, sondern in seiner neu veröffentlichten Form, als er sich vom Unbekannten an das Bekannte Publikum wandte. Offensichtlich war es nicht das moralische Hindernis, das dem Erfolg von Alexandre Dumas und Eugène Sue im Wege stand.

Was war es also? Ganz klar dies, wie ich glaube. Das unbekannte Publikum ist im literarischen Sinne noch nicht ganz am Anfang, lesen zu lernen. Die Mitglieder des Publikums sind offensichtlich in der Masse, ohne dass es ihre Schuld wäre, noch immer unwissend in Bezug auf fast alles, was allgemein unter Lesern bekannt und verstanden wird, die aufgrund der Umstände sozial und intellektuell einen höheren Rang als sie haben. Die bloßen Hinweise in Monte Christo, The Mysteries of Paris und White Lies (der Schauplatz dieser letzten englischen Fiktion war auf französischem Boden angesiedelt) auf ausländische Namen, Titel, Sitten und Gebräuche verwirrten das unbekannte Publikum an der Schwelle. Sehen Sie sich die Antworten an die Korrespondenten noch einmal an und sagen Sie dann, wie viele von fünfzig Abonnenten einer Penny-Zeitschrift wahrscheinlich wissen, dass beispielsweise Mademoiselle Miss bedeutet? Neben der Schwierigkeit, das Penny-Publikum anzusprechen, die zu Beginn durch so einfache Hindernisse wie dieses verursacht wurde, gab es im Fall aller drei soeben erwähnten Fiktionen die große zusätzliche Schwierigkeit, unerfahrene Leser an die Feinheiten und Feinheiten der literarischen Kunst zu gewöhnen. Es wurde ein riesiges Publikum entdeckt: Der nächste Schritt besteht darin, diesem Publikum im literarischen Sinne das Lesen beizubringen.

Ein Versuch, der einer der Penny Journals zugute kommt, wurde bereits unternommen. Ich habe an einer Stelle den Nachdruck eines Romans erwähnt und später eine bemerkenswerte Ausnahme vom trostlos banalen Charakter der übrigen Geschichten. In beiden Fällen beziehe ich mich auf ein und dieselbe Fiktion – auf den Kenilworth von Sir Walter Scott, der als neues Fortsetzungsexperiment in einer Penny Journal nachgedruckt wird. Hier spricht der große Meister der modernen Fiktion zu dieser Tageszeit ein neues Publikum an und (erstaunliche Anomalie!) marschiert in Gesellschaft von Schriftstellern, die die Grundlagen ihres Handwerks noch erlernen müssen! Meiner Meinung nach scheint ein Ergebnis sicher. Wenn Kenilworth von der unbekannten Öffentlichkeit geschätzt wird, dann werden eines Tages zwangsläufig die besten Männer unter den lebenden englischen Schriftstellern aufgefordert werden, auf den Seiten der Penny Journals zu erscheinen.

Inzwischen ist es wohl kaum übertrieben zu sagen, dass die Zukunft der englischen Belletristik in den Händen dieses unbekannten Publikums liegt, das jetzt darauf wartet, den Unterschied zwischen einem guten und einem schlechten Buch zu lernen. Es ist wahrscheinlich nur eine Frage der Zeit.

Das größte Publikum für Zeitschriftenliteratur muss in diesem Zeitalter der Zeitschriften dem allgemeinen Gesetz des Fortschritts gehorchen und früher oder später lernen, zu unterscheiden. Wenn diese Zeit kommt, werden die Leser, die in Millionenhöhe rangieren, die Leser sein, die den größten Ruf haben, die reichsten Belohnungen zurückgeben und deshalb die Dienste der besten Schriftsteller ihrer Zeit in Anspruch nehmen werden. Eine großartige, eine beispiellose Aussicht erwartet vielleicht die kommende Generation englischer Romanautoren. Den Penny Journals der Gegenwart gebührt die Ehre, ein neues Publikum entdeckt zu haben. Wenn dieses Publikum erkennt, dass es einen großen Schriftsteller braucht, wird der große Schriftsteller ein Publikum haben, wie man es noch nie erlebt hat. [3]

Soziale Missstände. - III.
Geben Sie uns Raum!

[Die gebieterische Bitte eines Familienvaters.]

Die Unterhaltungen der Festtage sind, soweit es mich persönlich betrifft, endlich vorübergehend abgeebbt. Meine Familie und ich haben im Moment tatsächlich ein oder zwei Abende für uns. Ich möchte diese freie Zeit nutzen, um meine Ansichten zum Thema Abendgesellschaften und Damenkleidung auszudrücken.

Niemand soll diese Seite ungeduldig umblättern, beunruhigt über die Aussicht auf eine weitere Schmährede gegen die Krinoline. Ich für meinen Teil werde mich nicht in die Rolle eines Schriftstellers schlüpfen, der sich vergeblich gegen eine der bestehenden Institutionen dieses Landes stellt. Die Presse, die Kanzel und die Bühne betrachten sich üblicherweise als drei sehr mächtige Hebel, die mit schrecklicher Wirkung auf das träge Material der Gesellschaft eingesetzt werden können. Alle drei haben versucht, diese blühende ausländische Pflanze, die Krinoline, aus der englischen Erde zu reißen und haben es nicht geschafft, auch nur eine einzige Wurzel davon zu bewegen. Alle drei sind mit voller Kraft gegen die Frauen Englands angetreten und haben sie keinen Zentimeter bewegt. Die Macht der Presse! Was ist sie schon im Vergleich zur Macht einer französischen Hutmacherin? Die Presse hat versucht, die Unterröcke der Frauen zu kürzen und ist bei diesem Versuch völlig gescheitert. Wenn die rechte Zeit gekommen ist, wird eine französische Hutmacherin sie innerhalb einer Woche kürzen. Die Kanzel predigt, die Bühne macht sich lustig; und jede Frau der Gemeinde oder des Publikums sitzt unerschütterlich in der Mitte ihres Ballons und lässt die ernsten oder komischen Worte zu einem Ohr hinein- und zum anderen hinausgehen, genau so, als ob sie in einer unbekannten Sprache gesprochen würden. Nichts, soweit ich mich erinnern kann, hat die Ansprüche der Presse, der Kanzel und der Bühne so wirksam zerstört wie das völlige Scheitern ihres Kreuzzugs gegen die Krinoline.

Mein derzeitiges schriftliches Anliegen wird, glaube ich, wahrscheinlich beliebt sein – zumindest bei den Damen. Ich möchte die Krinoline nicht herabsetzen – ich möchte ihr nur Platz machen. Ich persönlich mag sie ziemlich – das tue ich tatsächlich, obwohl ich ein Mann bin. Tatsache ist, dass ich ein durch und durch disziplinierter Ehemann und Vater bin und ihren Wert kenne. Der einzige Makel in der ansonsten perfekten Form meiner ältesten Tochter sind ihre Füße und Knöchel. Sie ist verheiratet, also habe ich kein Problem damit zu erwähnen, dass sie ausgesprochen plump sind. Ohne Krinoline würde man sie sehen; mit Krinoline (außer wenn sie die Treppe hinaufgeht) hat niemand den geringsten Verdacht. Meine Frau –

bitte sagen Sie ihr nicht, dass ich das je bemerkt habe – meine Frau watschelte vor der Erfindung der Krinoline. Jetzt schwimmt sie wollüstig und wirft alle leichten Möbelstücke um, wenn sie den Raum durchquert, und zwar auf eine Art, die, wenn nicht die Reparaturkosten wären, absolut bezaubernd wäre. Eine meiner anderen unverheirateten Töchter war einst traurig dünn, das arme Mädchen. Oh, wie rundlich sie jetzt ist! Oh, meine heiratsfähigen jungen Männer, wie hinreißend rundlich sie jetzt ist! Ein langes Leben für die Monarchie der Crino- Linie! Jede Mutter in diesem Land, die Töchter zu verheiraten hat und die sich ihrer unaufdringlichen persönlichen Attraktivität nicht so sicher ist, wie sie es gerne wäre, wiederholt diesen loyalen Schrei, da bin ich mir sicher, aus tiefstem Herzen. Und die Presse glaubt tatsächlich, sie könne unsere Hingabe an unsere Königin Petticoat erschüttern? Pfui! Pfui!

Aber wir müssen Platz haben – wir müssen auf jeden Fall Platz für unseren Unterrock bei Abendgesellschaften haben. Wir brauchten ihn schon vor der Krinoline. Jetzt brauchen wir ihn noch zehntausendmal mehr. Ich weiß nicht, wie andere Eltern darüber denken; aber wenn es nicht bald eine Reform des gegenwärtigen Systems der Partyvergabe gibt, bin ich, was Gesundheit, Geldbeutel und Laune betrifft, ein verlorener Mann. Lassen Sie mich meine Meinung zu diesem Punkt durch eine einfache und wahrheitsgetreue Vorgehensweise klarstellen. Lassen Sie mich beschreiben, wie wir zu unserer letzten Party gegangen sind und wie wir von ihr zurückgekommen sind.

Doktor und Mrs. Crump aus Gloucester Place (ich erwähne Namen und Orte, um den respektablen Charakter der Gesellschaft zu zeigen) haben uns vor einer Woche freundlicherweise um unsere Gesellschaft gebeten. Wir nahmen die Einladung an und vereinbarten, uns vor unserer Abreise um halb zehn in meinem Esszimmer zu versammeln. Es ist unnötig zu erwähnen, dass ich und mein Schwiegersohn (der jetzt zu Besuch bei mir ist) das Zimmer zur vereinbarten Zeit ganz für uns alleine hatten. Wir warteten eine halbe Stunde: beide schlecht gelaunt, beide sehnten sich danach, ins Bett zu gehen, und beide schwiegen hartnäckig. Als die Uhr im Flur zehn schlug, war auf der Treppe ein Geräusch zu hören, als ob ein heftiger Sturm ins Haus eingebrochen wäre und auf das Esszimmer zusteuerte, um uns beide ins Leere zu blasen. Wir wussten, was das bedeutete, sahen uns an und sagten: „Hier sind sie!" Die Tür öffnete sich und Boreas schwamm wollüstig herein, in der Gestalt meiner Frau, in weinrotem Samt . Sie ist 1,75 m groß und trägt – Nein! Ich habe sie nie wirklich gezählt. Ich möchte die Öffentlichkeit nicht in die Irre führen oder meiner Frau gegenüber ungerecht sein. Ich begnüge mich damit, ihre Größe anzugeben und hinzuzufügen, dass sie eine modebewusste Frau ist. Ihr Umfang und die Ursachen dafür können der Fantasie des Lesers überlassen werden.

Ihr folgten vier kleine Winde, die uns direkt in die Zähne bliesen – meine verheiratete Tochter in Pink Moiré Antique; meine eigene Julia (Single) in Violet Tulle Illusion; meine eigene Emily (Single) in weißer Spitze über Glacé-Seide; meine eigene Charlotte (Single) in blauer Gaze über Glacé-Seide. Die vier kleinen Winde und der majestätische mütterliche Boreas erfüllten den ganzen Raum und strömten auf den Esstisch. Es war ein großartiger Anblick. Mein Schwiegersohn und ich – ein Paar bloßer schwarzer Kaulquappen – verkrochen uns in eine Ecke und starrten hilflos darauf.

Unsere Ecke war leider am weitesten von der Tür entfernt. Als ich also den Weg zu den Kutschen antrat, stand ich vor einer beeindruckenden Zwischenfläche von neunzig Metern Oberbekleidung (wobei den Damen nur achtzehn Meter zur Verfügung standen). Da ich alt, schlau und im Haus respektiert war, achtete ich darauf, meiner Frau aus dem Weg zu gehen, und schaffte es, an meinen Töchtern vorbeizukommen. Mein Schwiegersohn, jung, unschuldig und von untergeordneter Stellung in der Familie, hatte nicht so viel Glück. Ich ließ ihn hilflos zurück, wie er um die Ecke des weinroten Samts seiner Schwiegermutter blickte , während ein Bein in dem Moiré Antique seiner Frau steckte. Es gibt allen Grund anzunehmen, dass er sich nie selbst befreite; denn als wir in die Kutschen stiegen, war er nicht zu finden; und als er schließlich wieder zu sich kam, zeigte er Symptome körperlicher und geistiger Erschöpfung. Ich fürchte, mein Schwiegersohn hat sich angesteckt – ich fürchte sehr, dass sich mein Schwiegersohn während meiner Abwesenheit angesteckt hat.

Wir füllten – nein, wir waren überfüllt – zwei Wagen. Meine Frau und ihre verheiratete Tochter in einem und ich selbst auf dem Bock – der Vordersitz wurde zu Recht wegen des Samts und des Moiré Antique benötigt. Im zweiten Wagen saßen meine drei Mädchen – erdrückt, wie sie mir empört mitteilten, völlig verunstaltet (habe ich Ihnen nicht gerade erzählt, wie mollig eine von ihnen war?) durch die erbärmlich unzureichende Unterbringung, die ihnen das Gefährt bot. Sie sagten meinem Schwiegersohn, als er kleinlaut auf den Bock stieg, dass sie sich jedenfalls davor hüten würden, einen Mann wie ihn zu heiraten! Ich habe nicht die geringste Ahnung, was er getan hatte, um sie zu provozieren. Das ehrenwerte Geschöpf wird im Haus viel gescholten, ohne dass es dafür einen erkennbaren Grund gibt. Nehmen es ihm meine Töchter übel, dass er als Ehemann offiziell vom Geheimnis der hässlichen Füße ihrer Schwester weiß? Oh, du meine Güte, ich hoffe nicht – ich hoffe aufrichtig nicht!

Um zehn Minuten nach zehn fuhren wir zum gastfreundlichen Heim von Doktor und Mrs. Crump. Die Frauen meiner Familie waren perfekt in die feinsten Stoffe gekleidet. Keiner der Teilnehmer wies einen Makel an irgendeinem Teil ihres Kostüms auf. Das ist eine Menge, wenn man von neunzig Metern Kleidung spricht, ohne die Bänder und das dichte Dickicht blühender Büsche zu erwähnen, das ihnen anmutig über den Kopf und den halben Rücken fiel – aber ich kann es trotzdem sagen.

Am nächsten Morgen versammelten wir uns alle vierzig Minuten nach vier wieder in meinem Esszimmer, um unsere Schlafzimmerkerzen anzuzünden. Allein nach der Kleidung zu urteilen, hätte ich keine meiner Töchter wiedererkannt – nein, keine von ihnen!

Die Tüllillusion war keine Illusion mehr. Das wunderschöne Gros de Naples-Untergewebe meiner Tochter wölbte sich an einem halben Dutzend Stellen hindurch. Das Pink Moiré Antique war zu einer rosa Schleppe zerrissen. Die weiße Spitze war in Fetzen und die blaue Gaze in Fetzen.

"Eine bezaubernde Party!", riefen meine Töchter im melodischen Chor, als ich diese Szene der Zerstörung betrachtete. Bezaubernd, in der Tat! Wenn ich meine vier Mädchen herausgeputzt und sie mit dem strikten Befehl, sich zu betrinken und die Polizei anzugreifen, zum Greenwich Fair geschickt hätte und wenn sie meine Anweisungen genau befolgt hätten, hätten sie dann in einem viel schlimmeren Zustand zu mir nach Hause kommen können, als ich sie jetzt sehe? Könnte irgendein Mann, der mit dem gegenwärtigen monströsen System der Partyvergabe nicht vertraut ist, meine vier jungen Frauen ansehen und glauben, dass sie den Abend unter den Augen ihrer Eltern in einem anständigen Haus verbracht hätten? Wenn die Party in einem Stoffgeschäft stattgefunden hätte , könnte ich den Zweck dieser mutwilligen Zerstörung von Eigentum verstehen. Aber Doktor Crump ist nicht daran interessiert, mich dazu zu bringen, neue Kleider zu kaufen. Was habe ich ihm getan, dass er mich und meine Familie zu sich nach Hause einlädt und meinen Kindern fast die Kleider vom Leib reißt, als Gegenleistung für unsere freundliche Bereitschaft, seine Einladung anzunehmen?

Aber meine Töchter haben den ganzen Abend getanzt, und solche kleinen Unfälle passieren in privaten Ballsälen. Wirklich? Ich habe nicht getanzt, meine Frau hat nicht getanzt, mein Schwiegersohn hat nicht getanzt. Sind wir deswegen ohne Schaden geblieben? Ganz bestimmt nicht. Samt reißt nicht so leicht, und so habe ich keine Risse im Kleid meiner Frau zu beklagen. Aber ich fürchte, dass ein Löffel Trifle nicht richtig an seinen Bestimmungsort gelangt, wenn man ihn einer Dame in den Schoß legt, und ich bestreite grundsätzlich, dass zwischen dem Charme der Gesellschaft und dem Tragen zerdrückter Makronen, die wie festgeklebt auf dem Rücken des Kleides einer anständigen Matrone verteilt sind, ein notwendiger Zusammenhang besteht. Ich habe meiner Frau drei vom Kleid abgezupft, als sie aus dem Esszimmer schwamm und die Treppe hinaufging, und man hat mir gesagt, dass ich vorne zwei neue Hosen brauche, da ihr Schoß in einen Teller für Trifle verwandelt wurde. Und was meinen Schwiegersohn betrifft, so sind seine Hosen durchnässt von verschüttetem Champagner; und er nahm in meiner Gegenwart fast eine Handvoll schlaffen Hummersalats aus der Öffnung zwischen seiner Hemdbrust und seiner Weste. Ich selbst hatte meinen Ellbogen in einer Wildpastete und sehe mit Ekel eine schleimige Spur aus erloschener Vanillecreme, die sich am linken Kragen meines Mantels entlang schlängelt. Insgesamt beläuft sich der Schadenersatz, wenn man die niedrigste Berechnung zugrunde legt, auf zehn Pfund, achtzehn Schilling und sechs Pence. [4]

Nur Schadensersatz für beschädigte Kleidungsstücke. Ich muss noch herausfinden, was die Folgen der erstickenden Hitze in den Zimmern und der eisigen Zugluft in den Gängen und auf den Treppen sein werden – ich muss mich noch mit den möglichen Arztrechnungen für die Behandlung unserer Grippe und unseres Rheumas auseinandersetzen. Und welcher Ursache ist all diese Zerstörung und dieses Unbehagen zuzuschreiben? Ganz einfach: dieser. Als Doktor und Mrs. Crump ihre Einladungen aussprachen, folgten sie dem Beispiel des Rests der Welt und luden fünfmal so viele Leute zu sich nach Hause ein, wie bequem in ihre Zimmer passen würden. Daher das Gedränge, Stoßen und Herumgezerre unter den Tänzern und das Gedränge, Stoßen und Herumgeschüttel im Speisesaal. Daher eine Szene barbarischen Gedränges und Durcheinanders, in der die erfolgreichen Tänzer die schwersten und unhöflichsten Paare in der Gesellschaft sind und die erfolgreichen Gäste am Abendbrottisch die Leute, die am wenigsten Rücksicht auf die Zwänge der Höflichkeit und die Bedürfnisse ihrer Nachbarn nehmen .

Gibt es kein Heilmittel gegen dieses große gesellschaftliche Ärgernis? Denn ein Ärgernis ist es gewiß. In jedem Bezirk Londons gibt es ein Heilmittel in Form eines geräumigen und gemütlichen öffentlichen Raumes, den man mieten kann. Die Räume, auf die ich anspiele, werden nie für zweifelhafte Zwecke genutzt. Sie sind hauptsächlich Vorträgen, Konzerten und Versammlungen vorbehalten. Werden sie für private Zwecke genutzt, kann man ihre Privatsphäre dadurch wahren, dass man jedem Gast eine Karte gibt, die er an der Tür vorzeigen muss, genau wie man in der Oper Karten überreicht. Die Kosten für die Miete wären im Vergleich zu den Kosten für die Vorbereitung eines Privathauses für eine Party und den Kosten für die Verletzungen, die durch Gedränge entstehen, so gut wie nichts. Das Abendessen könnte in den großen Raum gebracht werden, wie es in das kleine Haus gebracht wird. Und welcher Nutzen wäre durch all dies gewonnen? Der erste und größte aller Vorteile in solchen Fällen – Raum. Raum für die Tänzer, um ihre Kunst in vollkommener Bequemlichkeit auszuüben; Raum für die Zuschauer, um sich zu bewegen und in aller Ruhe miteinander zu reden; Raum für die Musiker in einer gemütlichen Galerie; Raum zum Essen und Trinken; Raum für angenehme gleichmäßige

Belüftung. Mit einem Wort, alle anerkannten Vorteile eines öffentlichen Balls mit der angenehmen sozialen Freiheit einer privaten Unterhaltung.

Und was hindert die Annahme dieser vernünftigen Reform? Nichts als die innere Eitelkeit meiner geliebten Landsleute.

Ich habe neulich einem meiner besten Freunde vorgeschlagen, ein Zimmer zu mieten. Er dachte daran, eine Party zu geben, und dachte unmenschlicherweise daran, mindestens hundert Leute in sein schäbiges kleines Haus mit zehn Zimmern einzuladen. Er schauderte förmlich, als ich meine Idee erwähnte: Alle seine engstirnigen Vorurteile brachen sofort aus. „Wenn ich meine Freunde nicht unter meinem eigenen Dach, an meinem eigenen Herd und in meinem eigenen Zuhause empfangen kann, Sir, dann empfange ich sie überhaupt nicht. Nehmen Sie sich ein Zimmer! Nennen Sie das die Gastfreundschaft eines Engländers? Ich nicht." Es war völlig sinnlos, diesem Herrn zu sagen, dass die Gastfreundschaft eines Engländers oder die Gastfreundschaft eines jeden Mannes diesen Namen nicht verdient, wenn sie nicht die erste große Voraussetzung erfüllt, es seinen Gästen bequem zu machen. Wir vertreten in diesem Land nicht diese weit hergeholte Ansicht über die Sache. Wir stehen auf unserem eigenen Boden (egal, ob er nur zwölf Quadratfuß groß ist oder nicht); wir machen in unseren Häusern eine gute Figur (egal, ob sie für diesen Zweck groß genug sind oder nicht); Kümmern Sie sich nicht um die Kleider der Frauen; kümmern Sie sich nicht um die ständigen Zusammenstöße der Tänzer; kümmern Sie sich nicht darum, dass das Abendessen ein trostloses, barbarisches Durcheinander ist; kümmern Sie sich nicht darum, dass die Belüftung zwischen unerträglicher Hitze und unerträglicher Kälte wechselt – das Haus eines Engländers ist sein Schloss, selbst wenn Sie seine Treppe nicht hinaufsteigen und sich in seinen Räumen nicht umdrehen können. Wenn ich im Schwarzen Loch in Kalkutta leben würde, Sir, würde ich meine Freunde *dort sehen*, weil ich dort lebte, und würde die Nase über den schönsten Marmorpalast der ganzen Stadt rümpfen, weil man diesen Palast mieten könnte!

Und doch ist die Neuerung eines sinnlosen, althergebrachten Brauchs, die ich hier vorschlage, selbst in diesem Land nicht ohne Beispiel. Als ich ein junger Mann war, veranstalteten ich und einige meiner Freunde einmal im Jahr einen Junggesellenball. Wir mieteten zu diesem Zweck einen anständigen öffentlichen Raum. Niemand, der nicht vollkommen geeignet war, in das Haus eines Gentlemans eingeladen zu werden, hatte jemals Zutritt zu unserer Unterhaltung. Niemand brauchte Platz zum Tanzen; niemandes Kleidung war beschädigt; niemand fühlte sich beim Abendessen unwohl. Die jungen Damen freuten sich jedes Jahr auf unseren Ball als den besonderen Tanz der Saison, bei dem sie sich sicher amüsieren würden. Sie sprachen begeistert von der bezaubernden Musik, der brillanten Beleuchtung, der hübschen Dekoration und dem schönen Abendessen. Alte

Damen und Herren baten kläglich, dass sie aufgrund ihres Alters nicht ausgeschlossen würden. Menschen jeden Alters und Geschmacks fanden beim Junggesellenball etwas, das ihnen gefiel, und hatten nie eine Erinnerung daran, die nicht von der glücklichsten Natur war. Was hindert uns jetzt, da wir verheiratet sind, daran, dem vernünftigen Vorgehen unserer Jugend zu folgen? Die dumme Annahme, dass mein Haus groß genug sein muss, um alle meine Freunde bequem unterzubringen, *weil* es mein Haus ist. Als ich eine Wohnung hatte, habe ich nicht so argumentiert, obwohl mein Junggesellenwohnzimmer, in beide Richtungen, nur wenige Meter voneinander entfernt, so groß war wie das Wohnzimmer meines Hausherrn heute.

Ich hege jedoch wirklich einige Hoffnungen, dass die vernünftige Reform, die ich vorzuschlagen wagte, vor meinem Tod praktisch und allgemein umgesetzt wird. Nicht weil ich sie befürworte, nicht weil sie an sich vernünftig ist, sondern nur, weil der Lauf der Zeit dem hartnäckigen Vorurteil wahrscheinlich in Kürze keine Wahlmöglichkeit und keine Widerstandskraft mehr lassen wird. Es wird mehr gefeiert, es gibt mehr Partygäste, es gibt mehr Unterröcke – aber Privathäuser bleiben genau so, wie sie waren. Es ist offensichtlich nur eine Frage der Zeit. Die Gäste strömen bereits jetzt auf die Treppe. Wenn die Bevölkerung um zehn Jahre zunimmt, werden sie auf die Straße strömen. Wenn die Tür des unsinnigen Schlosses des Engländers nicht geschlossen werden kann, weil sich so viele Gäste bis zur Schwelle drängen, dann wird er der Notwendigkeit zugestehen, was er jetzt keiner Argumentation oder sanften Überzeugungskraft zugestehen will. Das einzige stichhaltige Argument gegenüber hartnäckigen Menschen ist die Gewalt – und im vorliegenden Fall wird die Zeit sie früher oder später mit Sicherheit einsetzen.

KURIOSITÄTEN DER LITERATUR – II.
PORTRÄT EINES AUTORS, GEMALT VON SEINEM VERLEGER.

ICH.

Der Autor wurde als Franzose geboren und starb im Jahr 1850. Überall auf dem europäischen Kontinent, wo die französische Literatur vorgedrungen ist, zählen seine Leser Zehntausende. Frauen aller Stände und Schichten haben ihn schon seit langem als den Mann unter den modernen Romanautoren ausgezeichnet, der ihr Geschlecht in seiner Stärke und Schwäche am besten kennt und am subtilsten schätzt. Männer, deren kritisches Urteil weithin und mit Recht respektiert wird, haben erklärt, er sei der tiefgründigste und wahrste Beobachter der menschlichen Natur, den Frankreich seit der Zeit Molières hervorgebracht hat. Zweifellos zählt er zu den wenigen großen Genies, die in Jahrhunderten des Schreibens einzeln oder zu zweit auftreten und ihre Spuren in der Literatur ihrer Zeit unauslöschlich hinterlassen. Und doch gibt es trotz dieses weit verbreiteten kontinentalen Ruhms und dieses unbestreitbaren Rechts und Anspruchs, ihn zu genießen, wahrscheinlich kein zivilisiertes Land in der Alten Welt, in dem er so wenig bekannt ist wie in England. Unter allen Lesern – eine große Gruppe auf diesen Inseln –, die aus verschiedenen Gründen nicht daran gewöhnt sind, französische Literatur in ihrer Muttersprache zu studieren, gibt es wahrscheinlich sehr viele, die noch nie den Namen HONORÉ DE BALZAC GEHÖRT HABEN .

So unerklärlich es auf den ersten Blick erscheinen mag, der Grund, warum der berühmte Autor von Eugénie Grandet , Der Vater Goriot und La Recherche de l'Absolu sind in England zufällig so wenig bekannt, dass sie, oberflächlich betrachtet, leicht zu entdecken sind. Balzac ist wenig bekannt, weil er nur wenig übersetzt wurde. Eine englische Version von Eugénie Grandet wurde kürzlich als Teil einer billigen Romanreihe beworben. Und der Autor dieses Artikels erinnert sich vage daran, vor vielen Jahren auf eine Übersetzung von La Peau de Chagrin gestoßen zu sein. Aber soweit er weiß, wurde unseren Lesern außer diesen beiden Büchern kein einziges anderes Werk aus der Gesamtzahl von siebenundneunzig Erzählungen, ob lang oder kurz, die aus derselben fruchtbaren Feder stammten, in unserer eigenen Sprache angeboten. Der Ruf von Alexandre Dumas, Victor Hugo und Eugène Sue hat in diesem Land enorm geholfen; Balzac hingegen hat überhaupt nicht oder kaum geholfen – obwohl er in Frankreich (und in mancher Hinsicht zu Recht) als ein Action-Autor gilt, der allen dreien überlegen ist.

Viele Ursachen, zu zahlreich, um sie im Rahmen eines einzigen Artikels ausführlich nachzuzeichnen, haben wahrscheinlich zu diesem einzigartigen Beispiel literarischer Vernachlässigung beigetragen. Es lässt sich beispielsweise nicht leugnen, dass der Übersetzung von Balzac ernsthafte Schwierigkeiten im Wege stehen, die durch seine eigenen Eigenheiten in Stil und Behandlung verursacht werden. Sein Französisch ist nicht das klare, anmutige, sauber gesprochene Französisch von Voltaire und Rousseau. Es ist eine starke, raue, solide, kraftvolle Sprache, die ihm selbst eigen ist; mal blitzt sie in den erlesensten Ausdrucksformen auf und mal ist sie in eine Dunkelheit gehüllt, die nur die aufmerksamste Aufmerksamkeit zu durchdringen hoffen kann. Ein besonderer Mann, der nicht in Zeitnot ist und dessen Geduld nicht so schnell erschöpft ist, könnte das englische Äquivalent von Balzac mit bewundernswerter Wirkung liefern. Aber eine gewöhnliche Übersetzung durch durchschnittliche Arbeiter würde nur durch eine schwache Parodie zum Ergebnis eines völligen Misserfolgs führen. [5]

Die Schwierigkeiten, die sein Behandlungsstil mit sich bringt, dürfen nicht auf die leichte Schulter genommen werden, wenn man die Frage erwägt, diesen Autor unserem breiten Publikum vorzustellen. Das Besondere an Balzacs literarischer Ausführung ist, dass er die Feinheiten und Feinheiten der Kunst niemals zugunsten einer vorübergehenden Wirkung aufs Spiel setzt. Der Rahmen, in den seine Idee eingebettet ist, ist immer mit einer liebevollen Akribie ausgearbeitet, die nichts auslässt. Alles, was nach Ansicht dieses Autors die von ihm dargestellten Charaktere auch nur annähernd illustrieren kann, muss den Köpfen seiner Leser ausführlich vermittelt werden, bevor die Charaktere selbst in Aktion treten. Diese Qualität der minutiösen Ausführung, der wiederholten Verfeinerung, die für ausländische Leser einer von Balzacs großen Verdiensten ist, ist für ein englisches Publikum ein weiteres Hindernis bei der Übersetzung seiner Texte.

Wenn man diese Hindernisse als glaubwürdig ansieht und weiter zugibt, dass Balzac sich als Autor, der darauf beharrt, die trostlosen Seiten des menschlichen Lebens buchstäblich, genau und nackt so darzustellen, wie er sie vorfindet, schweren Einwänden aussetzt (von Seiten jenes leider großen Teils des englischen Publikums, der hartnäckig gegen die Wahrheit protestiert, wo immer sie schmerzhaft ist), und diese und viele weitere Zugeständnisse, wenn noch mehr nötig sind, so ist es doch unmöglich, im Interesse der Leser selbst nicht zu bedauern, dass würdige englische Versionen der besten Werke dieses großen Autors nicht in die Nationalbibliothek übersetzter Literatur aufgenommen werden. Gegen Ende seiner Laufbahn scheint Balzacs eigener Geschmack bei der Themenwahl beeinträchtigt worden zu sein. Seine späteren Romane, so hervorragend einige von ihnen in literarischer Hinsicht auch waren, sind in moralischer Hinsicht sicherlich nicht gegen den schweren Vorwurf zu verteidigen, unnötig und sogar schrecklich abstoßend zu sein. Aber gegen die Mehrzahl der Werke, die er in der Blüte seines Lebens und seiner Fähigkeiten schuf, gibt es keine Einwände dieser Art. Die Konzeption des Charakters der „ Eugénie Grandet ist eines der reinsten, zärtlichsten und schönsten Werke der gesamten Belletristik, und seine Ausführung ist sogar dieser Idee würdig. Wenn die bereits fertiggestellte Übersetzung dieses Buches nur ehrenhaft ausgeführt wird, kann sie für sich selbst sprechen. Aber es gibt andere Romane des Autors, die das gleiche Privileg verdienen und die es noch nicht erhalten haben. „La Recherche de l'Absolu " – ein Familienbild, das an Wahrheit, Zartheit und Pathos von keinem Romanautor irgendeiner Nation oder Zeit übertroffen wurde; eine literarische Leistung, in der ein neuer und unvergänglicher Charakter (der exquisit schöne Charakter der Ehefrau) der großen Galerie der Belletristik hinzugefügt wurde – bleibt dem allgemeinen Publikum Englands noch unbekannt. „Le Père Goriot "—das zwar einige der verborgenen Verderbtheiten des Pariser Lebens enthüllt, diese aber edel im Interesse der höchsten Moral enthüllt, die keiner Nation und keiner Sekte angehört—"Le Père „ Goriot ", das erste und bedeutendste aller Werke des Schriftstellers, das Tausenden von Tränen aus den reinsten Quellen entlockt hat, hat noch immer die Sympathie englischer Leser zu gewinnen. Andere kürzere Geschichten, verstreut in den „ Scènes de la Vie Privée ", den „ Scènes de la Vie de Province" und den „ Scènes de la Vie Parisienne ", sind einem gewissen Leserkreis in diesem Land ebenso völlig unbekannt und verdienen ebenso zweifellos eine sorgfältige und kompetente Übersetzung wie die längeren und kunstvolleren Werke aus Balzacs unerschöpflicher Feder. Zählt man diese kürzeren Geschichten hinzu, so gibt es mindestens ein Dutzend seiner größten Errungenschaften in der Belletristik, die man getrost ins Englische übertragen könnte, die eine eigene Reihe bilden könnten und die keine vernünftige Engländerin lesen könnte, ohne dass sie ihr intellektuell oder moralisch schaden würde.

So viel zu den notwendigen Vorbemerkungen zu den Werken dieses Autors und ihrer gegenwärtigen Stellung in der englischen Öffentlichkeit. Leser, die sich für das Thema so sehr interessieren, dass sie auch etwas über den Mann selbst erfahren möchten, können diese Informationen nun aus einer einzigartigen Quelle beziehen. Das Leben von Balzac wurde kürzlich ausgerechnet von seinem Verleger geschrieben! Dies ist ein Phänomen an sich; und das Seltsame daran wird noch dadurch verstärkt, dass der Verleger durch den Autor an den Rand des Ruins gebracht wurde, dass er diesen Umstand in seiner Lebensbeschreibung erwähnt und dass dies seiner offensichtlich aufrichtigen Bewunderung für den großen Mann, mit dem er einst geschäftlich so unheilvoll verbunden war, keinen Deut abträglich ist. In einer Zeit, in der Originalität immer schwerer zu finden ist, handelt es sich hier zweifellos um ein originelles Buch. Ein Buch mit Enthüllungen, die jeden Balzac-Bewunderer, der den Menschen nicht von seinem Werk trennen kann, verwirren und entsetzen werden. Ein Buch, das - was den Helden betrifft - eines der einzigartigsten Zeugnisse menschlicher Exzentrizität und - was den Biographen betrifft - menschlicher Leichtgläubigkeit ist und wahrscheinlich jemals zur Belustigung und Verwirrung der Leserwelt veröffentlicht wurde.

Der Titel dieses einzigartigen Werkes lautet: „Portrait Intime De Balzac: sa Vie, son Humeur et son Caractère . Par Edmond Werdet , son ancien Libraire-Editeur . Bevor wir jedoch Monsieur Werdet seine eigenen persönlichen Erfahrungen mit dem berühmten Schriftsteller schildern lassen, ist es ratsam, das Thema mit einem Überblick über die Kämpfe, Entbehrungen und Enttäuschungen einzuführen, die Balzacs frühes Leben kennzeichneten und die seinen späteren Charakter zweifellos zum Schlechteren beeinflussten. Diese Einzelheiten werden von Monsieur Werdet in Form einer Episode wiedergegeben und basieren seinerseits hauptsächlich auf Informationen, die ihm von der Schwester des Autors zur Verfügung gestellt wurden.

Honoré de Balzac wurde am 16. Mai 1799 in der Stadt Tours geboren. Seine Eltern waren Leute von Rang und Ansehen in der Welt. Sein Vater hatte eine juristische Anstellung im Ratssaal von Ludwig dem Sechzehnten. Seine Mutter war die Tochter eines der Direktoren der öffentlichen Krankenhäuser von Paris. Sie war viel jünger als ihr Mann und brachte ihm eine reiche Mitgift. Honoré war ihr Erstgeborener und behielt sein Leben lang sein erstes Gefühl kindlicher Ehrfurcht vor seiner Mutter. Diese Mutter erlitt den unsäglichen Kummer, ihren berühmten Sohn im Alter von fünfzig Jahren durch den Tod von ihr genommen zu sehen. Balzac hauchte seinen letzten Atemzug in den gütigen Armen aus, die ihn am Tag seiner Geburt zum ersten Mal gestreichelt hatten.

Sein Vater, von dem er offensichtlich viel von seiner Exzentrizität geerbt hat, wird als eine Mischung aus Montaigne, Rabelais und Onkel Toby beschrieben – ein Mann von seltsam origineller Art, was seine Manieren, seine Konversation und sein Wesen angeht. Als die Revolution ausbrach, verlor er seine Stellung am Hof und erhielt eine Stelle im Proviantamt der Nordarmee. Diesen Posten behielt er einige Jahre. Er war für ihn umso wichtiger, da sich die finanziellen Verhältnisse der Familie durch die Erschütterungen der Revolution verschlechtert hatten.

Im Alter von sieben Jahren wurde Balzac auf das College von Vendôme geschickt und blieb dort weitere sieben Jahre. Diese Zeit seines Lebens war seiner Erinnerung nach nie eine angenehme. Die bescheidenen Verhältnisse seiner Familie setzten ihn vielen schmutzigen Verfolgungen und Spott seitens der anderen Jungen aus, und mit den Lehrern kam er kaum besser aus. Sie bezeichneten ihn als faul und unfähig – oder, mit anderen Worten, als bereitwillig, alle möglichen Bücher nach seinem eigenen planlosen Plan zu verschlingen, aber hoffnungslos hartnäckig im Widerstand gegen die Erziehungsdisziplin der Schule. Diese Zeit seines Lebens hat er in einem seiner seltsamsten und mystischsten Romane wiedergegeben: „La Vie Intellectuelle de Louis Lambert".

Als er das kritische Alter von vierzehn Jahren erreichte, schien sein Intellekt unter einer Art Verfinsterung zu leiden, die sehr plötzlich und auf mysteriöse Weise auftrat und deren Ursache weder seine Lehrer noch die Ärzte erklären konnten. Er selbst erklärte später immer mit einem Hauch der Kuriosität seines Vaters, sein Gehirn sei von einer „Überflutung mit Ideen" befallen worden. Was auch immer die Ursache gewesen sein mochte, die Auswirkungen waren so schwerwiegend, dass seine Ausbildung gestoppt werden musste und sein Ausschluss vom College ganz selbstverständlich war. Zeit, Sorgfalt, Ruhe und das Atmen seiner Heimatluft brachten ihn allmählich wieder zu sich selbst und er konnte schließlich seine Studien an zwei Privatschulen abschließen. Auch hier tat er jedoch nichts, um sich von seinen Mitschülern abzuheben. Er las unaufhörlich und bewahrte die Früchte seiner Lektüre mit erstaunlicher Gedächtnisleistung auf; aber der Schulunterricht, der für gewöhnliche Jungen gut genug war, war genau die Art von Unterricht, vor der der im Wesentlichen originelle Geist von Balzac angewidert zurückschreckte. Alles, was er in dieser Zeit fühlte und tat, wurde auf den früheren Seiten von „Le Lys dans la Vallée " sorgfältig in seiner eigenen Feder wiedergegeben.

Obwohl er in der Schule schlecht vorankam, gelang es ihm, genügend konventionelles Wissen aufzunehmen, um mit 18 Jahren den Bachelor of Arts zu erlangen. Er war für das Jurastudium bestimmt; und nachdem er die juristischen Vorlesungen an den verschiedenen Institutionen von Paris besucht hatte, bestand er mit zwanzig sein Examen und trat dann als Schreiber in ein Notariat ein. Zwei weitere Schreiber leisteten ihm Gesellschaft, die die Plackerei des Jurastudiums ebenso sehr hassten wie er selbst. Einer von ihnen war der spätere Autor von „Die Geheimnisse von Paris", Eugène Sue; der andere war der berühmte Kritiker Jules Janin .

Nachdem er mehr als drei Jahre in diesem und einem anderen Amt tätig gewesen war, bot ein Freund, der dem Vater Balzac zu großem Dank verpflichtet war, an, seine Notartätigkeit an den Sohn Balzac abzutreten. Zum großen Skandal der Familie lehnte Honoré das Angebot entschieden ab – aus dem einzigen Grund, dass er entschlossen war, der größte Schriftsteller Frankreichs zu werden. Seine Verwandten lachten ihn zunächst aus und wurden schließlich wütend auf ihn. Aber nichts brachte Honoré zum Wanken. Er war von ruhiger, gesetzter Eitelkeit und seine eigene Überzeugung, dass seine Aufgabe im Leben lediglich darin bestand, ein berühmter Mann zu werden, erwies sich als zu stark, um von irgendjemandem erschüttert werden zu können.

Während er und seine Familie sich in dieser Frage stritten, verschlechterte sich die berufliche Situation des älteren Balzac. Er wurde pensioniert. Der dadurch verursachten Einkommensminderung folgte eine finanzielle Katastrophe. Er hatte fast sein gesamtes verbliebenes Vermögen und das seiner Frau in zwei Spekulationen gesteckt, und beide scheiterten. Ihm blieb nun nichts anderes übrig, als sich in ein kleines Landhaus in der Nähe von Paris zurückzuziehen, das er in seinen wohlhabenden Tagen gekauft hatte, und dort so gut zu leben, wie es auf den Trümmern seines verlorenen Vermögens möglich war. Honoré , der an dem hoffnungslosen Ziel festhielt, ein großer Mann zu werden, wurde auf seinen eigenen Wunsch hin allein in einer Pariser Dachkammer zurückgelassen, mit einer monatlichen Zuwendung von fünf englischen Pfund, mehr konnte der freundliche Vater nicht erübrigen, um den fehlgeleiteten Sohn zu ernähren, zu kleiden und zu beherbergen.

Und nun, ohne einen literarischen Freund, der ihm in ganz Paris half; allein in seiner elenden Dachkammer, mit seinem Kieferntisch und seinem Rollbett, seinen Eselsohren-Büchern, seinen bekritzelten Papieren, seiner wilden Eitelkeit und seinem unersättlichen Hunger nach Ruhm, rüstete sich Balzac entschlossen für den großen Kampf. Er war damals dreiundzwanzig Jahre alt – ein stämmiger Kerl mit einem großen, fröhlichen Gesicht und einer starken, eckigen Stirn, die von einem sehr unordentlichen und überflüssigen Haufen langer, wirrer Haare gekrönt wurde. Die einzige Schwierigkeit am Anfang bestand für ihn darin, womit er anfangen sollte. Nachdem er viele einsame Monate mit dem Skizzieren von Komödien, Opern und Romanen verbracht hatte, befolgte er schließlich die einzige verhängnisvolle Regel, die im frühen Leben von Literaten keine Ausnahme zuzulassen scheint, und konzentrierte seinen ganzen Fleiß und sein ganzes Genie auf die Inszenierung einer Tragödie. Nach unendlichen Mühen und langer Arbeit war das große Werk vollendet. Das Thema war Cromwell; und die Behandlung durch Balzac scheint so unfassbar schlecht gewesen zu sein, dass sogar seine eigene Familie – ganz zu schweigen von anderen vernünftigen Freunden – ihm in aller Deutlichkeit sagte, als er ihnen das Manuskript vorlas, er habe einen gewaltigen Fehler begangen. Bescheidene Männer hätten sich dadurch vielleicht entmutigen lassen. Balzac nahm sein Manuskript mit auf seine Dachkammer und war in seiner eigenen Wertschätzung höher denn je. „Ich werde aufhören, ein großer Dramatiker zu sein", sagte er seinen Eltern beim Abschied, „und stattdessen ein großer Romanschriftsteller sein." Die Eitelkeit des Mannes drückte sich sein ganzes Leben lang in dieser erhabenen Missachtung von Spott aus. Es war eine wertvolle Eigenschaft für ihn – es ist sicherlich (wie beleidigend es für unsere

Freunde auch sein mag) eine wertvolle Eigenschaft für uns alle. Welcher Mensch hat jemals etwas Großes geleistet, ohne mit einem tiefen Glauben an seine eigenen unerprobten Kräfte zu beginnen?

So wie immer zuversichtlich in seine eigenen Mittel, griff Balzac nun wieder zur Feder – diesmal in der Rolle eines Romanschriftstellers. Doch erwartete ihn gleich zu Beginn eine weitere und ernste Prüfung. Fünfzehn Monate der Einsamkeit, Entbehrung und rücksichtslosen, harten Schreibarbeit – Monate, die in „La Peau de Chagrin" mit furchtbarer und ergreifender Wahrheit beschrieben werden, direkt aus der bittersten aller Erfahrungen, der Erfahrung der fleißigen Armut – hatten ihn in einen Zustand körperlicher Schwäche versetzt, der jede gegenwärtige Anstrengung seiner geistigen Kräfte schlichtweg hoffnungslos machte und ihn – ein erschöpfter, ausgezehrter Mann im Alter von dreiundzwanzig Jahren – zwang, Zuflucht im ruhigen kleinen Landhaus seines Vaters zu suchen. Hier, unter der Obhut seiner Mutter, erwachten seine erschöpften Kräfte langsam wieder; und hier, in den ersten Tagen seiner Genesung, kehrte er mit der grimmigen Entschlossenheit der Verzweiflung dazu zurück, seinen alten Traum in der Dachkammer auszuarbeiten, das alte hoffnungslose Geschäft wiederaufzunehmen, ein großer Mann aus sich zu werden.

Unter dem Dach seines Vaters, während seiner langsamen Genesung, entstanden Balzacs Jugendromane. Die Stärke seines Glaubens an seine eigenen Ressourcen und seine eigene Zukunft gab ihm auch die Kraft, im Hinblick auf diese ersten Versuche seine Eitelkeit zu überwinden und klar zu erkennen, dass er noch nicht gelernt hatte, sich selbst vollkommen gerecht zu werden. Seine frühen Romane trugen auf ihren Titelseiten eine Vielzahl erfundener Namen, denn der hungernde, kämpfende Autor war zu stolz, sie anzuerkennen, solange sie nicht seiner eigenen Vorstellung davon entsprachen, was seine eigenen Kräfte leisten konnten. Diese ersten Versuche – die jetzt in den belgischen Ausgaben seiner gesammelten Werke enthalten sind und darunter zwei Geschichten umfassen, „Jane la Pâle " und „Le Vicaire des Ardennes", die unzweifelhaft Anzeichen des Genies eines großen Schriftstellers zeigen – wurden ursprünglich von den niederen und gierigeren Buchhändlern veröffentlicht und trugen ebenso wenig zur Vermehrung seiner Mittel wie zur Begründung seines Rufs bei. Dennoch bahnte er sich langsam und entschlossen seinen Weg durch Armut, Dunkelheit und Enttäuschung, immer näher an das gelobte Land, das kein Auge außer seinem eigenen sah – ein weitaus größerer Mann in dieser schweren Zeit seiner Not als in der schwierigeren Zeit danach, als er Wohlstand und Ruhm erlangte. Ein schweres Jahr nach dem anderen verging, bis er dreißig Jahre alt war; und dann rückte der große Preis, für den er so lange gearbeitet hatte, endlich in seine Reichweite. Im Jahr 1829 wurde die berühmte „ Physiologie der Ehe " veröffentlicht; und der Hungernde in der Pariser Dachkammer wurde zu einem Namen und einer Macht in der französischen Literatur.

In England wäre dieses Buch allgemein als unverzeihliche Enthüllung der heiligsten Geheimnisse des häuslichen Lebens verurteilt worden. Es enthüllt die gesamte soziale Seite der Ehe in ihren innersten Winkeln und zeigt sie abwechselnd in ihren hellen und dunklen Aspekten mit einer wunderbaren Genauigkeit der Beobachtung, einer tiefen Kenntnis der menschlichen Natur und einer gewagten Exzentrizität des Stils und der Anordnung, die den außerordentlichen Erfolg des Buches bei seinem ersten Erscheinen in Frankreich voll und ganz rechtfertigen. Aus englischer Sicht mag es mehr als fraglich sein, ob ein solches Thema jemals für eine andere als die ernsthafteste, ehrfürchtigste und nachsichtigste Behandlung ausgewählt worden wäre. Wenn man diesen Einwand jedoch aus französischer Sicht beiseite lässt, kann nicht geleugnet werden, dass die Vorzüge der „Physiologie der Ehe" als Schriftstück von der Öffentlichkeit, an die es gerichtet war, keineswegs überschätzt wurden. In literarischer Hinsicht hätte das Buch einem Mann in der Reife seiner Kräfte Ehre gemacht. Als Werk eines Mannes, dessen intellektuelles Leben gerade erst begann, stellte es eine Leistung dar, wie sie in der Geschichte der modernen Literatur nicht oft verzeichnet ist.

Dieser erste Triumph des zukünftigen Romanschriftstellers — der seltsamerweise mit einem Buch erzielt wurde, das kein Roman war — ebnete Balzac den Weg nach vorn und nach oben nicht so schnell und angenehm, wie man hätte annehmen können. Er stolperte noch einmal auf seinem harten Weg, bevor er seine Karriere des Erfolgs richtig beginnen konnte. Bald nach der Veröffentlichung von „Die Physiologie der Ehe" scheint ihm die unglückliche Idee gekommen zu sein, seine Mittel durch den Handel mit Literatur sowie durch das Schreiben von Büchern zu stärken. Er versuchte sich im Buchhandel und im Drucken; erwies sich in beiden Fällen als der wahrscheinlich schlechteste Geschäftsmann, der je auf dieser Welt gelebt und geatmet hat; scheiterte auf die hoffnungsloseste Weise mit der außergewöhnlichsten Geschwindigkeit und lernte schließlich durch die grausame Lehre der Erfahrung, dass seine einzige Chance, Geld zu verdienen, darin bestand, für den Rest seines Lebens bei der Feder zu bleiben. In den nächsten zehn Jahren seines Lebens schrieb diese Feder eine Reihe erlesener Romane, die die französische Literatur weithin beeinflussten und die noch lange in der öffentlichen Erinnerung bleiben werden, wenn die elenden Irrtümer und Widersprüche im Charakter des Autors längst vergessen sind. Dies war die Zeit, in der Balzac seine gereiften intellektuellen Kräfte und seine beneidenswerte öffentliche Berühmtheit voll auskosten konnte; und dies war auch die goldene Zeit, in der sein Verleger und Biograph ihn zum ersten Mal kennenlernten. Nun kann Monsieur Werdet also ermutigt werden, vorzutreten und den Ehrenposten als Erzähler der seltsamen Geschichte zu übernehmen, die noch erzählt werden muss; denn jetzt ist er in der geeigneten Position, sich verständlich und unterhaltsam an ein englisches Publikum zu wenden.

Die Geschichte beginnt mit der Gründung eines Verlegers in Paris durch Monsieur Werdet auf eigene Rechnung. Das bescheidene Kapital, über das er verfügte, betrug nur einhundertzwanzig englische Pfund, und seine Hauptidee bei der Gründung war, Verleger von Balzac zu werden.

Lieblingsautor große Geschäfte abgeschlossen . Bei dieser ersten Gelegenheit war er als Mann, der unbestreitbares Kapital und eine große kommerzielle Stellung vertrat, sehr gut aufgenommen worden. Bei der zweiten Gelegenheit jedoch, als er niemanden außer sich selbst und nur das kleinste der vorhandenen Kapitalien vertrat, sicherte er sich sehr klugerweise den Schutz eines engen Freundes von Balzac, der ihn zum zweiten Mal so günstig wie möglich einführte. In Begleitung dieses Herrn, der Monsieur Barbier hieß und sein Kapital in seiner Brieftasche trug, betrat der angehende Verleger nervös das Allerheiligste des großen Mannes.

Monsieur Barbier den Grund ihres Kommens sorgfältig erklärt hatte, wandte sich Balzac mit unbeschreiblicher Höflichkeit und Erhabenheit an den besorgten Monsieur Werdet .

„Ganz genau", sagte der angesehene Mann. „Sie verfügen zweifellos über beträchtliches Kapital, Sir? Sie wissen wahrscheinlich, dass niemand hoffen kann, für MICH ZU VERÖFFENTLICHEN , der nicht bereit ist, sich in Sachen Bargeld großartig durchzusetzen? Ich verkaufe hoch – hoch – sehr hoch. Und, um Sie nicht zu täuschen – denn ich bin nicht in der Lage, die Wahrheit zu unterdrücken – ich bin ein Mann, mit dem man grundsätzlich beträchtliche Vorschüsse erzielen muss. Fahren Sie fort, Sir – ich bin bereit, Ihnen zuzuhören."

Aber Monsieur Werdet war zu vorsichtig, um fortzufahren, ohne vorher seine Position zu festigen. Er verschanzte sich sofort hinter seiner Brieftasche.

Eine nach der anderen wurden die Banknoten der Bank von Frankreich, die das kleine Kapital des armen Verlegers bildeten, aus ihrem gemütlichen Versteck hervorgeholt. Monsieur Werdet holte sechs davon hervor, die jeweils fünfhundert Francs wert waren (oder, wie bereits erwähnt, hundertzwanzig Pfund Sterling), ordnete sie ordentlich und eindrucksvoll in einem Kreis auf dem Tisch an und warf sich dann mit aufgeregter Stimme und diesen Worten der Gnade des Autors zu:

„Herr, sehen Sie hier mein Kapital. Dort liegt mein ganzes Vermögen. Es gehört Ihnen im Tausch gegen jedes Buch, das Sie für mich schreiben –"

Werdets weiterer Fortschritt zum Entsetzen und Erstaunen durch schallendes Gelächter unterbrochen - gewaltiges Gelächter, wie er selbst ausdrücklich sagt -, das aus der Lunge des höchst amüsierten Balzac drang.

"Welche erstaunliche Einfachheit!", rief der große Mann. "Glauben Sie wirklich, Sir, dass ich - De Balzac - so völlig vergessen kann, was mir zusteht, dass ich Ihnen jede erdenkliche Art von Fiktion, die das Produkt MEINER FEDER IST , für die Summe von dreitausend Francs verkaufe? Sie sind hierhergekommen, Monsieur Werdet , um mir ein Angebot zu unterbreiten, ohne sich vorher durch Überlegung darauf vorzubereiten. Wenn ich dazu geneigt wäre, hätte ich jedes Recht, Ihr Verhalten als im höchsten Maße unpassend zu betrachten. Aber ich bin nicht dazu geneigt. Im Gegenteil, ich kann sogar zulassen, dass Ihre ehrliche Unwissenheit, Ihr unschuldiges Vertrauen Sie in meiner Einschätzung entschuldigen. Seien Sie nicht beunruhigt, Sir. Betrachten Sie sich bis zu einem gewissen Grad als entschuldigt."

Zwischen Enttäuschung, Empörung und Erstaunen war Monsieur Werdet sprachlos. Sein Freund, Monsieur Barbier , sprach daher für ihn und drängte auf jede erdenkliche Überlegung und schlug schließlich vor, dass Balzac, wenn er entschlossen sei, keine neue Geschichte für dreitausend Francs zu schreiben, zumindest eine Ausgabe einer alten für diese Summe verkaufen solle. Monsieur Barbiers Argumente waren bewundernswert vorgebracht: Sie hielten lange an; und als sie zu Ende waren, erhielten sie diese Antwort:

"Meine Herren!", rief Balzac, strich sich das lange Haar aus den erhitzten Schläfen und nahm ein frisches Tintenbad, "Sie haben eine Stunde meiner ZEIT mit dem Gerede über Belanglosigkeiten vergeudet. Ich beziffere den finanziellen Verlust, der mir dadurch entstanden ist, auf zweihundert Francs. Meine Zeit ist mein Kapital. Ich muss arbeiten. Meine Herren! Lassen Sie mich in Ruhe." Nachdem er sich in diesen gastfreundlichen Worten ausgedrückt hatte, nahm der große Mann sofort wieder den Schreibprozess auf.

Monsieur Werdet verließ sofort das Zimmer, natürlich und mit Recht empört. Nachdem er ein Stück die Straße entlanggegangen war, wurde er von seinem Freund Barbier eingeholt, der zurückgeblieben war, um Einwände zu erheben.

„Sie haben allen Grund, beleidigt zu sein", sagte Barbier . „Sein Verhalten ist unentschuldbar. Aber glauben Sie bitte nicht, dass Ihre Verhandlungen abgebrochen sind. Ich kenne ihn besser als Sie und ich sage Ihnen, dass Sie Balzac erwischt haben. Er will Geld und wird Ihnen innerhalb von drei Tagen einen Gegenbesuch abstatten."

„Wenn er das tut", antwortete Werdet , „werde ich ihn aus dem Fenster werfen."

„Nein, das werden Sie nicht", sagte Barbier . „Erstens ist es ein äußerst unhöfliches Vorgehen, einen Mann aus dem Fenster zu werfen; und als von Natur aus höflicher Gentleman sind Sie nicht in der Lage, gegen die guten Manieren zu verstoßen. Zweitens ist Balzac, so unhöflich er auch zu Ihnen gewesen sein mag, dennoch ein genialer Mann; und als solcher ist er genau der Mann, den Sie als Verleger brauchen. Warten Sie geduldig; und in ein oder zwei Tagen werden Sie ihn wiedersehen oder wieder von ihm hören."

Barbier hatte recht. Drei Tage später erhielt Monsieur Werdet die folgende zufriedenstellende Mitteilung :

„Als Sie mich neulich besuchten, Sir, war mein Gehirn so sehr mit einer Arbeit beschäftigt, die meinem Geschmack nicht entsprach, dass ich nicht anders als unvollständig verstehen konnte, was Sie von mir wollten.

„Heute habe ich keine Gedanken. Tun Sie mir den Gefallen und kommen Sie um vier Uhr vorbei.

„Tausend Höflichkeiten.

" VON BALZAC. "

Für Monsieur Werdet war diese merkwürdige Nachricht eine neue Unverschämtheit. Nach einigem Nachdenken gestand er sie jedoch ein und fügte knapp hinzu, dass wichtige Geschäfte ihn daran hindern würden, die ihm vorgeschlagene Stelle anzunehmen.

Zwei Tage später kam Freund Barbier mit einer zweiten Einladung des großen Mannes. Aber Monsieur Werdet lehnte sie entschieden ab. „Balzac hat bereits sein Spiel mit mir gespielt", sagte er. „Jetzt bin ich an der Reihe, mein Spiel mit Balzac zu spielen. Ich habe vor, ihn noch vier Tage länger warten zu lassen."

Nach dieser Zeit betrat Monsieur Werdet noch einmal das Allerheiligste. Bei dieser zweiten Gelegenheit war Balzacs anmutige Höflichkeit unbeschreiblich. Er bedauerte die Seltenheit intelligenter Verleger. Er erklärte, wie wichtig das Erscheinen eines intelligenten Verlegers auf dem literarischen Horizont sei. Er drückte aus, wie entzückt er sei, dieses Erscheinen nun bemerken, begrüßen und sogar damit umgehen zu können. Obwohl Monsieur Werdet von Natur aus höflich war, hatte er diesmal keine Chance gegen Monsieur de Balzac. Im Rennen um die Höflichkeit war der Verleger jetzt nirgends zu finden, und der Autor machte das Rennen.

Das so glücklich begonnene Gespräch endete für beide Seiten in einer höchst angenehmen Transaktion. Balzac schloss die sechs Banknoten vergnügt in seinem Geldschrank ein. Werdet zog sich ebenso vergnügt mit einer schriftlichen Vereinbarung in seiner leeren Brieftasche zurück, die ihn ermächtigte , die zweite Ausgabe von „ Der Feldarzt " zu veröffentlichen – kaum, wie man nebenbei bemerkt, einer der besten Romane Balzacs.

II.

Monsieur Werdet als glücklicher Eigentümer und hoffnungsvoller Verleger der zweiten Ausgabe von „Le Médecin de Campagne " ins Geschäft einstieg , war er zu klug, um das einzig sichere Mittel zum Erfolg in der modernen Zeit nicht zu nutzen. Er paffte prächtig. Jede Zeitung in Paris wurde mit einer Flut von Anzeigen überschwemmt, die das bevorstehende Werk in einer Lobrede ankündigten, wie sie der erstaunte Leser noch nie zuvor gehört hatte. Das Ergebnis, begünstigt durch Balzacs Berühmtheit, war zu jener Zeit ein Phänomen in der Handelsgeschichte der französischen Literatur. Jedes Exemplar der zweiten Ausgabe von „Le Médecin de Campagne " war innerhalb von acht Tagen verkauft.

Dieser Erfolg begründete Monsieur Werdets Ruf. Junge Autoren drängten sich mit ihren Manuskripten bei ihm und erklärten alle kläglich, sie schrieben im Stil von Balzac. Aber Monsieur Werdet wollte höhere Ziele verfolgen. Er empfing die Nachahmer höflich und veröffentlichte sogar für einen oder zwei von ihnen; aber die hohen geschäftlichen Ambitionen, die jetzt in ihm glühten, konzentrierten sich alle auf das große Original. Er hatte die erhabene Idee, Balzacs alleiniger Verleger zu werden, alle seine Urheberrechte, die bei anderen Verlagen lagen, aufzukaufen und alle seine neuen Werke, die noch geschrieben werden mussten, herauszugeben. Balzac selbst begrüßte diesen Vorschlag mit überschwänglicher Nachsicht. „Walter Scott", sagte er in seiner großartigsten Art, „hatte nur einen Verleger – Archibald Constable. Arbeiten Sie Ihre Idee aus. Ich genehmige sie; ich unterstütze sie. Ich werde Scott sein, und Sie werden Constable sein!"

Begeistert von der wunderbaren Zukunft, die sich ihm so eröffnete, nahm Monsieur Werdet sofort die Rolle eines französischen Polizisten an und begann Verhandlungen mit nicht weniger als sechs Verlegern, die die heiß begehrten Urheberrechte innehatten. Sein eigener Enthusiasmus tat etwas für ihn; sein ausgezeichneter Ruf in der Branche und sein bemerkenswerter Erfolg beim Start taten noch viel mehr. Die Verlage, mit denen er Geschäfte machte, schickten seine Rechnungen in alle Richtungen, ohne ihn um Sicherheiten zu bitten. Nach zahllosen Gesprächen und enormer diplomatischer Anstrengung erreichte er schließlich den Gipfel seiner Ambitionen – er wurde alleiniger Eigentümer und Verleger der Werke von Balzac.

Die nächste Frage – eine schmutzige, aber leider auch notwendige Frage – war, wie man diese wertvolle Anschaffung in den besten finanziellen Nutzen

umsetzen konnte. Einige der Werke, wie „La Physiologie du Mariage " und
„La Peau de Chagrin", hatten und brachten noch immer große Summen ein.
Andere dagegen, wie die „ Contes Philosophiques " (die für das Publikum
etwas zu tiefgründig waren) und "Louis Lambert" (das die Mystik
Swedenborgs popularisieren sollte) hatten ihre Ausgaben noch nicht
eingespielt. Monsieur Werdet schätzte seine Spekulationen nach dem, was er
zur Verfügung hatte, und hatte daher keine große Chance, schnell zu einem
schnellen Gewinn zu kommen. Er schätzte sie jedoch nach dem, was in der
Zukunft kommen würde, das heißt nach dem versprochenen Privileg, alle
geplanten Werke des Autors herauszugeben, und hatte allen Grund, seinen
kommerziellen Aussichten mit Freude und Hoffnung entgegenzusehen. In
dieser Krise der Geschichte, als der Ruf und das Vermögen des Verlegers
ganz von der Feder eines Mannes abhingen, gewinnt die Geschichte der
Gewohnheiten dieses Mannes in der literarischen Komposition an
besonderem Interesse und Bedeutung. Monsieur Werdets Beschreibung von
Balzac an seinem Schreibtisch stellt bei weitem nicht die geringste der vielen
einzigartigen Enthüllungen dar, aus denen die Lebensgeschichte des Autors
besteht.

Wenn Balzac sich einmal entschlossen hatte, ein neues Buch zu schreiben,
dachte er zunächst gründlich darüber nach, bevor er die Feder zu Papier
brachte. Er war nicht zufrieden damit, nur die Hauptidee zu haben; er
verfolgte sie geistig bis in ihre kleinsten Verästelungen und widmete dem
Prozess genau jene Menge an geduldiger, harter Arbeit und
Selbstaufopferung, die kein schlechter Schriftsteller jemals den gesunden
Menschenverstand oder den Mut hat, in sein Werk zu stecken. Mit seinem
Notizbuch in der Hand studierte Balzac seine Szenen und Charaktere direkt
aus dem Leben. Allgemeine Kenntnisse dessen, was er beschreiben wollte,
reichten diesem entschlossenen Realisten nicht aus. Wenn er auch nur den
geringsten Fehler fand, zögerte er nicht, eine lange Reise zu unternehmen,
nur um sicherzustellen, dass er bei der Beschreibung der Straße einer
Kleinstadt oder beim Malen einer kleinen Besonderheit des ländlichen
Charakters der Natur treu blieb. In Paris war er ständig auf den Straßen
unterwegs, drang ständig in alle Gesellschaftsschichten ein, um die
menschliche Natur um ihn herum in ihren kleinsten Varianten zu studieren.
Tag für Tag und Woche für Woche arbeiteten sein Notizbuch und sein
Gehirn hart zusammen, bevor er daran dachte, sich an seinen Schreibtisch
zu setzen und zu beginnen. Als er schließlich auf diese mühsame Weise sein
Material zusammengetragen hatte, zog er sich schließlich in sein
Arbeitszimmer zurück; und von da an, bis sein Buch in Druck ging, sah ihn
die Gesellschaft nicht mehr.

Seine Haustür war nun für alle geschlossen, außer für den Verleger und den
Drucker, und sein Gewand war durch ein weites weißes Gewand ersetzt

worden, wie es die Dominikanermönche tragen. Dieses einzigartige Schreibkleid war um die Taille mit einer Kette aus venezianischem Gold befestigt, an der kleine Zangen und Scheren aus demselben Edelmetall hingen. Weiße türkische Hosen und rot-marokkanische Pantoffeln, mit Gold bestickt, bedeckten seine Beine und Füße. An dem Tag, als er sich an seinen Schreibtisch setzte, war das Licht des Himmels verschlossen, und er arbeitete im Licht der Kerzen in prächtigen silbernen Wandleuchtern. Nicht einmal Briefe durften ihn erreichen. Sie wurden alle, wie sie kamen, in eine japanische Vase geworfen und nicht geöffnet, egal wie wichtig sie auch sein mochten, bis seine Arbeit beendet war . Er stand um zwei Uhr morgens auf, um mit dem Schreiben zu beginnen, und machte mit außergewöhnlicher Geschwindigkeit bis sechs Uhr weiter; dann nahm er sein warmes Bad und blieb eine Stunde oder länger darin, um nachzudenken. Um acht Uhr brachte ihm sein Diener eine Tasse Kaffee. Vor neun wurde sein Verleger eingelassen, um seine Arbeit mitzunehmen. Von neun bis mittags schrieb er weiter, immer in Höchstform. Mittags frühstückte er Eier, dazu ein Glas Wasser und eine zweite Tasse Kaffee. Von eins bis sechs ging er wieder an die Arbeit. Um sechs aß er ein leichtes Abendessen und gönnte sich nur ein Glas Wein. Von sieben bis acht empfing er seinen Verleger wieder und um acht ging er zu Bett. Dieses Leben führte er, während er seine Bücher schrieb, zwei Monate lang ohne Unterbrechung. Es wirkte sich so auf seine Gesundheit aus, dass er, als er wieder unter seinen Freunden erschien, wie sein eigener Geist aussah, wie es der Volksmund ausdrückte. Zufällige Bekannte hätten ihn kaum wiedererkannt.

Man darf nicht annehmen, dass dieses Leben in entschiedener Abgeschiedenheit und harter Arbeit mit der Fertigstellung des ersten Entwurfs seines Manuskripts endete. Während für die meisten Menschen der ernsthafte Teil der Arbeit zu Ende wäre, hatte er für Balzac gerade erst begonnen.

Trotz aller vorbereitenden Studien und Überlegungen wurden, als seine Feder sich bis zum Ende des Buches vorgekämpft hatte, alle Seiten wieder umgeblättert und das erste Manuskript mit unvorstellbarer Geduld und Sorgfalt in ein zweites umgewandelt. Unzählige Korrekturen und Einfügungen führten am Anfang zu Umstellungen und Erweiterungen, die das gesamte Werk verwandelten. Schöne Gedanken wurden aus dem Anfang des Manuskripts herausgegriffen und dort eingefügt, wo sie am Ende eine bessere Wirkung haben könnten. Andere am Ende wurden an den Anfang oder in die Mitte verschoben. An einer Stelle wurden Kapitel auf das Drei- oder Vierfache ihrer ursprünglichen Länge ausgedehnt, an einer anderen auf einige Absätze gekürzt, an einer dritten ganz herausgenommen oder an neue Stellen verschoben. Mit all dieser Masse an Änderungen auf jeder Seite war das Manuskript endlich bereit für den Drucker. Selbst für die erfahrenen

Augen in der Druckerei war es nun fast unleserlich. Das Entziffern und die Zusammenstellung in einer einigermaßen korrekten Form erforderte eine Menge Geduld und Mühe, die alle besten Leute im Büro einen nach dem anderen ermüdete, bevor die erste Reihe von Korrekturen dem Autor vorgelegt werden konnte. Als diese endlich fertig waren, wurden sie auf großen Zettelchen eingeschickt, und der unermüdliche Balzac machte sich sofort an die Arbeit, das ganze Buch zum dritten Mal neu zu schreiben!

Er füllte nun mit neuen Korrekturen, neuen Änderungen, neuen Erweiterungen dieser Passage und neuen Kürzungen jener Passage nicht nur die Ränder der Druckfahnen rundherum, sondern sogar die kleinen weißen Zwischenräume zwischen den Absätzen. Die sich in unbeschreiblicher Verwirrung kreuzenden Zeilen sollten dem verwirrten Drucker die verschiedenen Stellen zeigen, an denen die Vielzahl der neuen Einfügungen eingefügt werden sollte. So unleserlich Balzacs Originalmanuskripte auch waren, seine korrigierten Druckfahnen waren noch hoffnungsloser und verwirrender. Die ausgewählten Männer im Büro, denen sie allein anvertraut werden konnten, schauderten beim bloßen Namen Balzac und lösten sich gegenseitig im Abstand von einer Stunde ab, nach Ablauf dieser Zeit konnte kein Drucker dazu gebracht werden, die Arbeit an den allgemein verabscheuten und allgemein unverständlichen Druckfahnen fortzusetzen. Die „Revisionen" – das heißt die Druckfahnen, die die neuen Änderungen enthielten – wurden als nächstes in Stücke gerissen. Zwei, drei und manchmal vier separate Durchgänge waren erforderlich, bevor die Erlaubnis des Autors eingeholt werden konnte, das ständig umgeschriebene Buch endlich in Druck zu geben und damit fertig zu sein. Er war buchstäblich der Schrecken aller Drucker und Herausgeber; und er selbst bezeichnete seine Arbeitsweise als ein Unglück, das umso mehr zu beklagen sei, weil es in seinem Fall eine intellektuelle Notwendigkeit war. „Ich mühe mich sechzehn von vierundzwanzig Stunden ab", sagte er, „um meinen unglücklichen Stil auszuarbeiten; und ich selbst bin nie zufrieden, wenn alles fertig ist."

Wenn man auf Balzacs Schulzeit zurückblickt, als sein Geist unter dem plötzlichen und mysteriösen Schock litt, der bereits an dieser Stelle beschrieben wurde; wenn man sich daran erinnert, dass der Charakter seines Vaters für seine Exzentrizität berüchtigt war; wenn man die ungeheure Anstrengung, ja geradezu die Folter des Geistes betrachtet, die ihn das literarische Schaffen sein ganzes Leben lang gekostet zu haben scheint, kommt man unweigerlich zu dem Schluss, dass in seinem Fall irgendwo in der mysteriösen intellektuellen Maschine eine fatale Unvollkommenheit vorgelegen haben muss. So großartig sie auch ausgestattet war, das Gleichgewicht der Fähigkeiten in seinem Geist scheint noch mehr als gewöhnlich unvollkommen gewesen zu sein. Nach dieser Theorie werden seine beispiellosen Schwierigkeiten, sich als Schriftsteller auszudrücken, und seine Fehler, Widersprüche und Gemeinheiten als Mensch zumindest nicht völlig unverständlich. Nach jeder anderen Theorie scheint jede Erklärung sowohl seines persönlichen als auch seines literarischen Lebens einfach unmöglich.

Von dieser gefährlichen Feder hing Monsieur Werdets Lebensaussichten ab. Wenn Balzac seine Verpflichtungen nicht pünktlich erfüllte oder seine Gesundheit unter seinen schweren literarischen Anstrengungen zusammenbrach, folgte auf jede Katastrophe ganz selbstverständlich der wirtschaftliche Untergang seines unglücklichen Verlegers.

Zu Beginn sah die Lage jedoch recht ermutigend aus. Nach seiner Fertigstellung in der Revue de Paris wurde „Le Lys dans la Vallée " von Monsieur Werdet neu aufgelegt , der sich seine Beteiligung an dem Werk durch einen rechtzeitigen Vorschuss von 6.000 Francs gesichert hatte. Von diesem Roman (der in Frankreich von allen Romanen des Schriftstellers am höchsten geschätzt wurde) blieben innerhalb von zwei Stunden nach seiner Veröffentlichung nur zweihundert Exemplare der Erstausgabe unverkauft. Dieser beispiellose Erfolg hielt Monsieur Werdet über Wasser und ermutigte ihn, Großes von seinem nächsten Roman („ Séraphita ") zu erwarten, der ebenfalls in regelmäßigen Abständen in der Revue de Paris begonnen wurde. Bevor er jedoch fertig war, gerieten Balzac und der Herausgeber der Revue in Streit . Der leidgeprüfte Verleger war gezwungen, einzuspringen und das Pfandgeld des Autors zu zahlen und erhielt im Gegenzug den unvollendeten Roman und damit Balzacs Versprechen, das Werk sofort fertigzustellen. Monate vergingen jedoch, und keine einzige Seite des Manuskripts wurde produziert. Eines Morgens um acht Uhr platzte Balzac zu Monsieur Werdets Entsetzen und Erstaunen in einem Zustand tiefster Verzweiflung bei ihm herein und verkündete, dass er und sein Genie sich allem Anschein nach für immer trennen müssten.

„Mein Gehirn ist leer!", rief der große Mann. „Meine Vorstellungskraft ist ausgetrocknet! Hunderte Tassen Kaffee und zwei warme Bäder am Tag haben mir nichts gebracht. Werdet , ich bin ein verlorener Mann!"

Der Verleger dachte an seine leere Kasse und war wie versteinert. Der Autor fuhr fort:

„Ich muss reisen!" rief er zerstreut. „Mein Genie ist mir entwischt – ich muss ihm über Berge und Täler nachjagen. Werdet ! Ich muss mein Genie einholen!"

Der arme Monsieur Werdet schlug schwach einen kleinen Abstecher in die unmittelbare Umgebung von Paris vor – etwas, das einer schönen, luftigen Fahrt auf dem Dach eines Omnibusses nach Hampstead gleichkäme. Doch Balzacs entflohenes Genie war nach Einschätzung seines trauernden

Besitzers bereits bis nach Wien gekommen, und er verkündete kühl seine Absicht, ihm in die österreichische Hauptstadt nachzureisen.

„Und wer soll ‚ Séraphita ‘ zu Ende bringen?“, fragte der unglückliche Verleger. „Mein berühmter Freund, Sie ruinieren mich!“

„Im Gegenteil“, bemerkte Balzac überzeugend, „ich mache Ihr Vermögen. In Wien werde ich mein Genie finden. In Wien werde ich ‚ Séraphita ‘ beenden und außerdem ein neues Buch. In Wien werde ich eine engelsgleiche Frau treffen, die mich bewundert – sie erlaubt mir, sie ‚ Carissima ‘ zu nennen – sie hat mir geschrieben, um mich nach Wien einzuladen – ich sollte, ich muss, ich werde die Einladung annehmen.“

Hier hätte ein gewöhnlicher Bekannter eine ausgezeichnete Gelegenheit gehabt, etwas Kluges zu sagen. Aber der arme Monsieur Werdet war nicht in der Lage, witzig zu sein; außerdem wusste er nur zu gut, was als nächstes kommen würde. Er wagte nur zu sagen:

„Aber ich fürchte, Sie haben kein Geld.“

„Du kannst schon etwas auftreiben“, antwortete sein berühmter Freund. „Leihe es – hinterlege Handelsgut – besorge mir zweitausend Francs. Alles andere kann ich selbst machen. Werdet ‚ ich werde eine Postkutsche mieten – ich werde mit meiner lieben Schwester zu Abend essen – ich werde nach dem Essen losfahren – ich werde nicht später als acht Uhr da sein – klack klack!“ Und der große Mann vollführte eine bewundernswerte Nachahmung des Knallens der Peitsche eines Postillons.

Werdet blieb nichts anderes übrig, als das gute Geld dem schlechten hinterherzuwerfen. Er brachte die zweitausend Francs auf, und Balzac machte sich auf den Weg, um sein entflohenes Genie einzufangen, sich in der Gesellschaft eines weiblichen Engels zu sonnen und Geld in Form von Manuskripten zu prägen.

Achtzehn Tage später erreichte ein parfümierter Brief des Autors den Verleger. Er hatte sein Genie in Wien entdeckt; er war von der Aristokratie großartig empfangen worden; er hatte „ Séraphita “ beendet und war mit dem anderen Buch fast fertig; seine engelsgleiche Freundin Carissima liebte Werdet bereits nach Balzacs Beschreibung von ihm; Balzac selbst war Werdets Freund bis zum Tod; Werdet war sein Archibald Constable; Werdet sollte ihn in fünfzehn Tagen wiedersehen; Werdet sollte in seiner Kutsche durch den Bois de Boulogne fahren und Balzac in seiner Kutsche treffen und die Feinde beider Parteien sehen, die dem großartigen Schauspiel zuschauen und vor Gehässigkeit platzen. Schließlich hatte Werdet die Güte, (in einem Nachtrag) zu bemerken, dass Balzac sich einen weiteren kleinen Vorschuss von fünfzehnhundert Francs von Rothschild in Wien gesichert und im Gegenzug einen Wechsel auf zehn Tage Sicht auf seinen ausgezeichneten Verleger, seinen bewundernswerten und ergebenen Archibald Constable, ausgestellt hatte.

Während Monsieur Werdet noch unter der Wirkung dieses dreisten Nachtrags litt, betrat ein Angestellter sein Büro mit dem gleichen Wechsel. Er war auf einen Tag ausgestellt statt auf zehn Tage, und das Geld wurde sofort benötigt. Der Verleger war ein sehr geduldiger Mensch, aber selbst seine Geduld hatte Grenzen. Er nahm Balzacs Brief mit und ging sofort zum Büro des Pariser Rothschild. Der große Finanzier empfing ihn freundlich, gab zu, dass es sich um einen Irrtum handeln musste, gewährte die zehntägige Frist und entließ seinen Besucher mit diesem ausgezeichneten und gefühlvollen Ratschlag:

„Ich empfehle Ihnen, aufzupassen, was Sie mit Monsieur de Balzac tun, Sir. Er ist ein höchst inkonsequenter Mann."

Für Monsieur Werdet war es zu spät , sich Gedanken darüber zu machen, was er vorhatte. Ihm blieb nichts anderes übrig, als seinen Kredit zu verlieren oder nach Ablauf der zehn Tage zu zahlen. Er zahlte, und zehn Tage später kehrte Balzac zurück und brachte für seinen geschätzten Verleger rücksichtsvollerweise einige reizende kleine Wiener Kuriositäten mit. Monsieur Werdet dankte ihm und erkundigte sich dann höflich nach dem Schluss von „ Séraphita " und dem Manuskript des neuen Romans.

Von beidem war keine einzige Zeile zu Papier gebracht worden.

Die Farce (ohne Zweifel eine höchst schändliche Vorstellung, soweit Balzac in Betracht kam) war noch nicht zu Ende. Die Vorwürfe des Verlegers scheinen den Autor schließlich zu etwas erweckt zu haben, das entfernt einem Schamgefühl ähnelte. Er versprach, dass „ Séraphita ", die ein ganzes Jahr in der Presse gewartet hatte , in einer Nacht fertig sein sollte. Es waren nur zwei Blätter mit jeweils sechzehn Seiten zu schreiben. Sie hätten entweder im Haus des Autors oder im Haus des Verlegers fertiggestellt werden können, das in der Nähe der Druckerei lag. Aber nein, es lag nicht in Balzacs Charakter, die kleinste Gelegenheit zu verpassen, irgendwo eine Sensation zu erregen. Seine letzte Laune war der Entschluss, die Drucker in Erstaunen zu versetzen. Fünfundzwanzig Setzer wurden um elf Uhr abends zusammengerufen, ein Rollbett und ein Tisch wurden für den Autor oder, um richtiger zu sprechen, für den literarischen Quacksalber in der Werkstatt aufgestellt; Balzac kam in einem Zustand hoher Inspiration, um die schläfrigen Gesellen zu verblüffen, indem er ihnen zeigte, wie schnell er schreiben konnte; und die beiden Blätter waren auf der Stelle prächtig fertiggestellt. Als angemessenen Höhepunkt dieser lächerlichen Zurschaustellung literarischer Quacksalberei muss nur hinzugefügt werden, dass Balzac nach eigenem Geständnis die beiden Schlussblätter von „ Séraphita " zwei Jahre, bevor er vorgab, sie improvisiert in der Druckerei zu schreiben, im Kopf verfasst und sorgfältig auswendig gelernt hatte. Es scheint unmöglich zu leugnen, dass der Mann, der sich so unverschämt kindisch verhalten konnte, einfach verrückt gewesen sein muss. Aber was wird aus dieser Unterstellung, wenn wir bedenken, dass dieser Verrückte Bücher geschrieben hat, die aufgrund ihrer gedanklichen Tiefe und ihrer wunderbaren Kenntnis der menschlichen Natur zu Recht zu den Glanzstücken der französischen Literatur gezählt werden und die nie lebendigere und dauerhaftere Werke waren als in diesem Moment?

„ Séraphita “ wurde drei Tage nach der absurden Selbstdarstellung des Autors in der Druckerei veröffentlicht. In diesem Roman verließ Balzac, wie auch in seinem Vorgänger – „Louis Lambert“, seinen festen Boden der Realität und erhob sich auf den Flügeln Swedenborgs in eine Atmosphäre transzendentaler Dunkelheit, die für alle gewöhnlichen Augen undurchdringlich war. Der Herausgeber der Zeitschrift, in der Teile davon ursprünglich erschienen, konnte nie erklären, was das Buch bedeutete. Monsieur Werdet , der es veröffentlichte, gesteht, dass er sich in demselben verwirrten Zustand befand; und der Verfasser der vorliegenden Zeilen, der vergeblich versucht hat, es durchzulesen, möchte an dieser Stelle sein eigenes bescheidenes Eingeständnis seiner Unfähigkeit hinzufügen, englische Leser auch nur im Geringsten über das Thema „ Séraphita “ aufzuklären. Zum Glück für Monsieur Werdet war der Ruf des Autors beim Publikum so hoch, dass sich das Buch erstaunlich gut verkaufte, nur weil es ein Buch von Balzac war. Der Erlös aus dem Verkauf und die Gewinne aus den Neuauflagen der alten Romane bewahrten den in Schwierigkeiten geratenen Verleger vor dem völligen Untergang und hätten ihn vielleicht sogar sicher an Land bringen können, wenn nicht die immer größer werdende Last der fortwährenden Anleihen des Autors auf die Sicherheit künftiger Werke, die er nie vorlegte, gelastet hätte.

Kein kommerzieller Erfolg, keine großzügige Selbstaufopferung konnte in dieser Phase seines Lebens mit den Forderungen von Balzacs unersättlicher Eitelkeit und Prunksucht Schritt halten. Zunächst einmal besaß er zwei Etablissements, beide prächtig möbliert und eines mit einer wertvollen Gemäldegalerie geschmückt. Er hatte seine Loge in der Französischen Oper und seine Loge in der Italienischen Oper. Er hatte einen Streitwagen und Pferde und eine Bedienstetenschaft. Die Tafeln der Kutsche waren mit den Wappen der Adelsfamilie D'Entragues verziert, und die Körper der Lakaien waren mit den Livreen der Adelsfamilie D'Entragues geschmückt . Balzac beharrte darauf, mit ihr verbündet zu sein, obwohl er nie den kleinsten Beweis zur Untermauerung dieser Behauptung vorlegen konnte. Als er der üppigen Pracht seiner Häuser, seiner Abendessen, seiner Kutsche und seiner Bediensteten nichts mehr hinzufügen konnte, als er seine Zimmer mit jeder Art von teurem Nippes gefüllt hatte; als er sein Geld für alle bekannten

Extravaganzen verschwendet hatte, die das verschwenderische Paris dem Verschwender zur Verfügung stellen kann, kam er auf die völlig neue Idee, sich einen Spazierstock anzuschaffen, wie ihn die Welt noch nie gesehen hatte.

Als erstes besorgte er sich einen prächtigen Spazierstock, der zum Juwelier geschickt wurde und prächtig mit einem riesigen goldenen Knauf gekrönt war. Die Innenseite des Knaufs war mit einer Haarlocke besetzt, die dem Autor von einer unbekannten Verehrerin geschenkt worden war. Die Außenseite war mit allen Juwelen besetzt, die er gekauft und geschenkt bekommen hatte. Mit diesem Stock, der fast so groß war wie der Stab eines Tambourmajors und an der Spitze mit Rubinen, Diamanten, Smaragden und Saphiren strahlte, stellte Balzac sich in einem Rausch zufriedener Eitelkeit in den Theatern und auf den öffentlichen Promenaden aus. Der Stock wurde in Paris ebenso berühmt wie der Autor. Madame de Girardin schrieb ein funkelndes kleines Buch über den wunderbaren Spazierstock. Balzac schwebte im siebten Himmel des Glücks; Balzacs Freunde waren je nach Laune entweder angewidert oder belustigt. Ein einziger Unglücklicher musste die unvermeidliche Strafe für diese wahnsinnige Extravaganz erleiden: Muss man noch erwähnen, dass sein Name Werdet war ?

Das Ende der Verbindung zwischen dem Autor und dem Verleger rückte nun rasch näher. Alle Bitten und Vorwürfe, die an Balzac gerichtet wurden, brachten nicht das geringste Ergebnis. Selbst die Einsperrung in ein Schundhaus, als die Gläubiger im Laufe der Zeit erkannten, dass sie nicht länger warten konnten, wurde als Warnung unbeachtet gelassen. Balzac lieh sich nur noch mehr Geld, sobald ihm der Schlüssel ins Gesicht gedreht wurde, gab ein prächtiges Abendessen im Gefängnis und überließ es dem armen Verleger, wie üblich, die Rechnung zu bezahlen. Er wurde aus dem Schundhaus befreit, bevor er volle drei Tage dort verbracht hatte, und in dieser Zeit hatte er über zwanzig Guineen für Luxusgüter ausgegeben, für die er nicht einen Pfennig selbst hatte. Es ist nutzlos, es ist sogar ärgerlich, weiterhin Beispiele dieser Art von wahnsinniger und grausamer Verschwendung anzuhäufen: Kommen wir schnell zum Ende. Eines Morgens rechnete Monsieur Werdet von Anfang an mit seinem Autor ab und stellte fest, dass trotz der hohen Gewinne, die die meisten Werke abwarfen, 58.000 Francs (um seinen eigenen Ausdruck zu verwenden) durch das Leben, das Balzac weiterhin führte, in seinen Händen gelähmt waren; und dass weitere 58.000 bald in derselben Lage sein könnten, wenn er sie zur Vermehrung besessen hätte. Ein reicher Verleger hätte es vielleicht schaffen können, sich in einer solchen Krise zu behaupten und in der kommenden Zeit auf rein kommerzieller Grundlage zu handeln. Aber Monsieur Werdet war ein armer Mann; er hatte sich auf Balzacs mündliche Versprechen verlassen, als er seine schriftlichen Verpflichtungen hätte einfordern sollen;

und er hatte keine Möglichkeit, an die Geldgier des Autors zu appellieren, indem er ihm blendende Aussichten auf Banknoten bot, die ihn in der Zukunft erwarteten, wenn er sich ehrlich dafür entschied, sein Recht darauf zu verdienen. Kurz gesagt, es blieb ihm nur eine Alternative: die, den ganzen Sinn und Zweck seines Buchhändlerlebens aufzugeben und seine verhängnisvolle Verbindung mit Balzac entschlossen abzubrechen.

In diese Lage gebracht und durch die Aussicht auf fällige Verpflichtungen, die er offenbar nicht erfüllen konnte, in die Enge getrieben, antwortete Monsieur Werdet auf die nächste Bitte um einen Vorschuss mit einer runden Ablehnung und ließ diesem beispiellosen Akt der Selbstverteidigung schließlich seine Meinung in unüberlegten Worten seinem berühmten Freund mitteilen. Balzac wurde vor unterdrückter Wut rot und verließ den Raum. Es folgten eine Reihe von Geschäftsformalitäten, die Balzac einleitete, um die Verbindung zwischen seinem Verleger und ihm abzubrechen, da er nun feststellte, dass kein Geld mehr zu haben war; Monsieur Werdet seinerseits war vollkommen bereit, „zu unterschreiben, zu versiegeln und auszuliefern", sobald seine Ansprüche in der vorgeschriebenen Form erfüllt waren.

Balzac hatte jetzt nur noch eine Möglichkeit, seinen Verpflichtungen nachzukommen. Sein persönlicher Ruf war dahin, aber sein literarischer Ruf blieb so hoch wie immer, und bald fand er einen Verleger mit großem Kapital, der bereit war, seine Urheberrechte zu verhandeln. Monsieur Werdet blieb nichts anderes übrig, als zu verkaufen oder bankrott zu gehen. Er trennte sich von all den wertvollen Urheberrechten für eine Summe von sechzigtausend und ein paar Francs, die ausreichte, um seine dringendsten Verpflichtungen zu erfüllen. Einige der weniger populären und weniger wertvollen Bücher behielt er, um, wenn möglich, seine täglichen und persönlichen Verpflichtungen zu decken. Was die Erzielung eines absoluten Gewinns oder auch nur die Aufrechterhaltung seiner Position als Verleger anging, so wurde die bloße Idee, sich einen dieser Vorteile zu sichern, als müßiger Traum abgetan. Der Zweck, für den er so hart gearbeitet und so geduldig gelitten hatte, war für immer geopfert, und er war gezwungen, sein Leben als Landreisender für ein florierendes Verlagshaus neu zu beginnen . Was seinen Hauptzweck in der Existenz betraf, hatte Balzac ihn schlicht und buchstäblich ruiniert. Es ist unmöglich, sich von Monsieur Werdet zu trennen , so unbesonnen und leichtgläubig er auch gewesen sein mag, ohne ein starkes Gefühl der Sympathie, das sich zu so etwas wie wahrer Bewunderung steigert, wenn wir entdecken, dass er im späteren Leben keine unfreundlichen Gefühle gegenüber dem Mann hegte, der ihn so schändlich behandelt hatte, und wenn wir feststellen, dass er in den jetzt erwähnten Memoiren noch immer versucht, das Beste aus Balzacs Verhalten zu machen, und bis zum Ende des Buches noch immer mit Zuneigung und Wertschätzung von ihm schreibt.

Der Rest von Balzacs Leben war im Wesentlichen nur die beklagenswerte Wiederholung der persönlichen Fehler und Torheiten und der literarischen Verdienste und Triumphe, die bereits auf diesen Seiten ihren Niederschlag gefunden haben. Die Extreme eitler Eitelkeit und prinzipienloser Extravaganz wechselten bis zuletzt mit den Extremen harter geistiger Arbeit und erstaunlicher geistiger Produktivität. Obwohl er neue Opfer unter neuen Männern fand, begegnete er nie wieder einem so großzügigen und nachsichtigen Freund wie dem armen Verleger, dessen Vermögen er zerstört hatte. Die Frauen, deren Impulse zu seiner Gunst durch ihre Bewunderung seiner Bücher am Leben gehalten wurden, klammerten sich bis zuletzt an ihren verwöhnten Liebling – eine von ihnen eilte sogar vor, ihn aus dem Schuldgefängnis zu retten, und brachte dabei das schwere Opfer, die gesamte Forderung an ihn aus ihrer eigenen Tasche zu bezahlen. In allen Fällen dieser Art, selbst wenn es um Männer und Frauen ging, stärkten seine persönlichen Anziehungskräfte, wenn er sie einzusetzen beschloss, seine literarischen Ansprüche auf die Sympathie und das Wohlwollen anderer immens. Er scheint in höchstem Maße jene Faszinationskräfte besessen zu haben, die völlig unabhängig von bloßer Schönheit des Gesichts und der Gestalt sind und die perverserweise und unerklärlicherweise in verschwenderischer Fülle den gewissenlosesten Menschen zuteil werden. Der arme Monsieur Werdet kann nur die Hälfte seiner eigenen Indiskretionen erklären, indem er erklärt, sein hervorragender Freund habe ihn dazu überredet. Andere und weisere Männer gingen Balzac aus reinem Misstrauen gegenüber sich selbst aus dem Weg. Tugendhafte Freunde, die sich sehr bemühten, ihn zu bekehren, zogen sich aus seiner Gegenwart zurück und erklärten, der Verworfene, den sie bekehren wollten, hätte ihr moralisches Gleichgewicht in einem Gespräch am Morgen beinahe aus dem Gleichgewicht gebracht. Ein bedeutender literarischer Gentleman, der den Tag mit ihm verbrachte, um über ein geplantes Werk zu sprechen, stürmte nach einem zweistündigen Gespräch aus dem Haus und rief kläglich: „Die Vorstellungskraft des Mannes ist in einem Zustand des Deliriums – sein Gerede hat mein Gehirn in Aufruhr versetzt – er hätte mich in den Wahnsinn getrieben, wenn ich den Tag mit ihm verbracht hätte!" Wenn Männer auf diese Weise beeinflusst wurden, ist es nicht verwunderlich, dass Frauen (deren Selbstwertgefühl durch die prominente und faszinierende Position, die sie in all seinen Büchern einnehmen, zart geschmeichelt wurde) einen Mann verehrten, der sie öffentlich und privat verehrte.

Sein Aussehen hätte die Engländer an die volkstümliche Vorstellung von Bruder Tuck erinnert – er war das Musterbeispiel des konventionellen dicken, stämmigen, rotgesichtigen, lustigen Mönchs. Aber er hatte das Auge eines Genies und die Zunge einer gewissen teuflischen Persönlichkeit, die zwar angedeutet, aber auf keinen Fall direkt beim Namen genannt werden darf. Der Balzac-Kerzenständer mochte plump genug sein, aber als die Balzac-Kerze erst einmal angezündet war, flogen die Motten nur zu bereitwillig aus allen Himmelsrichtungen hinein.

Die letzte wichtige Tat seines Lebens war, aus weltlicher Sicht, eine der weisesten Taten, die er je vollbracht hat. Die Dame, die ihn nach Wien eingeladen hatte und die er Carissima nannte , war die Frau eines reichen russischen Edelmannes. Nach dem Tod ihres Mannes bekundete sie ihre Bewunderung für ihren Lieblingsautor , indem sie ihm ihre Hand und ihr Vermögen anbot. Balzac nahm beides an und kehrte als verheirateter Mann und beneidenswertes Mitglied der wohlhabenden Gesellschaftsklasse nach Paris zurück (von dem ihn der Respekt vor seinen Gläubigern in letzter Zeit ferngehalten hatte). Eine glänzende Zukunft tat sich nun vor ihm auf – aber sie kam zu spät. Am Ende seines alten Weges angekommen, sah er gerade die neue Karriere vor sich und stürzte an der Schwelle dazu. Die starke Konstitution, die er in den letzten zwanzig Jahren unbarmherzig verschwendet hatte, gab schließlich auf, genau zu der Zeit, als seine gesellschaftlichen Chancen am vielversprechendsten aussahen. Drei Monate nach seiner Hochzeit starb Honoré de Balzac nach unsäglichem Leiden an einer Herzkrankheit. Er war damals erst fünfzig Jahre alt. Seine liebevolle, stolze, untröstliche alte Mutter hielt ihn in ihren Armen. An dieser liebevollen Brust hatte er seinen ersten Atemzug getan. An dieser liebevollen Brust sank sein müdes Haupt wieder zur Ruhe, als das wilde, eigensinnige, elende, herrliche Leben vorüber war.

Die Sensation, die sein Tod in Paris auslöste, war ähnlich der Sensation, die der Tod Byrons in London auslöste. Mr. Carlyle hat bewundernswert gesagt, dass die Loyalität der Menschen gegenüber ihrem souveränen Mann etwas Rührendes hat. Diese Loyalität zeigte sich am zartesten, als Balzac nicht mehr war. Männer aller Stände und Parteien, die zu Lebzeiten von seinem Mangel an Prinzipien schockiert und von seiner maßlosen Eitelkeit angewidert waren, akzeptierten nun allgemein die Sühne seines vorzeitigen Todes und erinnerten sich an nichts anderes als an den Verlust, der der französischen Literatur widerfahren war. Ein großer Schriftsteller war nicht mehr; und ein großes Volk erhob sich einmütig, um ihn ehrfürchtig und ruhmreich zu Grabe zu tragen. Das Französische Institut, die Universität, die wissenschaftlichen Gesellschaften, die Vereinigung der Dramatiker, die juristischen und medizinischen Fakultäten schickten ihre Vertreter, um im Trauerzug mitzugehen. Englische, amerikanische, deutsche und russische Leser schlossen sich der riesigen Versammlung von Franzosen an, die dem Sarg folgten. Victor Hugo und Alexandre Dumas waren unter den Trauernden, die das Leichentuch stützten. Der erste dieser beiden berühmten Männer hielt die Trauerrede an Balzacs Grab und charakterisierte die gesamte Werkreihe des verstorbenen Schriftstellers in beredter Weise als ein einziges großes Buch, das Lehrbuch der zeitgenössischen Zivilisation . Mit dieser gerechten und großzügigen Hommage an Balzacs Genie, die von seinem berühmtesten literarischen Rivalen dargeboten wird, mögen diese wenigen Seiten angemessen und würdevoll zu Ende gehen. Von den erbärmlichen Schwächen dieses Mannes wurde genug aufgezeichnet, um dem wichtigsten aller Interessen zu dienen, dem Interesse der Wahrheit. Seine besseren und edleren Seiten erfordern keinen weiteren Kommentar von irgendeinem Schriftsteller. Sie bleiben uns in seinen Werken erhalten und sprechen mit unsterblicher Beredsamkeit für sich selbst.

FRAGMENTE PERSÖNLICHER ERFAHRUNG. –
II.
MEIN SCHWARZER SPIEGEL.

Hat jeder von Doktor Dee, dem Zauberer, und von dem schwarzen Spekulum oder Spiegel aus Cannel-Kohle gehört, in dem er nach Belieben alles in der weiten Welt und viele Dinge darüber hinaus sehen konnte? Wenn ja, kann ich mich meinen Lesern auf die einfachste Art und Weise vorstellen. Obwohl ich nicht behaupten kann, ein Nachfahre von Doktor Dee zu sein, bekenne ich mich zur okkulten Kunst, indem ich einen schwarzen Spiegel besitze, der genau nach dem Modell des Spiegels gefertigt ist, den der alte Astrologe besaß. Mein Spekulum besteht wie seines aus einem ovalen Stück Cannel-Kohle, ist hochglanzpoliert und auf einer hölzernen Rückseite mit einem Griff zum Halten angebracht. Nichts kann einfacher sein als sein Aussehen; nichts wunderbarer als seine Fähigkeiten – vorausgesetzt, dass die Person, die es verwendet, ein wahrer Adept ist. Jeder Mensch, der nichts anzweifelt, ist ein wahrer Adept. Er soll sich ein Stück Kohle aus Cannel holen, es gründlich polieren, es vor Gebrauch mit einem weißen Batisttuch reinigen, sich in ein privates Wohnzimmer zurückziehen, den Namen von Doktor Dee anrufen, beide Augen für einen Moment schließen und sie plötzlich vor dem schwarzen Spiegel wieder öffnen. Wenn er danach nichts sieht, was ihm gefällt – weder in der Vergangenheit, Gegenwart noch Zukunft –, dann soll er sich darauf verlassen, dass es in seiner Natur einen Funken oder Fehler der Ungläubigkeit gibt; und das traurige Ende seiner Karriere kann als sicher angesehen werden. Früher oder später wird er nichts anderes als ein vernünftiger Mensch sein.

Ich, der ich nicht ein bisschen Vernunft in mir habe; ich, der ich ein so wahrer Adept bin, als hätte ich in den guten alten Zeiten gelebt („dem Zeitalter des Glaubens", wie ein anderer Adept sie sehr treffend genannt hat), finde in meinem schwarzen Spiegel unaufhörliches Interesse und Beschäftigung. Für alles, was ich wissen will, und für alles, was ich tun will, konsultiere ich ihn. Heute zum Beispiel (ich bin in der Lage der meisten anderen Einwohner Londons zur gegenwärtigen Jahreszeit) denke ich daran, bald die Stadt zu verlassen. Meine Zeit, weg zu sein, ist so begrenzt, und meine Wanderungen haben sich im In- und Ausland in so viele Richtungen ausgedehnt, dass ich kaum hoffen kann, wirklich schöne Landschaften zu sehen oder wirklich interessante Erfahrungen zu sammeln, die für mich absolut neu sind. Ich muss an einen Ort gehen, den ich schon einmal besucht habe; und ich muss, im Hinblick auf meine eigenen Urlaubsinteressen, darauf achten, dass es ein Ort ist, an dem ich mich bereits gründlich amüsiert habe, ohne dass mein Vergnügen einen einzigen nennenswerten Nachteil erfahren hat.

Was sollte ich unter diesen Umständen tun, wenn ich ein rein rationaler Mensch wäre? Ich würde mein Gedächtnis strapazieren, damit es mir bei der Entscheidung für ein Ziel hilft, indem es mir meine Erinnerungen an vergangene Reisen in einem einzigen langen Panorama präsentiert – obwohl ich aus Erfahrung weiß, dass das Gedächtnis von allen meinen Fähigkeiten genau dann am wenigsten nützlich ist, wenn ich es am meisten brauche. Als wahrer Adept weiß ich, dass ich mir keine nutzlose Mühe dieser Art machen sollte. Ich ziehe mich in mein privates Wohnzimmer zurück , nehme meinen schwarzen Spiegel, sage, was ich will – und siehe da! Auf der Oberfläche der Kanalkohle zieht das Bild meiner früheren Reisen in einer Abfolge von Traumszenen vor mir vorbei. Ich lasse meine vergangenen Erfahrungen wieder aufleben und treffe meine gegenwärtige Wahl auf der Grundlage meiner eigenen Augen; und ich darf hinzufügen, auch meiner eigenen Ohren – denn die Figuren in meinen magischen Landschaften bewegen sich und sprechen!

Soll ich wieder auf den Kontinent reisen? Ja. In welchen Teil davon? Angenommen, ich besuche das österreichische Italien noch einmal, um meine Vertrautheit mit bestimmten Ansichten, Gebäuden und Bildern, die mich einst entzückten, wiederzuerlangen? Aber lassen Sie mich zunächst feststellen, ob ich bei der Bekanntschaft mit diesem Teil der Welt irgendwelche ernsthaften Nachteile zu beklagen hatte. Schwarzer Spiegel! Zeig mir meinen ersten Abend im österreichischen Italien.

Eine Wolke erhebt sich über der magischen Oberfläche, bleibt eine Weile darauf und verschwindet dann langsam. Meine Augen sind auf die Kohlen des Kanals gerichtet. Ich sehe nichts, höre nichts von der Welt um mich herum. Die erste der magischen Szenen wird sichtbar. Ich erblicke sie wie in einem Traum. Fort mit der unwissenden Gegenwart. Ich bin wieder in Italien.

Es wird gerade dunkel. Ich sehe mich aus dem Seitenfenster einer Kutsche blicken. Das hohle Rollen der Räder hat sich in ein scharfes Rasseln verwandelt, und wir sind in eine Stadt eingefahren. Wir überqueren einen großen Platz, der von zwei Lampen und einem Schimmer reflektierten Lichts aus dem Fenster eines Cafés beleuchtet wird. Wir gelangen in eine lange Straße mit schweren Steinarkaden, unter denen Fußgänger hindurchgehen können. Alles sieht dunkel und verwirrt aus; düstere Visionen von Männern in Umhängen huschen vorbei, alle rauchend; schrille Frauenstimmen übertönen das Klappern unserer Räder und verstummen dann im Nu wieder. Wir halten an. Die Glocken an den Hälsen der Pferde läuten ihr letztes kleines Läuten für diese Nacht. Eine fettige Hand öffnet die Kutschentür und hilft mir die Stufen hinunter. Ich stehe unter einem Torbogen, mit blanker Dunkelheit vor mir, mit einem lächelnden Mann, der eine brennende Talgkerze an meiner Seite hält, und Straßenschauspielern, die schweigend hinter mir zuschauen. Sie tragen hochköpfige Hüte und braune Umhänge, die sie auf geheimnisvolle Weise bis zum Kinn verhüllen. Offenbar Räuber. Pass auf, Scene! Ich bin ein friedlicher Mensch und mag den Verdacht eines Stiletts nicht, nicht einmal im Traum.

Zeigen Sie mir mein Wohnzimmer. Wo und wie habe ich an meinem ersten Abend im österreichischen Italien gegessen?

Ich stehe vor zwei fröhlichen Kellnern mit zwei flackernden Kerzen. Einer zündet Lampen an, der andere setzt Reisig und Holzscheite in einer richtigen Feuerhöhle in Brand. Wo bin ich jetzt, da es genug Licht zum Sehen gibt? Offenbar in einem Bankettsaal, fünfzehn Meter lang und zwanzig Meter breit. Dies ist mein privates Wohnzimmer, und ich soll mein kleines Abendessen ganz allein darin einnehmen. Lassen Sie mich aufmerksam umherschauen, während das Essen zubereitet wird. Über mir ist eine gewölbte, bemalte Decke, die voller Amoretten ist, die auf Wolken herumrollen und ewige Rosen auf die Köpfe der Reisenden darunter streuen. Um mich herum sind klassische Landschaften der Schule, die den Betrachter mit schirmförmigen Bäumen, ruhigen grünen Ozeanen und Vordergrunden voller tanzender Göttinnen verwöhnen. Unter mir ist etwas Elastisches zum Drauftreten, das sehr nach altem Stroh riecht, was es in der Tat ist, und mit einer dünnen Schicht Narzisse bedeckt ist . Dies soll mich menschlich vor der Kälte des Stein- oder Ziegelbodens schützen und ist ein Zugeständnis an die englischen Vorurteile in Sachen Komfort. Ich möchte dafür dankbar sein und die Flöhe nicht unfreundlich zur Kenntnis nehmen, obwohl sie mir vom Stroh und dem Dünger schon die Beine hochkrabbeln !

Was sehe ich als nächstes? Das Abendessen steht auf dem Tisch. Eine trübe Suppe, die mit geriebenem Parmesankäse angedickt werden muss, und fünf Gerichte drumherum. In Öl gebratene Forelle, in saftiger brauner Soße getränktes Rinderrollfleisch, Brathähnchen mit Brunnenkresse, quadratische Teigtaschen mit Hackfleisch darin, Bratkartoffeln – alles ausgezeichnet. Das ist wirklich gute italienische Küche: Sie ist phantasievoller als die englische und herzhafter als die französische. Sie ist nicht fettig und keines der frittierten Gerichte schmeckt auch nur im Geringsten nach Lampenöl. Der Wein ist auch gut – spritzig, mit dem Beigeschmack der Muskattraube und nur 18 Pence pro Flasche. Der zweite Gang hält den Charakter des ersten mehr als aufrecht. Kleine gebräunte Vögel, die wie Lerchen aussehen, deren pralle Brüste saftig mit einer Bettdecke aus fettem Speck bedeckt sind, deren zarte Rücken auf herzhaftem Toast ruhen – geschmorte Taube – ein Biskuitpudding – gebackene Birnen. Wo könnte man ein besseres Abendessen oder einen netteren Kellner finden, der am Tisch bedient? Er ist weder unterwürfig noch vertraulich und ist immer bereit, jede überflüssige Aufmerksamkeit, die ich übrig habe, mit all dem Smalltalk, der in ihm steckt, in Anspruch zu nehmen. Tatsächlich hat er nur einen Fehler, und der besteht in seiner sehr ärgerlichen und unerklärlichen Art, die Sprache zu variieren, in der er mit mir kommuniziert.

Ich spreche Französisch und Italienisch, und er kann Französisch ebenso gut wie seine eigene Sprache. Natürlich wähle ich jedoch Italienisch, wenn ich ihn das erste Mal anspreche, weil es seine Muttersprache ist. Er versteht, was ich ihm sage, aber er antwortet mir auf Französisch. Ich denke dabei daran, dass er vielleicht, wie der Rest von uns, mit jedem noch so kleinen Wissensbrocken angeben möchte, den er sich angeeignet hat, oder dass er sich einbildet, ich verstehe Französisch besser als Italienisch, und höflich darauf bedacht ist, mir unser Gespräch so einfach wie möglich zu machen. Also gehe ich ihm nach und wechsle beim nächsten Mal zu Französisch. Kaum sind die Worte ausgesprochen, antwortet er mir mit unerklärlicher Widerspenstigkeit auf Italienisch. Während des ganzen Abendessens versuche ich, ihn dazu zu bringen, dieselbe Sprache zu sprechen wie ich, aber abgesehen von ein paar unbedeutenden Phrasen gelingt mir das nie. Was soll es, dass er dieses philologische Wippenspiel mit mir spielt? Treiben die Leute hier die nationale Höflichkeit tatsächlich so weit, dass sie dem Fremden schmeicheln, indem sie ihm ein ungestörtes Monopol auf die Sprache gewähren, in der er mit ihnen spricht? Ich kann es nicht erklären, und der Nachtisch überrascht mich inmitten meiner Ratlosigkeit. Wieder vier Gänge! Parmesankäse, Makronen, Birnen und grüne Feigen. Mit diesen und einer weiteren Flasche des prickelnden Weins wird der Abend am lodernden Holzfeuer wie fröhlich vergehen! Sicherlich kann ich nichts Besseres tun, als wieder ins österreichische Italien zu fahren, nachdem ich in diesem Land so herzlich empfangen wurde. Soll ich die Kanalkohle weglegen und ohne weiteres beschließen, dem Land, das von meinem komfortablen Gasthof erfreut wird, einen zweiten Besuch abzustatten? Nein, nicht zu voreilig. Lassen Sie mich die Wirkung von ein oder zwei weiteren Szenen aus meiner früheren Reiseerfahrung in diesem bestimmten Teil der italienischen Halbinsel ausprobieren, bevor ich mich entscheide.

Black Mirror! Wie ließ ich meinen Abend im gemütlichen Gasthof ausklingen?

Die Wolke zieht erneut, diesmal schwer und dicht, über die Oberfläche des Spiegels – lichtet sich langsam – und zeigt mich selbst, wie ich genüsslich neben der roten Glut döste, mit einer leeren Flasche neben mir. Eine plötzlich aufgehende Tür weckt mich; der Wirt des Gasthofs kommt näher, legt ein langes, amtlich aussehendes Buch auf den Tisch und reicht mir Feder und Tinte. Ich frage mürrisch, was ich zu dieser Nachtzeit schreiben soll, wenn ich gerade mein Abendessen verdaue. Der Wirt antwortet respektvoll, dass ich der Polizei eine vollständige, wahrheitsgemäße und detaillierte Auskunft über mich geben muss. Ich trete an den Tisch und halte diese Forderung für ziemlich absurd, denn mein Pass ist bereits in den Händen der Behörden. Da ich mich jedoch in einem despotischen Land befinde, behalte ich meine Gedanken für mich, schlage eine leere Seite in dem amtlich aussehenden Buch auf, sehe, dass es in Spalten mit gedruckten Überschriften unterteilt ist, und stelle fest, dass ich deren Bedeutung ebenso wenig verstehe wie einen Steuerbescheid zu Hause, mit dem die leere Seite übrigens eine auffallende Ähnlichkeit aufweist. Die Überschriften sind technische Amtsbegriffe, die mir jetzt zum ersten Mal als Bestandteil der italienischen Sprache begegnen. Ich muss mich an den höflichen Wirt wenden und verstehe mit seiner Hilfe allmählich, was die österreichische Polizei von mir will.

Bevor die Polizei mich morgen friedlich weiterziehen lässt, muss sie erstens wissen, wie ich vollständig heiße. (Die Antwort war recht einfach.) Zweitens, welcher Nationalität gehöre ich an? (Britisch, und ich bin erfreut, dies den kontinentalen Tyrannen vor die Füße zu werfen.) Drittens, wo bin ich geboren? (In London – Pfarrei Marylebone – und ich wünschte, meine Heimatkirche wüsste, wie die österreichischen Behörden mit mir umgehen.) Viertens, wo wohne ich? (Wieder in London – und ich habe Lust, der Times vor dem Schlafengehen wegen dieser Plage zu schreiben.) Fünftens, wie alt bin ich? (Ich bin seit sieben Jahren so alt und werde es bis auf Weiteres bleiben – genau fünfundzwanzig.) Was kommt als Nächstes? Bei aller Neugier, hier will die Polizei wissen (Sechstens), ob ich verheiratet oder ledig bin! Wirt, was heißt Junggeselle auf Italienisch? „Schreiben Sie Nubile, Signor." Nubile? Das bedeutet heiratsfähig. Gestatten Sie mir, mein guter Herr, anzumerken, dass dies die Definition eines Junggesellen einer Frau ist – nicht die eines Mannes. Egal, lassen wir es dabei bewenden. Was kommt als Nächstes? (O ihr misstrauischen Despoten! Was kommt als Nächstes?) Siebtens: Wie ist mein Stand? (Erstklassiger Stand, um genau zu sein – voller Rinderrouladen, gerösteter Lerchen und prickelndem Wein. Stand! Was meinen sie damit? Beruf, oder? Ich habe keinen. Was soll ich schreiben? „Schreiben Sie Eigentümer, Signor." Sehr gut; aber ich weiß nicht, ob ich Eigentümer von irgendetwas bin, außer der Kleidung, die ich trage: Sogar meinen Koffer habe ich mir von einem Freund geliehen.) Achtes: Woher komme ich? Neuntes: Wohin gehe ich? Zehntes: Wann habe ich meinen Pass bekommen? Elftes: Wo habe ich meinen Pass bekommen? Zwölftes: Wer hat mir meinen Pass gegeben? Gab es jemals eine so ungeheuerliche Reihe von Fragen an einen harmlosen, faulen Menschen, der nur in aller Ruhe in einer Postkutsche durch Italien trödeln will ? Erwischen sie Mazzini, Wirt, mit all diesen Vorsichtsmaßnahmen? Nein, sie erwischen nur *mich* . So, so! Bringen Sie Ihr Reisebuch zur Polizei zurück. Sicherlich ist ein so unbegründetes Misstrauen gegenüber meinem Charakter, wie es die Herausgabe dieses Buches an meinem Esstisch nahelegt, ein ernsthafter Nachteil für das Vergnügen, durch das österreichische Italien zu reisen. Soll ich sofort jeden Gedanken aufgeben, in meiner eigenen unschuldigen Rolle wieder dorthin zu reisen? Nein, lassen Sie mich bei der Entscheidung überlegt vorgehen – lassen Sie mich geduldig das Experiment versuchen, mir noch eine Szene aus der Vergangenheit anzusehen.

Schwarzer Spiegel! Wie bin ich durch das österreichische Italien gereist, nachdem ich am Morgen meine Rechnung bezahlt und mein gemütliches Gasthaus verlassen hatte?

Die neue Traumszene zeigt mir wieder den Abend. Ich habe mich einem anderen englischen Reisenden angeschlossen und ein Gefährt genommen, das sie Calèche nennen . Es ist eine Art schäbige Sänfte auf Rädern mit schmierigen Ledervorhängen und -kissen. In den Tagen ihres Wohlstands und ihrer Jugend hätte sie eine Staatskutsche sein können und Sir Robert Walpole an den Hof oder den Abbé Dubois zu einem Abendessen mit dem Regenten von Orleans gebracht haben können. Sie wird von einem großen, leichenhaften, rüpelhaften Postillon gelenkt, dessen Kleider ganz in Lumpen sind und der keinen Funken Gnade für seine elenden Pferde zeigt. Sie riecht übel, sieht übel aus, fährt übel; und sie ruckelt, knackt und wankt, als würde sie ganz zusammenbrechen – als sie plötzlich auf einem rauen Steinpflaster vor einem einsamen Posthaus angehalten wird, gerade als die Sonne untergeht und die Nacht hereinbricht.

Der Postmeister kommt heraus, um das Anspannen der frischen Pferde zu beaufsichtigen. Er ist angeheitert, vertraulich und vertraulich; er spricht die Kalesche zuerst mit verächtlichen Flüchen an, nimmt mich dann geheimnisvoll beiseite und erklärt, dass die ganze Hauptstraße bis zu unserem Morgenziel von Dieben wimmelt. Es scheint also, dass die österreichische Polizei ihre ganze Wachsamkeit unschuldigen Reisenden vorbehält und einheimische Gauner völlig unbehelligt lässt. Ich mache mir diese Gedanken und frage den Postmeister, was er uns zum Schutz unserer Koffer empfiehlt, die auf dem Dach der Kalesche festgebunden sind . Er antwortet, dass die Diebe, wenn wir keine besonderen Vorsichtsmaßnahmen treffen, von hinten auf unser verrücktes Trittbrett steigen und im Schutz der Nacht die Koffer von unserem schäbigen Reisewagen abschneiden werden, während wir ruhig drinnen sitzen und nichts sehen und ahnen. Wir erklären uns sofort bereit, alle Vorsichtsmaßnahmen zu treffen, die uns jemand freundlicherweise vorschlagen könnte. Der Postmeister zwinkert, legt seinen Finger schelmisch auf die Seite seiner Nase und gibt einen unverständlichen Befehl im Dialekt der Gegend. Bevor ich Zeit habe zu fragen, was er tun wird, erklimmt jeder Müßiggänger rund um das Posthaus, der klettern kann, die Kutsche , und jeder Müßiggänger, der es nicht kann, steht unten und brüllt und gestikuliert mit einer brennenden Kerze in der Hand.

Während der Lärm am lautesten ist, fährt plötzlich ein konkurrierender Reisewagen in Form einer riesigen Drehorgel auf Rädern mitten zwischen uns hindurch und lässt in der Dunkelheit den großen Marsch aus „ Semiramide" erklingen , der mit äußerster Wut von Trommel, Becken und Trompetenregistern gespielt wird. Der Lärm ist so verwirrend, dass mein Reisegefährte und ich in unseren Wagen Zuflucht suchen, unsere Augen schließen und unsere Ohren verstopfen und uns der Verzweiflung hingeben. Nach einiger Zeit werden unsere Ellbogen angestoßen und uns durch jedes Fenster ein Faden gereicht. Unter Rufen, wild begleitet vom großen Marsch, wird uns mitgeteilt, dass die Schnüre oben an unseren Koffern befestigt sind; dass wir die losen Enden die ganze Nacht um unsere Zeigefinger behalten sollen; und dass wir, sobald wir einen Ruck spüren, ganz sicher sein können, dass die Diebe am Werk sind, und uns berechtigt fühlen dürfen, den Wagen anzuhalten und ohne weiteres um unser Gepäck zu kämpfen. Unter diesen angenehmen Vorzeichen brechen wir wieder auf, mit unseren Fäden um die Zeigefinger. Wir fühlen uns wie Männer, die gleich klingeln wollen – oder wie Männer, die Hochseefischen betreiben – oder wie Männer, die im Begriff sind, an der Schnur einer Duschwanne zu ziehen. Mindestens fünfzig Mal ist sich jeder von uns während der nächsten Etappe sicher, dass er einen Ruck spürt, und steckt aufgeregt seinen Kopf aus dem Fenster, sieht absolut nichts und lässt sich erschöpft vor Aufregung wieder in eine Ecke der Kalesche fallen. Die ganze Nacht hindurch geht diese Erschöpfung unserer Nerven weiter; und die ganze Nacht hindurch (wahrscheinlich dank des unaufhörlichen Heraussteckens unserer Köpfe aus den Fenstern) kommt uns nicht der Geist eines Diebes nahe. Schließlich beginnen wir fast zu spüren, dass es eine Erleichterung wäre, ausgeraubt zu werden – fast an der Strategie zu zweifeln, jeder gnädig-diebischen Hand zu widerstehen, die ausgestreckt wird, um uns vor dem Albtraum unseres eigenen Gepäcks zu retten. Im Morgengrauen sind wir matt und abgezehrt, die verfluchten Kordeln unseres Koffers baumeln unbeachtet auf dem Boden der Kalesche . Und das ist unser Vergnügen! Dies ist ein Reisevorfall im österreichischen Italien! Treuer Schwarzer Spiegel, nimm meinen Dank an. Die Warnung der beiden letzten Traumszenen, die du mir gezeigt hast, soll nicht missachtet werden. Egal, in welche andere Richtung ich auch gehen mag, wenn ich in dieser Saison die Stadt verlasse, ich weiß, dass ich zumindest eine Straße meiden werde – die Straße, die ins österreichische Italien führt.

Soll ich auf der Nordseite der Alpen bleiben und ein wenig, sagen wir, in der Deutschschweiz herumreisen? Schwarzer Spiegel! Wie ist es mir ergangen, als ich das letzte Mal in diesem Land war? Hat mir mein erstes Erlebnis in meinem ersten Gasthof gefallen?

Die Vision ändert sich und führt mich wieder vor ein öffentliches Unterhaltungshaus; ein großes weißes, sauberes, opulent aussehendes Hotel mit glatter Fassade – ein ganz anderes Gebäude als mein schmuddeliges, höhlenartiges italienisches Gasthaus. An der Straßentür steht der Wirt. Er ist ein kleiner, hagerer, rosiger Mann, ganz in Schwarz gekleidet und sieht aus wie ein Bestattermeister. Ich bemerke, dass er weder vortritt noch lächelt, als ich aus dem Wagen steige und nach einem Schlafzimmer frage. Er gibt mir die kürzestmögliche Antwort, knurrt einem Kellner kehlige Anweisungen zu, schaut dann wieder auf die Straße und vergisst, bevor ich ihm auch nur den Rücken zugekehrt habe, sofort meine Existenz. Die Vision ändert sich erneut und führt mich ins Hotel. Ich folge einem Kellner die Treppe hinauf – der Mann sieht aufrichtig traurig aus, mich zu sehen. Im Schlafzimmerkorridor finden wir ein Zimmermädchen, das mit dem Kopf auf einem Tisch schläft. Sie ist aufgewacht, öffnet stöhnend eine Tür und blickt mich vorwurfsvoll an, als ich sage, dass das Zimmer genügen wird. Ich gehe zum Abendessen hinunter. Zwei Kellner bedienen mich unter Protest und sehen aus, als wollten sie mich jedes Mal warnen, wenn ich sie auffordere, meinen Teller zu wechseln. Beim zweiten Gang kommt der Wirt herein, steht da und starrt mich mit den Händen in den Taschen eindringlich und schweigend an. Auf diese Weise will er vielleicht sicherstellen, dass mein Abendessen gut serviert wird; aber es sieht eher so aus, als wolle er sicherstellen, dass ich keine Löffel von seinem Tisch nehme. Das rüpelhafte Starren und Stirnrunzeln aller um mich herum ärgert mich und ich spreche einem englischen Reisenden, der neben mir speist, heftig über meinen Empfang im Hotel aus.

Der englische Reisende ist einer jener ärgerlichen Menschen, die immer bereit sind, Verletzungen hinzunehmen, und er erklärt das Verhalten , über das ich mich beschwere, kühl, indem er mir sagt, es sei das Ergebnis der unverblümten Ehrlichkeit der Einheimischen, die nicht vorgeben können, Interesse an mir zu haben, das sie in Wirklichkeit nicht empfinden. Was kümmern mich die Gefühle des sturköpfigen Wirts und der mürrischen Kellner? Ich verlange von ihnen eine beruhigende äußere Erscheinung – die innere Substanz ist für mich nicht von der geringsten Bedeutung. Wenn ich in zivilisierte Länder reise, möchte ich in meinem Gasthof einen Empfang, der die ganze Region um mein Selbstwertgefühlsorgan herum freundlich unterhält und sanft kitzelt. Unverblümte Ehrlichkeit, die zu beleidigend ehrlich ist, um vorzugeben, sich zu freuen, mich zu sehen, zeigt keine entsprechende Integrität – wie ich aus eigener Erfahrung in diesem Hotel weiß – hinsichtlich der Kapazität ihrer Weinflaschen, sondern gibt mir ein Pint und berechnet mir in der Rechnung einen Quart, wie der Rest der Welt. Die unverblümte Ehrlichkeit, obwohl sie zu brutal aufrichtig ist, um höflich bekümmert und mitfühlend zu wirken, wenn ich sage, dass ich nach meiner Reise müde bin, zögert nicht, sich aufzuwärmen und mir eine Methusalem-Ente in frischer Kleidung vorzuführen, die vor mehreren Tagen mehrmals gekocht und von meinen reisenden Vorgängern bezahlt, aber nicht gegessen wurde. Die unverblümte Ehrlichkeit zieht mich nach jedem etablierten räuberischen Gesetz des Wirtskodex aus, schreckt jedoch vor der

liebenswürdigen Doppelzüngigkeit zurück, mir die ganze Treppe hinauf
liebevoll zu schmeicheln, wenn ich mich zum ersten Mal zum Betrügen
melde. Weg mit solch abscheulicher Aufrichtigkeit wie dieser! Weg mit der
Ehrlichkeit, die die Manieren eines Wirts brutalisiert , ohne seine Flaschen
oder seine Rechnungen zu verbessern! Weg mit meinem deutsch-
schweizerischen Hotel und dem erpresserischen Zyniker, der es betreibt!
Lassen Sie andere diesem Rüpel in der Kleidung eines Gastwirts Tribut
zollen, wenn sie wollen; die Farbe meines Geldes wird er nie wieder sehen.

Was, wenn ich die Deutschschweiz meide und stattdessen die eigentliche
Schweiz probiere? Spiegel! Wie bin ich gereist, als ich mich das letzte Mal auf
der Schweizer Seite der Alpen befand?

Die neue Vision entfernt mich sogar von der entferntesten Aussicht auf ein
Hotel jeglicher Art und versetzt mich in eine wilde Berglandschaft, wo das
Ende einer holprigen Straße im trockenen Bett eines Wildbachs verloren
geht. Ich sitze in einer merkwürdigen kleinen Kiste auf Rädern, die Char
genannt wird und von einem Maultier und einer Stute gezogen und von
einem fröhlichen Kutscher in einer blauen Bluse gelenkt wird. Ich habe kaum
Zeit, erschrocken auf das trockene Bett des Wildbachs hinunterzuschauen,
bevor der Char hineinstürzt. Schnell und rücksichtslos holpern wir über
Felsen und Steine, über Abhänge und Gefälle, die selbst die stärkste
englische Reisekutsche erschüttern, die bestgezüchteten englischen Pferde in
Bedrängnis bringen und den erfahrensten englischen Kutscher überrumpeln
würden. Der fröhliche Blaublusenjunge, der wie eine Nachtigall singt, fährt
voran, ohne Rücksicht auf jedes Hindernis – das Maultier und die Stute
brausen dahin, als wäre die Reise für sie das größte Vergnügen des Tages –
der Char knackt, reißt, schwankt, stößt und wankt, aber er verachtet es,
umzukippen oder in Stücke zu gehen, wie es sich für ein robustes kleines
Gebirgsfahrzeug gehört. Wenn wir nicht zwischen den Felsen sind, rollen
und wälzen wir uns in Sümpfen aus schwarzem Schlamm und Sand wie ein
holländisches Heringsboot in einer Dünung. Für Blaublusenjunges und das
Maultier und die Stute ist alles eins. Sie sind genauso bereit, sich durch
Sümpfe zu schleppen, wie über Felsen zu holpern; und wenn wir gelegentlich
auf ein Stück freien Bodens kommen, entschädigen sie sich immer für
vergangene Strapazen und Erschöpfungen, indem sie wie verrückt
galoppieren. Was meine eigenen Empfindungen als Passagier im Char
betrifft, so sind sie, physisch gesehen, nicht von der angenehmsten Art. Ich
kann mich nur in meinem Fahrzeug halten, indem ich mich mit beiden
Händen an allem festhalte, was ich zum Greifen finde; und mein ganzer
Körper ist so durchgeschüttelt, dass mir selbst die Kiefer wieder klappern
und meine Füße ständig auf dem Boden des Wagens trommeln. Ich frage
mich, ob ich bei meinem letzten Aufenthalt in der Schweiz keine gelassenere
und überlegtere Art des Reisens gefunden habe als diese? Muss ich mich

darauf einlassen, halb erschüttert zu sein, wenn ich den Mut habe, mich noch einmal dorthin zu wagen?

Die Oberfläche des Schwarzen Spiegels ist wieder einmal trübe. Dann klart sie auf, und man sieht jetzt einen Pfad entlang eines Abgrunds. Ein Maultier folgt dem Pfad, und ich bin der abenteuerlustige Reisende , der rittlings auf dem Rücken des Tieres sitzt. Die erste Beobachtung, die mir in meiner neuen Position einfällt, ist, dass Maultiere ihren Ruf der Sturheit durchaus verdienen, und dass wir, was das spezielle Tier betrifft, auf dem ich reite, umso besser miteinander auskommen, je weniger ich mich in sein Verhalten einmische und je mehr ich mich verhalte, als wäre ich ein Packsattel auf seinem Rücken.

Das Tragen von Packsätteln ist seine Hauptbeschäftigung im Leben; und obwohl er mich auf seinen Rücken steigen sah, behandelt er mich weiterhin wie einen Ballen Ware, indem er am äußersten Rand des Abgrunds geht, um nicht zu riskieren, dass seine Last an der sicheren oder Bergseite des Pfades reibt. In dieser und in anderen Dingen stelle ich fest, dass er ein Opfer der Routine und ein Sklave der Gewohnheit ist. Er hat die Angewohnheit, abrupt anzuhalten, sich in eine schräge Position zu begeben und an einigen der schwierigsten Kurven der wilden Bergstraßen in tiefe Meditation zu verfallen. Ich stelle mir zunächst vor, dass er auf diese abrupte und unbequeme Weise anhält, um Luft zu holen; aber dann strengt er sich nie so an, dass er seine Lungen im geringsten beansprucht, und er hält in den unvernünftigsten unregelmäßigen Abständen an, manchmal zweimal in zehn Minuten – manchmal nicht mehr als zweimal in zwei Stunden – offensichtlich genau dann, wenn seine neuen Ideen gerade seine Aufmerksamkeit in Anspruch nehmen oder nicht. Es gehört zu seinem aufreizenden Charakter, dass er in solchen Momenten immer in Gedanken versinkt, wo der Maultiertreiberstab nicht genug Platz hat, um ihn auch nur mit der geringsten Wirkung zu erreichen; und da es nicht in Frage kommt, ihn mit Schlägen zu überhäufen, ist die Beschimpfung mit Schimpfwörtern die einzige andere Möglichkeit, ihn zu erregen. Ich stelle fest, dass er sich im Allgemeinen als empfänglich für den Einfluss verletzender Beinamen erweist, nachdem er sich fünf oder sechs Mal beleidigt hat hören. Einmal gibt seine verstockte Natur sogar beim dritten Appell nach. Er hat gerade mit mir auf seinem Rücken angehalten, um sich an einem gefährlichen Teil der Straße mit ein wenig Nachdenken in steiler Neigung zu amüsieren; und es wird daher dringend notwendig, ihn zu beschimpfen, damit er sofort weitergeht. Zuerst nennt ihn der Maultiertreiber eine Schlange – er rührt sich keinen Zentimeter. Zweitens nennt ihn der Maultiertreiber einen Frosch – er setzt seine Meditation unbeirrt fort. Drittens brüllt der Maultiertreiber empört: „Ah sacré nom d'un Butor !" (was, mithilfe meines anglo-französischen Wörterbuchs interpretiert, anscheinend „Ah, heiliger Name eines Wirrkopfes !" bedeutet); und bei dieser außergewöhnlichen Beschwörung reißt das Tier augenblicklich seine Nase hoch, schüttelt seine Ohren und setzt seinen Weg empört fort.

Unter diesen Umständen ist das Reiten auf Maultieren sicherlich eine abenteuerliche und unterhaltsame Art zu reisen und es lohnt sich, es einmal auszuprobieren; aber ich bin mir nicht sicher, ob ich es ein zweites Mal erleben würde, und ich habe deshalb meine Zweifel – ganz zu schweigen von meiner Angst vor einer zweiten holprigen Fahrt in einem Char –, ob es angebracht ist, in der gegenwärtigen schwülen Jahreszeit noch einmal in die Schweiz zu reisen. Am klügsten wäre es vielleicht, die Wirkung einer neuen Szene aus der Vergangenheit auszuprobieren, die einen früheren Besuch an einem anderen Ort darstellt, bevor ich mich an eine Entscheidung wage. Ich habe das österreichische Italien und die deutsche Schweiz abgelehnt und bin mir nicht sicher, was die eigentliche Schweiz betrifft. Angenommen, ich erfülle meine Pflicht als Patriot und gebe den Reizen meines eigenen Landes eine faire Chance, an irgendwelche vergangenen Einflüsse angenehmer Art zu appellieren, die sie möglicherweise auf mich ausgeübt haben? Schwarzer Spiegel! Als ich das letzte Mal als Tourist zu Hause war, wie bin ich da von Ort zu Ort gereist?

Die Wolke auf der magischen Oberfläche erhebt sich langsam und majestätisch, wie sich ein Nebel auf dem Meer lichtet, und gibt den Blick auf ein winziges Wohnzimmer frei, das ein Oberlicht hat und vor dem ein rosafarbener Vorhang zum Schutz vor der Sonne zugezogen ist. Ein helles Bücherregal umgibt dieses kleine Feenzimmer, knapp unter der Decke, wo in höheren Räumen das Gesims wäre. Sofas erstrecken sich auf beiden Seiten der Wand entlang, und Mahagonischränke voller edler Dinge haben sich gemütlich in den vier Ecken eingenistet. Der Tisch wird von Blumensträußen erhellt; der Kaminsims hat ein hübsches Geländer um ihn herum; und der Spiegel darüber ist gerade groß genug, um das Gesicht und die Schultern jeder Dame zu reflektieren, die sich die Mühe macht, hineinzuschauen. Die gegenwärtigen Bewohner des Zimmers sind drei Herren mit Romanen und Zeitungen in den Händen, die es sich in Blusen, Morgenmänteln und Pantoffeln gemütlich machen. Sie ruhen sich auf den Sofas aus, Obst und Wein sind in Reichweite – und einer der Gäste sieht für mich sehr nach dem beneidenswerten Besitzer des Schwarzen Spiegels aus. Sie bieten ein Luxusspektakel, das einen alten Spartaner vor Ekel erschauern lassen würde; und in einem angrenzenden Raum bedient sie ihre Band in Form einer Spieldose, die gerade die letzte Szene aus Lucia di Lammermoor spielt.

Horch! Was für Klänge vermischen sich mit den Noten von Donizettis lieblicher Musik – steigen sie jetzt erhaben darüber auf, verklingen sie jetzt sanft und immer sanfter darunter? Unsere süße Opernmusik wird zu Ende gehen, unsere Musik wird für die ihr zugedachte kurze Zeit spielen und dann wieder verstummen; aber diese herrlicheren Klänge werden uns Tag und Nacht begleiten, werden noch immer unerschöpflich anschwellen und absinken, lange nachdem wir und alle, die uns kennen, lieben und sich an uns erinnern, diese Erde für immer verlassen haben . Es ist das Rauschen der Wellen, das uns jetzt erhaben begleitet, wohin wir auch gehen. Wir sind auf See in einer Schonerjacht und erfreuen uns an der Südküste Englands.

Ja, das ist für jeden, der sich seines eigenen Magens sicher sein kann, der wahre Luxus des Reisens, das wahre Geheimnis, um alle Reize des Reisens von Ort zu Ort in vollen Zügen zu genießen. Wohin wir heute auch gehen, wir tragen unser elegantes und komfortables Zuhause mit uns. Wir können anhalten, wo wir wollen, sehen, was uns gefällt, und immer wieder in unsere Lieblingsecke auf dem Sofa zurückkehren, immer unseren Lieblingsbeschäftigungen und -vergnügungen nachgehen und trotzdem reisen, immer wieder neue Szenen erleben. Hier gibt es keine Eile, sich an die Abfahrtszeiten anderer Leute anzupassen, kein Gerangel um Plätze, keine ermüdende Überwachung des Gepäcks. Hier gibt es keine Sorgen um fremde Betten – denn hat nicht jeder von uns seine eigene süße kleine Hütte, in die er sich nachts kuscheln kann? – keine aufwühlende Abhängigkeit zur Essenszeit von den Launen fremder Köche – denn haben wir nicht immer unsere eigene üppige Speisekammer, in die wir zurückkehren können, unseren eigenen versierten und treuen Koch, der immer darauf wartet, unseren speziellen Geschmack zu verwöhnen? Wir können in unserem schwimmenden Reisewagen gehen und schlafen, aufstehen oder uns hinlegen, wie es uns gefällt. Wir können unseren eigenen Weg gehen und nirgends eindringen. Die Langweiler, die wir fürchten, die Briefe, die wir nicht beantworten wollen, können uns nicht folgen und uns ärgern. Wir sind die freiesten Reisenden unter dem Himmel und finden zu jeder Stunde des Tages etwas, das uns interessiert und anzieht. Die Schiffe, denen wir begegnen, das Trimmen unserer Segel, das wechselnde Wetter, die ewigen, zahllosen Veränderungen des Ozeans bieten ständige Beschäftigung für Auge und Ohr. Krank muss diese verleumderische Es mag den Reisenden gegeben haben, der als erster das Meer als eintönig bezeichnete – als todkrank, und vielleicht ist er auch der geborene Bruder jenes anderen Reisenden mit dem üblen Ruf, des ersten Menschen, der von Dan nach Beerscheba reiste und alles unfruchtbar vorfand.

Ruhe dich dann eine Weile arbeitslos aus, mein treuer Schwarzer Spiegel! Die letzte Szene, die du mir gezeigt hast, genügt, um den Zweck zu erklären, zu dem ich dich mitgenommen habe. In welche Himmelsrichtung ich mich nach dem Verlassen Londons wenden werde, ist mehr, als ich sagen kann; aber so viel weiß ich, dass meine nächsten Postpferde die Winde sein werden, meine nächsten Etappen Küstenstädte, meine nächste Straße über die offenen Meere. Ich werde wieder ein Seereisender sein und die Wiederaufnahme meiner Landreisen bis zum Eintreffen des günstigsten aller günstigen Zeitpunkte verschieben – einer zukünftigen Gelegenheit.

CHARAKTERSKIZZEN. – III.
FRAU BADGERY.

[Nach dem Leben eines Herrn ohne Feingefühl.]

Badgery schützt ?

Ich bin Junggeselle und Mrs. Badgery ist Witwe. Glauben Sie nicht, dass sie mich heiraten will! Sie will nichts dergleichen. Sie hat nicht versucht, mich zu heiraten; sie würde nicht daran denken, mich zu heiraten, selbst wenn ich sie darum bitten würde. Bitte verstehen Sie gleich zu Beginn, dass meine Beschwerde in Bezug auf diese Witwe eine Beschwerde ganz neuer Art ist.

Lassen Sie mich noch einmal beginnen. Ich bin Junggeselle in einem gewissen Alter. Ich habe einen großen Bekanntenkreis, aber ich erkläre feierlich, dass der verstorbene Mr. Badgery nie auf meiner Freundesliste stand. Ich habe in meinem Leben nie von ihm gehört; ich wusste nie, dass er eine Hinterlassenschaft hinterlassen hatte; ich habe Mrs. Badgery nie gesehen , bis ich eines verhängnisvollen Morgens nachsah, ob die Einrichtung in meinem neuen Haus in Ordnung war.

Mein neues Haus liegt in einem Vorort von London. Ich habe es mir angesehen, es gefiel mir, und ich habe es genommen. Dreimal habe ich es besucht, bevor ich meine Möbel dorthin schickte. Einmal mit einem Freund, einmal mit einem Gutachter, einmal allein, um, wie ich bereits angedeutet habe, einen genauen Blick auf die Einrichtung zu werfen. Der dritte Besuch war der schicksalshafte Anlass, bei dem ich Mrs. Badgery zum ersten Mal sah . Dieses Ereignis ist von großem Interesse, und ich werde es in seinen Einzelheiten beschreiben.

Ich klingelte an der Gartentür. Die alte Frau, die für die Hausverwaltung zuständig war, öffnete. Ich sah sofort etwas Seltsames und Verwirrtes in ihrem Gesicht und ihrem Benehmen. Manche Männer hätten ein wenig nachgedacht und sie befragt. Ich bin von Natur aus ungestüm und ziehe voreilige Schlüsse. „Betrunken", sagte ich mir und ging vollkommen zufrieden ins Haus.

Ich schaute ins vordere Wohnzimmer . Gitter in Ordnung, Gardinenstange in Ordnung, Gasleuchter in Ordnung. Ich schaute ins hintere Wohnzimmer – dito, dito, dito, wie wir Geschäftsleute sagen. Ich stieg die Treppe hinauf. Jalousie am hinteren Fenster, richtig? Ja; Jalousie am hinteren Fenster, richtig. Ich öffnete die Tür zum vorderen Salon – und dort saß, mitten auf dem kahlen Boden, eine große Frau auf einem kleinen Feldstuhl! Sie war in tiefste Trauer gekleidet; ihr Gesicht war von dem dicksten Kreppschleier verdeckt, den ich je gesehen hatte; und sie stöhnte leise vor sich hin in der trostlosen Einsamkeit meines neuen, unmöblierten Hauses.

Was habe ich getan? Tun! Ich prallte wie angeschossen auf den Treppenabsatz zurück und stieß den nationalen Ausruf des Schreckens und Erstaunens aus: „Hallo!" (Und hier bitte ich in Klammern besonders darum, dass der Drucker sich an meine Schreibweise des Wortes hält und nicht Hillo oder Halloa einsetzt , denn beides sind sinnlose Kompromisse, die keinen Laut darstellen, der jemals über die Lippen eines Engländers gekommen ist.) Ich sagte „Hallo!" und drehte mich dann grimmig zu der alten Frau um, der das Haus gehörte, und sagte noch einmal „Hallo!".

Sie verstand den unwiderstehlichen Appell, den ich an ihre Gefühle gerichtet hatte, knickste, blickte zum Salon und hoffte in aller Bescheidenheit, dass ich nicht erschrocken oder verärgert war. Ich fragte, wer die in Krepp gehüllte Frau auf dem Feldstuhl sei und was sie dort wolle. Bevor die alte Frau antworten konnte, verstummte das leise Stöhnen im Salon, und eine gedämpfte Stimme, die hinter dem Kreppschleier hervorkam, wandte sich vorwurfsvoll an mich und sagte:

„Ich bin die Witwe des verstorbenen Mr. Badgery ."

Was glauben Sie, was ich als Antwort gesagt habe? Genau die Worte, die, so schmeichle ich mir, jeder andere vernünftige Mensch in meiner Lage gesagt hätte. Und welche Worte waren es? Diese beiden:

„Oh, tatsächlich?"

„Mr. Badgery und ich waren die letzten Mieter dieses Hauses", fuhr die gedämpfte Stimme fort. „Mr. Badgery ist hier gestorben." Die Stimme verstummte und das leise Stöhnen begann erneut.

Es war vielleicht nicht notwendig, darauf zu antworten; aber ich habe es getan. Wie? Noch einmal in zwei Worten:

"Hat er?"

"Unser Haus steht schon lange leer", fuhr die Stimme, erstickt von Schluchzen, fort. "Unser Haus wurde aufgelöst. Da ich in bescheidenen Verhältnissen zurückgelassen wurde, lebe ich jetzt in einem Häuschen in der Nähe; aber es ist nicht mein Zuhause. Dies ist mein Zuhause. Wie lange ich auch lebe, wohin ich auch gehe, welche Veränderungen auch immer in diesem geliebten Haus geschehen mögen, nichts kann mich jemals davon abhalten, es als *mein* Zuhause zu betrachten. Ich, Sir, kam nach unserer Hochzeitsreise mit Mr. Badgery hierher . All das kurze Glück meines Lebens war einst in diesen vier Wänden enthalten. Jede liebe Erinnerung, die ich innig hege, ist in diesen heiligen Räumen eingeschlossen."

Wieder verstummte die Stimme, und wieder hallte das leise Stöhnen von meinen leeren Wänden wider und drang an mir vorbei über meine teppichlose Treppe nach unten.

Ich dachte nach. Mrs. Badgerys kurzes Glück und ihre lieben Erinnerungen waren nicht in der Liste der Besitztümer enthalten. Warum konnte sie sie nicht mitnehmen? Warum sollte sie sie verstreut zwischen meinen Möbeln liegen lassen? Ich dachte gerade darüber nach, wie ich Mrs. Badgery diese Sicht der Dinge klarmachen könnte , als sie plötzlich aufhörte zu stöhnen und sich noch einmal an mich wandte.

„Als dieses Haus leer stand“, sagte sie, „hatte ich die Angewohnheit, von Zeit zu Zeit vorbeizuschauen und meine zärtliche Verbindung mit diesem Ort zu erneuern. Ich habe sozusagen in den heiligen Erinnerungen an Mr. Badgery und an die Vergangenheit gelebt, die diese teuren, diese unbezahlbaren Räume in mir wachrufen, so zerlegt und verstaubt sie im Augenblick auch sind. Es war meine Gewohnheit, dem Diener für jede noch so kleine Unannehmlichkeit, die ich verursachen könnte, eine Vergütung zu zahlen –“

„Nur Sixpence, Sir“, flüsterte die alte Frau dicht an meinem Ohr.

„Und ich verlange nichts dafür“, fuhr Mrs. Badgery fort , „außer der Erlaubnis, meinen Campingstuhl mitzubringen und in den leeren Räumen über Mr. Badgery nachzudenken , mit denen jedes Zimmer für immer mit einem glücklichen Gedanken, einem beredten Wort oder einer zärtlichen Tat von ihm verbunden ist. Ich bin heute auf meinem üblichen Weg hierher gekommen. Ich nehme an, ich bin vom neuen Eigentümer des Hauses entdeckt worden – entdeckt, das gebe ich gerne zu, als Eindringling. Ich bin bereit zu gehen, wenn Sie es wünschen, nachdem Sie meine Erklärung gehört haben. Mein Herz ist voll, Sir; ich bin völlig unfähig, mit Ihnen zu streiten. Sie werden es kaum glauben, aber ich sitze an dem Platz, den einst *unser Ottomane einnahm* . Ich blicke zum Fenster, in dem einst *mein* Blumenständer stand. An genau diesem Platz setzte sich Mr. Badgery zum ersten Mal hin und drückte mich an sein Herz, als wir von unserer Hochzeitsreise zurückkamen. ,Matilda‘, sagte er, ,Ihr Salon wurde teuer tapeziert, mit Teppich ausgelegt und „Es war einen Monat lang möbliert; aber es wurde erst geschmückt, Liebling, seit Sie es betreten haben.‘ Wenn Sie, Sir, kein Mitgefühl für solche Erinnerungen haben; wenn Sie nichts Bemitleidenswertes an meiner Lage im Zusammenhang mit meiner Anwesenheit hier finden; wenn Sie meine Gefühle nicht nachvollziehen können und völlig verstehen, dass dies kein Haus, sondern ein Schrein ist – dann brauchen Sie es mir nur zu sagen, und ich bin durchaus bereit zu gehen.“

Sie sprach mit der Miene einer Märtyrerin – einer Märtyrerin meiner Gefühllosigkeit. Wäre sie die Besitzerin und ich der Eindringling gewesen, hätte sie nicht trauriger und großmütiger sein können. Während dieser ganzen Zeit hob sie auch nie ihren Schleier – sie hat ihn seit damals bis heute in meiner Gegenwart nie gelüftet. Ich habe keine Ahnung, ob sie jung oder alt, dunkel oder hell, schön oder hässlich ist: Mein Eindruck ist, dass sie in jeder Hinsicht eine vollendete und perfekte Gorgone ist; aber ich habe keine Tatsachengrundlage, auf der ich diese schreckliche Vorstellung stützen könnte. Eine sich bewegende Masse aus Trauerflor und eine gedämpfte Stimme – das ist, wenn Sie mich dazu zwingen, alles, was ich aus persönlicher Sicht von Mrs. Badgery weiß .

„Seit meinem unwiederbringlichen Verlust ist dies das Heiligtum meiner Pilgerfahrt und der Altar meiner Anbetung", fuhr die Stimme fort. „Ein Mann kann sich als Grundbesitzer bezeichnen und sagen, dass er es vermieten wird; ein anderer kann sich als Pächter bezeichnen und sagen, dass er es nehmen wird. Ich mache keinem dieser beiden Männer Vorwürfe; ich möchte keinem dieser beiden Männer auf die Nerven gehen; ich sage ihnen nur, dass dies mein Zuhause ist; dass mein Herz noch immer hier ist und dass keine sterblichen Gesetze, Grundbesitzer oder Pächter es jemals vertreiben können. Wenn Sie das nicht verstehen, Sir; wenn die heiligsten Gefühle, die unserer gemeinsamen Natur Ehre machen , in Ihren Augen keine besondere Heiligkeit haben, dann haben Sie bitte keine Skrupel, das zu sagen; bitte sagen Sie mir, dass ich gehen soll."

"Ich möchte nichts Unhöfliches tun, Ma'am", sagte ich. "Aber ich bin ein alleinstehender Mann und nicht sentimental." (Mrs. Badgery stöhnte.) "Niemand hat mir gesagt, dass ich in ein Heiligtum komme, als ich dieses Haus nahm; niemand hat mich gewarnt, als ich es zum ersten Mal betrat, dass dort ein Herz war. Es tut mir leid, Ihre Meditationen gestört zu haben, und es tut mir leid zu hören, dass Mr. Badgery tot ist. Das ist alles, was ich dazu zu sagen habe; und jetzt werde ich mir mit Ihrer freundlichen Erlaubnis die Ehre erweisen , Ihnen einen guten Morgen zu wünschen, und werde nach oben gehen, um nach den Einrichtungsgegenständen im zweiten Stock zu sehen."

Hätte ich einen sanfteren Hinweis geben können als diesen? Hätte ich mitfühlender zu einer Frau sprechen können, die ich aufrichtig für alt und hässlich halte? Wo ist der Mann zu finden, der seine Hand auf sein Herz legen und ehrlich sagen kann, dass er jemals wirklich Mitleid mit den Leiden einer Gorgone hatte? Durchsuchen Sie die gesamte Erdoberfläche, und Sie werden menschliche Phänomene aller Art entdecken; aber Sie werden diesen Mann nicht finden.

Um es fortzusetzen. Ich verbeugte mich vor ihr und ließ sie auf dem Campingstuhl in der Mitte des Wohnzimmers zurück, genau so, wie ich sie vorgefunden hatte. Ich stieg in den zweiten Stock hinauf, ging zuerst ins Hinterzimmer und inspizierte das Gitter. Es schien ein wenig kaputt zu sein, also bückte ich mich, um es mir genauer anzusehen. Während ich über den

Gitterstäben kniete, erschrak ich heftig, als ein großer Tropfen warmen Wassers aus großer Höhe genau in die Mitte einer kahlen Stelle fiel, die sich in den letzten Jahren auf meinem Kopf stark vergrößert hatte. Ich drehte mich auf meinen Knien um und sah mich um. Himmel und Erde! Die in Trauerflor gehüllte Frau war mir die Treppe hinauf gefolgt – die Quelle, aus der der Tropfen warmen Wassers gefallen war, war Mrs. Badgerys Auge!

„Ich wünschte, Sie könnten es schaffen, nicht über meinen Kopf zu weinen, Ma'am", bemerkte ich. Meine Geduld war erschöpft und ich sprach mit beträchtlicher Schärfe. Die lockenköpfige Jugend der heutigen Zeit kann meine Gefühle bei dieser Gelegenheit vielleicht nicht nachvollziehen ; aber meine kahlköpfigen Brüder wissen genauso gut wie ich, dass die unverzeihlichste aller Freiheiten eine Freiheit ist, die man sich mit der unbewachten Spitze des menschlichen Kopfes nimmt.

Mrs. Badgery schien mich nicht zu hören. Als sie die Träne vergossen hatte, stand sie genau über mir und sah auf das Gitter hinunter; und sie rührte sich keinen Zentimeter, nachdem ich gesprochen hatte. „Weinen Sie nicht über meinem Kopf, Ma'am", wiederholte ich, noch gereizter als zuvor.

„Das war sein Ankleidezimmer", sagte Mrs. Badgery und gab sich einem gedämpften Monolog hin. „Er war außerordentlich wählerisch, was sein Rasierwasser anging. Er hatte es immer gern in einem kleinen Blechtopf und wünschte sich immer, dass man es auf diesen Herd stellen könnte." Sie stöhnte erneut und klopfte mit dem Bein ihres Campinghockers auf eine Seite des Rostes.

Wäre ich eine Frau oder Mrs. Badgery ein Mann gewesen, hätte ich jetzt zu Extremen gegriffen und mein Recht auf ein eigenes Haus mit Gewalt verteidigt. Unter den gegebenen Umständen konnte ich nur meine Empörung durch einen Blick zum Ausdruck bringen. Der Blick hatte nicht das geringste Ergebnis – und das ist kein Wunder. Wer kann eine Frau durch einen Kreppschleier hindurch mit einiger Wirkung ansehen?

Ich zog mich in das Wohnzimmer im zweiten Stock zurück und schloss sofort die Tür hinter mir. Im nächsten Moment hörte ich draußen das Rascheln der Kreppkleidung und die gedämpfte Stimme von Mrs. Badgery drang kläglich durch das Schlüsselloch.

„Willst du das zu deinem Schlafzimmer machen?", fragte die Stimme auf der anderen Seite der Tür. „Oh, mach das nicht zu deinem Schlafzimmer! Ich gehe gleich weg – aber, oh, bitte, bitte, lass dieses eine Zimmer heilig sein! Schlaf nicht dort! Wenn du es irgendwie vermeiden kannst, schlaf nicht dort!"

Ich öffnete das Fenster und schaute die Straße hinauf und hinunter. Wenn ich einen Polizisten in meiner Nähe gesehen hätte, hätte ich ihn bestimmt gerufen. Aber es war keine solche Person zu sehen. Ich schloss das Fenster wieder und warnte Mrs. Badgery durch die Tür in meinem strengsten Ton, sich nicht in meine häuslichen Angelegenheiten einzumischen. „Ich habe vor, mir hier mein eigenes Eisenbett aufstellen zu lassen", sagte ich. „Und was noch wichtiger ist, ich habe vor, hier zu schlafen. Und was noch wichtiger ist, ich habe vor, hier zu schnarchen!" War dieser letzte Satz hart, denke ich? Er hat Mrs. Badgery für den Moment völlig niedergeschmettert. Ich hörte, wie die Kreppkleidung von der Tür wegraschelte; ich hörte das gedämpfte Stöhnen, als sie langsam und feierlich wieder die Treppe hinuntergingen.

Nach einiger Zeit stieg auch ich ins Erdgeschoss hinab. Hatte Mrs. Badgery das Haus wirklich verlassen? Ich schaute ins Vorderzimmer – leer. Hinterzimmer – leer. Gab es noch einen anderen Raum im Erdgeschoss? Ja, ein langer Raum am Ende des Ganges. Die Tür war geschlossen. Ich öffnete sie vorsichtig und spähte hinein. Ein schwacher Schrei und das Klatschen zweier verwirrt gefalteter Hände begrüßten mein Erscheinen. Da war sie, wieder auf dem Campingstuhl, wieder genau in der Mitte des Fußbodens sitzend.

„Schau nicht so rein, nicht so rein!", rief Mrs. Badgery und rang die Hände. „In jedem anderen Zimmer könnte ich es ertragen, aber hier ertrage ich es nicht. Jeden Montagmorgen suchte ich die Sachen zum Waschen in diesem Zimmer heraus. Er war schwer zufriedenzustellen, was seine Wäsche anging; die Wäscherin gab ihm nie genug Stärke in den Kragen, um ihn zufriedenzustellen. Oh, wie oft hat er seinen Kopf hier reingesteckt, so wie du gerade deinen reingesteckt hast, und auf seine amüsante Art gesagt: ‚Mehr Stärke!' Oh, wie drollig er immer war – wie überaus, überaus drollig in diesem lieben kleinen Hinterzimmer!"

Ich sagte nichts. Die Situation war jetzt unbeschreiblich. Ich stand mit der Tür in der Hand da, blickte den Gang hinunter zum Garten und wartete hartnäckig darauf, dass Mrs. Badgery hinausging. Mein Plan ging auf. Sie stand auf, seufzte, klappte den Campingstuhl zu, stolzierte den Gang entlang, blieb auf der Flurmatte stehen, sagte zu sich selbst: „Schön, schön!", ging die Stufen hinunter, stöhnte den Kiesweg entlang und verschwand schließlich durch die Gartentür aus meinem Blickfeld.

„Lassen Sie sie nur auf eigene Gefahr wieder herein", sagte ich zu der Frau, die das Haus bewachte. Sie knickste und zitterte. Ich verließ das Haus, zufrieden mit meinem Verhalten unter sehr schwierigen Umständen; außerdem in der trügerischen Überzeugung, dass ich mit Mrs. Badgery fertig war .

Am nächsten Tag schickte ich die Möbel hinein. Das ungeschützteste Objekt auf der Erde ist ein Haus, wenn die Möbel hineingebracht werden. Die Türen müssen offen gehalten werden; und man kann so viele Diener beschäftigen wie man kann, niemand kann als Wachposten im Haus dienen, solange der Wagen vor dem Tor steht. Die Verwirrung beim „Einzug" demoralisiert die beständigste Stimmung, und so etwas wie einen gut bewachten Posten vom Dach bis zum Boden des Hauses gibt es nicht. Wie die Invasion durchgeführt wurde, wie die Überraschung zustande kam, weiß ich nicht; aber es ist sicher, dass, als meine Möbel hineingebracht wurden, die unvermeidliche Mrs. Badgery mit hineingebracht wurde.

Ich besitze einige sehr erlesene Kupferstiche nach den alten Meistern, und ich wurde mir Mrs. Badgerys Anwesenheit im Haus zum ersten Mal bewusst, als ich meinen Abdruck von Tizians Venus über den Kamin im vorderen Salon hängte. „Nicht dort!", rief die gedämpfte Stimme flehend. „ *Sein* Porträt hing früher dort. Oh, was für ein Stich – was für ein schrecklicher, schrecklicher Stich, ihn dort aufzuhängen, wo früher *sein geliebtes Porträt hing!"*

Ich drehte mich wütend um. Da war sie, immer noch in Trauerflor eingehüllt, immer noch mit ihrem abscheulichen Feldstuhl in der Hand. Bevor ich ein Wort des Protests sagen konnte, stolperten sechs Männer in grünen Filzschürzen mit meiner Anrichte herein, und Mrs. Badgery war plötzlich verschwunden. Hatten sie sie mit Füßen getreten oder in der Tür zerquetscht? Obwohl ich von Natur aus kein unmenschlicher Mensch war, stellte ich mir diese Fragen ganz gelassen. Es verging nicht sehr viel Zeit, bis sie praktisch verneinend beantwortet wurden, als Mrs. Badgery selbst wieder auftauchte, in einem vollkommen ungerührten Zustand chronischer Trauer. Im Laufe des Tages wurde mir auf die Zehen getreten, ich wurde von meinen eigenen Möbeln umgestoßen, die sechs Männer in Filzschürzen warfen beim Treppensteigen allerlei kleine Gegenstände auf mich; aber Mrs. Badgery kam unverletzt davon. Jedes Mal, wenn ich dachte, sie sei aus dem Haus gejagt worden, stellte sich im Gegenteil heraus, dass sie dicht hinter mir stöhnte. Sie weinte in jedem Zimmer über Mr. Badgerys Erinnerung, bis zuletzt vollkommen ungestört von dem chaotischen Durcheinander des Einzugs. Ich bin mir nicht sicher, aber ich glaube, sie brachte eine Blechdose mit Sandwiches mit und veranstaltete ein eigenes tränenreiches Picknick in den Wäldchen meines Vorgartens. Ich sage, ich bin mir dessen nicht sicher; aber ich bin absolut sicher, dass ich sie den ganzen Tag nicht ganz losgeworden bin; und ich weiß zu meinem Leidwesen, dass sie darauf bestand, mich auch mit Mr. Badgerys Lieblingsvorstellungen und -gewohnheiten wie ich mit meinen eigenen. Es mag den Leser interessieren, wenn ich beschreibe, dass mein Geschmack in Sachen Teppiche nicht dem von Mr. Badgery entspricht ; dass meine Vorstellungen zum Thema Dienstbotenlohn nicht so großzügig sind wie die von Mr. Badgery ; und dass ich aus Unwissenheit darauf beharrte, ein Sofa an die Stelle zu stellen, die Mr. Badgery zu seiner Zeit für besonders geeignet für einen Sessel hielt. Ich konnte den ganzen Tag nirgendwo hingehen, nirgendwo hinsehen, nichts tun, nichts sagen, ohne den verwitweten Albtraum im Kreppgewand sofort auf mich herabzurufen. Ich versuchte es mit höflichen Vorwürfen , ich versuchte es mit rüden Worten, ich versuchte es mit schmollendem Schweigen – nichts hatte die geringste Wirkung auf sie. Die Erinnerung an Mr. Badgery war der Schutzschild, mit dem sie meine heftigsten Angriffe abwehrte. Erst als das letzte Möbelstück hereingeräumt war, verlor ich sie aus den Augen; und selbst dann hatte sie das Haus noch nicht wirklich verlassen. Einer meiner sechs Männer in grünen Filzschürzen jagte sie aus dem Hintergarten, wo sie meinen Dienern unter Tränen von Mr. Badgerys tugendhafter Strenge gegenüber seinem Hausmädchen in Sachen Gefolgschaft erzählte. Mein bewundernswerter Mann im grünen Filz begleitete sie mutig hinaus und schloss die Gartentür hinter ihr. Ich gab ihm auf der Stelle eine halbe Krone; und wenn ihm etwas zustößt, bin ich bereit, mich ganz besonders um das zukünftige Wohlergehen seiner vaterlosen Familie zu kümmern.

Der nächste Tag war Sonntag und ich besuchte den Morgengottesdienst in meiner neuen Gemeindekirche.

Ein beliebter Prediger war angekündigt worden, und das Gebäude war überfüllt. Ich ging ein Stück das Kirchenschiff hinauf, schaute nach rechts und sah keinen Platz. Bevor ich nach links schauen konnte, fühlte ich eine Hand, die sich überzeugend auf meinen Arm legte. Ich drehte mich um – und da stand Mrs. Badgery , die Tür ihrer Kirchenbank war geöffnet und winkte mich feierlich herein. Die Menge hatte sich hinter mir geschlossen; die Augen von mindestens einem Dutzend Gemeindemitgliedern waren auf mich gerichtet. Ich hatte keine andere Wahl, als den Schein zu wahren und die schreckliche Einladung anzunehmen. Neben der Tür der Kirchenbank war ein Platz frei. Ich versuchte, mich darauf fallen zu lassen, aber Mrs. Badgery hielt mich davon ab. *„ Sein Platz“, flüsterte sie und gab mir ein Zeichen, mich auf die andere Seite von ihr zu setzen. Es ist unnötig zu erwähnen, dass ich über ein Sitzkissen klettern musste und dass ich alle Andachtsbücher* von Mrs. Badgery umwarf, bevor es mir gelang, zwischen ihr und der Vorderseite der Kirchenbank hindurchzukommen. Sie weinte ununterbrochen während des Gottesdienstes; Als es vorbei war, beruhigte sie sich und begann mir zu erzählen, was Mr. Badgerys Ansichten zu abstrakten theologischen Fragen gewesen waren. Glücklicherweise herrschte an der Kirchentür großes Durcheinander und Gedränge, und ich konnte unter Lebensgefahr entkommen, indem ich hinter die Kutschen rannte. Die Pause zwischen den Gottesdiensten verbrachte ich allein auf den Feldern, da ich befürchtete, Mrs. Badgery könnte vor mir dort angekommen sein, und mich davon abhielt, nach Hause zu gehen.

Der Montag kam. Ich befahl meinen Dienern ausdrücklich, keine Dame in tiefer Trauer durch die Gartentür gehen zu lassen, ohne mich vorher zu konsultieren. Danach fühlte ich mich einigermaßen sicher und beschäftigte mich mit dem Ordnen meiner Bücher und Drucke.

Ich hatte diese Beschäftigung kaum länger als eine Stunde ausgeübt, als einer der Diener aufgeregt ins Zimmer platzte und mir mitteilte, dass eine tieftraurige Dame direkt vor meiner Tür ohnmächtig geworden sei und um Erlaubnis gebeten habe, hereinzukommen und sich ein paar Minuten hinzusetzen. Ich rannte den Gartenweg hinunter, um die Tür zu verriegeln, und kam gerade rechtzeitig, um zu sehen, wie sie von einer aufdringlichen und mitfühlenden Menge gewaltsam aufgestoßen wurde. Als sie mich sahen, wichen sie nach beiden Seiten zurück. Da war sie, auf der Schulter des Lebensmittelhändlers lehnend, mit dem Metzgerjungen als Begleiter, der ihren Feldstuhl trug! Ich ließ meine Diener mit ihr machen, was sie wollten, rannte zurück und schloss mich in meinem Schlafzimmer ein. Als sie einige Stunden später das Haus verließ, erhielt ich eine Entschuldigungsnachricht, in der mir mitgeteilt wurde, dass dieser Montag der traurige Jahrestag ihrer Hochzeit war und dass sie infolgedessen beim Anblick des Hauses ihres verstorbenen Mannes ohnmächtig geworden war.

Der Dienstagvormittag verging glücklich, ohne dass es zu einer neuen Invasion kam. Nach dem Mittagessen wollte ich hinausgehen und einen Spaziergang machen. Meine Gartentür hat eine Art Guckloch, das mit einem Drahtgitter abgedeckt ist. Als ich mich diesem Gitter näherte, glaubte ich, auf der Außenseite etwas geheimnisvoll Dunkles zu sehen. Ich beugte meinen Kopf nach unten, um hindurchzusehen, und stand sofort Auge in Auge mit dem Kreppschleier. „Süßer, süßer Fleck!", sagte die gedämpfte Stimme und sprach mir durch das Gitter direkt in die Augen. Das übliche Stöhnen folgte, und der Name Mr. Badgery wurde klagend ausgesprochen, bevor ich mich ausreichend erholen und ins Haus zurückkehren konnte.

Mittwoch ist der Tag, an dem ich diese Erzählung schreibe. Es ist noch nicht zwölf Uhr, und es ist sehr wahrscheinlich, dass mir noch vor dem Abend eine neue Form sentimentaler Verfolgung bevorsteht. Bis hierhin enthalten diese Zeilen eine vollkommen wahre Schilderung von Mrs. Badgerys Verhalten mir gegenüber, seit ich in den Besitz *meines* Hauses und *ihres Schreins gelangt bin. Was soll ich tun? – das ist der Punkt, auf den ich bestehen möchte – was soll ich tun? Wie soll ich der Erinnerung an Mr.* Badgery und dem unstillbaren Kummer seiner trostlosen Witwe entkommen ? Jeder anderen Art von Invasion kann ich widerstehen; aber wie soll sich ein Mann in meiner unglücklichen und beispiellosen Lage verteidigen? Ich kann keinen Hund bereithalten, auf Mrs. Badgery loszurennen . Ich kann sie vor einem Polizeigericht nicht anklagen, weil sie das Haus, in dem ihr Mann starb, auf drückende Weise liebte. Ich kann einer Frau keine Menschenfallen stellen oder eine weinende Witwe als Eindringling und Ärgernis verfolgen. Ich stecke hilflos in den unnachgiebigen Falten von Mrs. Badgerys

Kreppschleier. Es war sicher keine Übertreibung in meinen Worten, als ich sagte, ich sei unter einem völlig neuen Problem zu leiden! Kann mir jemand einen Rat geben? Hat irgendjemand auch nur die geringste Erfahrung mit der besonderen Form der Verfolgung gemacht, die ich jetzt erdulden muss? Wenn niemand, gibt es dann einen Rechtsgelehrten im Vereinigten Königreich, der die überaus wichtige Frage beantworten kann, die am Anfang dieser Erzählung steht? Ich begann mit dieser Frage, weil sie mir am meisten im Kopf herumschwirrte. Sie beschäftigt mich immer noch am meisten, und deshalb bitte ich um Erlaubnis, zum Abschluss noch einmal nachzufragen:

Badgery schützt ?

ENDE VON BAND I.

Fußnoten

[1] Obwohl Pater Le Bel es diskret vermeidet, diese Tatsache zu erwähnen, geht aus dem Kontext klar hervor, dass es ihm gestattet war, die in dem Paket enthaltenen Unterlagen zu lesen, und dass er sie auch gelesen hat.

[2] Es ist vielleicht besser zu erklären, dass ich dieses merkwürdige zusammengesetzte Wort verwende, um den Unterschied zwischen einer Penny-Zeitung und einer Penny-Journal hervorzuheben. Die „Zeitung" ist das, worüber ich jetzt schreibe. Die „Zeitung" ist ein völlig anderes Thema, mit dem dieser Artikel nichts zu tun hat.

[3] Fünf Jahre sind vergangen, seit dieser Artikel zum ersten Mal veröffentlicht wurde, und bis jetzt sind keine Anzeichen eines Fortschritts in der Unbekannten Öffentlichkeit aufgetaucht. Geduld! Geduld! (September 1863).

[4] Zur Belehrung unwissender junger Leute, die ihr Leben beginnen, füge ich hier die bedauerlichen Einzelheiten dieser Berechnung an:

	£.	S.	D.
Eine verdorbene Tüll-Illusion	2	0	0
Ausbessern von Falten von Moiré Antique	0	5	0
Billiges weißes Spitzenkleid verwöhnt	3	0	0
Mach das. Blaue Gaze macht das.	1	6	0
Zwei neue Samtbahnen für Mama	4	0	0
Die Hose meines Schwiegersohns putzen	0	2	6
Meinen eigenen Mantel waschen	0	5	0
Gesamt	10	18	6

[5] Dieser Satz hat sich leider als prophetisch erwiesen. Günstige Übersetzungen von Le Père Goriot und La Recherche de l'Absolu wurden kurz nach dem Erscheinen dieses Artikels veröffentlicht, wobei Auszüge der hier geäußerten Meinungen zu Balzacs Schriften als Werbung beigefügt waren. Kritische Kritik an solchen Werken wäre vergebliche Kritik. Es genügt, hier als Warnung an den Leser zu sagen, dass das Experiment, Balzacs Französisch in sein angemessenes englisches Äquivalent zu übertragen, noch versucht werden muss.